DES

SÉPULTURES NATIONALES.

DE L'IMPRIMERIE DE DAVID,
RUE DU FAUBOURG POISSONNIÈRE, N° 1.

DES

SÉPULTURES NATIONALES,

ET PARTICULIÈREMENT DE CELLES DES

ROIS DE FRANCE,

Par LEGRAND D'AUSSY (DE L'INSTITUT);

SUIVI DES

FUNÉRAILLES

DES ROIS, REINES, PRINCES ET PRINCESSES DE LA MONARCHIE FRANÇAISE, DEPUIS SON ORIGINE JUSQUES ET Y COMPRIS CELLES DE LOUIS XVIII.

Par M. DE ROQUEFORT,

Membre de la Société des Antiquaires de Paris, et de plusieurs Sociétés Savantes.

A PARIS,
CHEZ J. ESNEAUX, LIBRAIRE,
RUE DES NOYERS, N° 46.

1824.

PRÉFACE.

L'un des membres les plus distingués de l'Institut, M. Legrand d'Aussy, connu par de savantes recherches sur les Gaulois et les Francs, avait composé, sous la forme d'un Mémoire, le plus complet, le plus lumineux *Traité des Sépultures nationales*. Nous publions aujourd'hui cet ouvrage, où l'on retrouve toute l'érudition et la sage méthode de l'auteur. On y verra d'abord les détails les plus curieux sur les Sépultures des nations antiques de l'Asie et de l'Europe. Après ce brillant préliminaire, l'auteur divise en six âges les Sépultures nationales; et sa dissertation, intéressante par la matière elle-même et par le talent de l'écrivain, supplée en quelques points au défaut de documens écrits sur les premiers temps de notre histoire. Il conduit son travail depuis l'époque où nos pères, encore sauvages, avaient des flèches armées d'os pointus et des haches de pierres, jusqu'à la fin du dix-huitième siècle.

Il a parlé assez longuement de la sépulture royale de Saint-Germain-des-Prés.

Nous avons ajouté

1° Une Notice détaillée sur celles de Saint-Denis ;

2°. La spoliation de 1793 ; l'ancien ordre des tombeaux ;

3°. Un tableau indiquant tous les princes et personnages inhumés à Saint-Denis avant la révolution ;

4°. Un tableau indiquant le jour de la mort, le lieu de la sépulture, et des détails curieux sur les tombeaux de tous les rois de France, depuis Pharamond jusqu'à Louis XVIII ;

5º. Un résumé général des cérémonies observées aux obsèques des rois de France;

6º. Les détails de celles de Henri IV; Louis XIII; Louis XIV; de Leczinska, femme de Louis XV; de Louis XV; de Louis XVI et de Marie-Antoinette, en 1815; du duc de Berri, et de Louis XVIII, avec les circonstances de la mort de ce prince.

DES SÉPULTURES

NATIONALES,

ET PARTICULIÈREMENT DE CELLES

DES ROIS DE FRANCE.

PREMIÈRE PARTIE.

CHAPITRE PREMIER.

Sépulture chez les nations antiques d'Europe et d'Asie.

Dans tous les siècles comme dans tous les pays, l'avarice, la peur et le crime ont enfoui et caché sous la terre, des trésors qui très-souvent ont été perdus pour les dépositaires eux-mêmes, et qui aujourd'hui le sont également pour nous. En vain, de loin en loin, le sort en fait recouvrer quelques-uns; découverts dans le mystère, ils sont dissipés de même. Il faut un second hasard, plus rare encore que le premier, pour qu'il en vienne dans nos cabinets, soit comme médailles, soit comme antiques, quelque faible portion qui les enrichisse.

Chez les nations policées, c'est dans les temples que, de tous temps, furent accumulées les richesses; chez les nations barbares et guerrières, c'est dans les tombeaux. La superstition pusillanime des premières croyait se rendre ses dieux propices, en leur offrant ce que l'homme prise et recherche le plus; la superstition stupide des autres croyait emporter chez les siens ce qu'elle déposait dans sa sépulture.

Qu'un chef de Scythes, de Gètes, de barbares quelconques, après avoir, pendant quelque temps, conduit à la victoire et aux conquêtes ses hordes sauvages, après leur avoir donné une religion et des lois, en ait assez imposé à leur imagination, pour devenir à sa mort leur dieu! le fait n'a rien que de probable, et l'histoire en offre plusieurs exemples. Mais qu'un homme ait fondé une religion toute militaire, où il semble n'avoir eu pour but que de former des guerriers; qu'il soit parvenu à leur faire regarder la mort, et principalement la mort reçue dans les combats, comme une faveur de sa main, comme un passage à une vie plus heureuse dans un paradis imaginaire, où, parmi des délices de tout genre, ils auraient le bonheur de se battre sans cesse, de se tailler journellement en pièces en restant invulnérables et immortels, et de boire, dans des crânes, de l'hydromel et de la bière servis par des vierges; enfin, que l'espoir de cette béatitude féroce ait exhalté leur valeur jusqu'à la démence, et produit des prodiges d'audace et de sang-froid dont la nature humaine ne paraît point capable : voilà ce qui, quoique vrai, est véritablement inconcevable.

Aux approches de la mort, quels devaient être pour un mourant les résultats de ces idées fanatiques ? On le devine sans peine. Avec sa croyance, il ne pouvait regarder que comme une honte d'entrer à pied et mesquinement armé à la cour de son grand dieu, dans ce palais céleste de Zalmoxis, dans ce valhalla d'Odin. Pour y paraître avec quelque dignité, pour y jouir de ces batteries continuelles et de cette excellente bière qui l'attendait, il lui fallait des parures en or et en argent, de belles armes, des chevaux de prix, de riches habillemens, un cortége de serviteurs, d'amis ou d'esclaves, en un mot la magnificence des grands, ou tout l'appareil d'un guerrier armé, prêt à marcher au combat.

On l'inhumait donc, à sa mort, avec son arc, ses flèches, son habit de guerre, ses meilleures armes, et la plus précieuse portion de ses bijoux et de ses richesses. On égorgeait dans sa fosse, ou l'on y ensevelissait tout en vie, son plus beau cheval, afin que, dans son nouveau séjour, il pût retrouver une monture. S'il était d'une condition à posséder plusieurs femmes, des écuyers, des domestiques ou des esclaves, on y en jetait également quelques-uns, soit égorgés, soit vivans. Et ces dispositions, quand, avant de mourir, il n'avait pas eu la consolation de les ordonner lui-même, devenaient pour sa famille et ses amis un devoir sacré.

Il n'était pas jusqu'au pauvre qui ne voulût pourvoir ainsi, et de son mieux, à ses besoins futurs. Les personnes de cette classe sont celles qui tiennent le plus aux préjugés, quelqu'absurdes qu'ils soient. Pour n'être pas prises au dépourvu dans l'autre vie, elles y emportaient quelques pièces de monnaie courante, quelque outil de leur profession, quelqu'un des ustensiles de leur ménage qu'elles croyaient les plus utiles (1).

Quoiqu'il soit difficile à la déraison humaine d'imaginer des usages plus absurdes à la fois et plus exécrables, puisqu'à une mort ordonnée par la nature elle ajoutait d'autres morts encore que la nature réprouvait, il en est peu cependant qui aient été aussi répandus, et qui remontent à une si haute antiquité.

C'étaient ceux des Scythes, l'une des nations les plus anciennes du globe, et de laquelle même plusieurs savans font descendre la plupart de celles d'Europe et d'Asie. Personne n'ignore que chez ceux du Borysthène, aux obsèques de leurs rois, et probablement à celles de leurs principaux chefs, les cérémonies dont je viens de faire mention avaient lieu, et qu'on les trouve détaillées dans Hérodote (2).

---

1) Mallet, *Histoire de Danemarck*, Introduct.; tom. 1er, pag. 323.

(2) *Melpomène*, liv. iv.

Le prince, selon l'historien grec, était couché dans une grande fosse carrée, sur un lit de verdure et de feuilles; et l'on formait autour de lui, avec des piques, une petite enceinte séparée qu'on recouvrait ensuite d'un plancher. Dans l'espace de la fosse qui restait vide, étaient déposées des coupes d'or et d'autres choses précieuses qui avaient été à son usage, quoique parmi ces objets cependant je ne voie point qu'il soit mention d'armes. On y plaçait ensuite une de ses femmes, son ministre ou conseiller principal, son écuyer avec plusieurs chevaux, un de ses serviteurs, enfin (ce qui ferait presque rire, si ce qui est horrible pouvait être plaisant) son échanson et son cuisinier. La femme seule était étranglée avant d'être portée dans le tombeau; tous les autres y entraient vivans: après quoi on le couvrait de terre, et on y élevait ainsi un tertre fort haut.

Ce n'est pas tout. Ces barbares n'auraient pas cru qu'un si petit nombre d'officiers et de chevaux eussent suffi, dans ce qu'ils appelaient l'autre monde, à la dignité de leur prince. L'année suivante, ajoute l'historien, ils prenaient dans ses écuries cinquante de ses plus beaux chevaux, et, parmi les gens de sa maison, cinquante de ceux dont les emplois passaient pour les plus utiles : tous étaient conduits sur le tertre ; tous y étaient étranglés, vidés et remplis de paille. Dans cet état, on empalait les chevaux, le mors en bouche et la bride attachée à un pieu. Les cadavres des serviteurs, empalés de même, étaient placés sur les chevaux, et la troupe se retirait.

Aujourd'hui encore, ces usages subsistent en partie chez quelques peuples du nord de l'Asie. Pallas, décrivant les mœurs des Beltires, dit que, le jour de leurs funérailles, on immole un cheval dont la peau est étalée sur l'arbre le plus voisin de la bière. « On y laisse la queue
» et les sabots. On expose la tête de l'animal
» sur une branche particulière, avec la bride
» en bouche. Aux hommes, on leur met, dans
» leur bière, ce qu'ils ont de meilleur en habits. L'on ajoute un carquois, un arc, etc.
» Si le défunt était amateur de musique, on y
» joint un luth à trois cordes ou un tympanon.
» On immole à ses mânes le plus beau et le
» meilleur de ses chevaux. Il est d'usage, chez
» les riches, d'immoler, sept jours après les
» funérailles, un second cheval et une jument,

» à l'endroit où est déposé le mort; et les pa-
» rens renouvellent deux ou trois fois les céré-
» monies de l'anniversaire (1). »

Je parlerai ci-dessous des tertres tumulaires, à l'occasion de ceux de notre France; j'ai voulu seulement en indiquer ici l'origine.

Selon Servius, les Indiens, aux obsèques de leurs rois, employaient également une partie de ces rites funéraires : celle du tertre, et celle des serviteurs et des chevaux empalés (2). Il est probable qu'ici Servius se trompe, et qu'il attribue à l'Inde un usage qui était propre aux Scythes. Mais, au reste, qui ne sait que, de temps immémorial, ces riches et malheureuses contrées ont vu, à la mort d'un mari, ses femmes solliciter la faveur d'être brûlées avec lui, pour l'accompagner à la cour du dieu Brama? Qui ne sait que toutes se disputent cet horrible bonheur; que celle à qui on l'accorde, éclate en transports de joie, et que, pendant que ses compagnes se livrent au désespoir, parée de ses plus magnifiques habits et de tous ses joyaux, elle s'élance avec préci-

---

(1) *Voyage de Pallas*, tom. IV. pag. 511.
(2) Serv. *Comm.* in VI *Æneid*.

pitation vers le bûcher ardent qui va la dé-
vorer?

Après ce que j'ai dit des Scythes, on ne sera
point surpris de voir leur mode de sépulture
introduit chez les Perses. Quand Alexandre,
devenu maître de ce royaume, voulut faire
ouvrir le tombeau de Cyrus, pour rendre aux
derniers restes de ce conquérant fameux, des
honneurs dignes de l'admiration qu'il lui portait, il s'attendait à y trouver des monceaux
d'or et d'argent, et les Perses eux-mêmes le
croyaient ainsi (1). Cependant il n'y trouva
qu'une épée, deux arcs à la Scythe (*arcus duos
scythicos*), avec un bouclier en pourriture; et
il ne put s'empêcher, ajoute l'historien, de
marquer son étonnement, lorsqu'il vit un
prince qui avait laissé un si grand nom et pos-
sédé tant de richesses, enseveli comme l'eût
été un homme du peuple (2).

Ce fait, qu'entre plusieurs autres j'ai choisi
de préférence, est remarquable. Il prouve

---

(1) Sepulcrum auro argentoque repletum esse crediderat, quippe ita famâ Persæ vulgaverant. QUINT.-CURT. liv. x, c. 1er.

(2) Miratus tanti nominis regem, tantis proeditum opibus, haud pretiosiùs sepultum esse quàm si fuisset è plebe.

qu'en Perse, au temps de Cyrus, on déposait dans le tombeau des personnes de distinction, et des armes et des trésors ; et que, quant aux simples soldats, aux gens du peuple (*è plebe*), à ceux enfin qui mouraient pauvres, et ne laissaient aucun objet précieux qu'on pût mettre auprès de leurs corps, on les inhumait au moins avec leurs armes.

Quel motif put déterminer les rois juifs à enfouir également dans leurs sépulcres des richesses immenses ? Josephe rapporte que celui de David en renfermait de telles, que, plusieurs siècles après, quand Jérusalem fut assiégée par Antiochus Soter, le grand-prêtre Hyrcan (Hyrcan II) obtint de lui la paix moyennant trois mille talens; qu'il tira cette somme du tombeau que Salomon avait érigé à son père David, et qui fut également le sien (1); et que, quelques années plus tard, Hérode (Hérode-le-Grand) y étant descendu la nuit pour le piller, il y trouva beaucoup d'objets d'art, tels que vases et autres ouvrages en or d'un travail précieux (2).

---

(1) JOSEPHE, *Antiq. Jud.*, lib. XIII, cap. 16.
(2) *Ibid.*, lib. XVI, cap. 11.

Salomon ne croyait, ni comme les nations modernes à l'immortalité de l'âme, ni comme les peuples dont je viens de parler à une seconde vie, toute corporelle, ainsi que la nôtre. Lui-même, dans le plus sage de ses écrits, avait déclaré qu'entre la mort de l'homme et celle de la bête il n'y a aucune différence, et que tout périt également dans l'un et dans l'autre (1).

Pourquoi donc ce dépôt d'or dans le tombeau d'hommes qui, convaincus qu'ils mouraient tout entiers, n'avaient pas, comme les peuples dont j'ai fait mention ci-dessus, l'espoir d'en jouir dans un autre monde; d'hommes qui, lorsqu'ils l'accumulaient là, n'avaient pas même les motifs ordinaires de magnificence et d'ostentation, puisqu'il y était enfoui et caché?

J'ignore si Salomon, déclaré le plus sage des hommes par Dieu même, se montra tel, quand, pour honorer son père, il ensevelit près de ce roi tant de richesses qu'il eût pu mieux employer : mais je ne doute nullement

---

(1) Unus interitus est hominis et jumentorum, et æqua utriusque conditio ; sicut moritur homo, sic et illa moriuntur. Nihil habet homo jumento amplius. *Ecclesiast.* cap. 3.

que ce n'ait été là une coutume égyptienne, adoptée de lui par imitation, de lui qu'on représente comme le prince le plus riche qui ait jamais existé, et qui, à ce titre, pouvait perdre dans la terre quelques trésors, de même que les Pharaons en perdaient dans leurs pyramides. Lié par des traités avec celui qui régnait de son temps, il en avait épousé la fille Abisag. On prétend même qu'il aima passionnément cette princesse, et que ce fut pour elle qu'il composa ce *cantique* fameux, qu'à son désordre et à ses répétitions, à ses obscénités et à l'enflure de son style, on reconnaît incontestablement pour oriental, tandis que, par la forme animée de son dialogue, par la simplicité de ses mœurs, la tendresse de ses sentimens et ses tableaux gracieux, il mériterait d'être grec.

L'innovation introduite par Salomon, dans le mode des sépultures, ne pouvait manquer de paraître abominable aux Juifs, tant à raison du motif qui l'avait établie, que parce qu'elle leur rappelait ce pays où ils avaient été si long-temps esclaves; et peut-être fut-elle une de ces idolâtries, dont leurs livres font un si grand crime à ce prince, et qu'ils attribuent à son amour désordonné pour les femmes étrangères.

Des différens faits que je viens de rapporter sur les nations asiatiques, qui, soit par leurs écrits et leur religion, soit par leurs armes, soit enfin par leurs colonies et leur commerce, ont influé sur les mœurs de notre Europe, il suit qu'il y avait chez elles deux sortes d'objets différens, qui, tantôt séparément, tantôt réunis, étaient inhumés avec les morts. Chez ceux de ces peuples dont le métier était la guerre, c'était à la fois des métaux précieux et des armes ; chez les peuples pacifiques, ce n'était que des métaux ouvrés ou monnayés, et point d'armes. Tel fut le dépôt que Salomon mit auprès du corps de son père. Il n'y employa que de l'argent monnayé et des ouvrages d'art ; et c'est, je le répète, ce qui me fait croire qu'il avait en cela suivi l'exemple des Égyptiens, et non celui des Perses et des autres nations scythiques, qui, dans leurs tombeaux, enfouissaient des armes, des métaux, des chevaux et des hommes.

Maintenant, si d'Asie nous passons en Europe, nous allons y retrouver ces derniers rites, avec cette différence pourtant que presque partout on y brûlait les corps, tandis qu'en Asie on les inhumait entiers.

A la vérité, les Scandinaves, avant l'arrivée d'Odin, ensevelissaient leurs morts selon le mode asiatique. Ils plaçaient de même des armes dans la fosse; et, comme les Scythes, ils y élevaient un monticule en terre. Mais Odin crut sans doute qu'il était de sa politique de changer la coutume. Ce guerrier législateur y substitua les bûchers; et tel était son empire sur les esprits, qu'il le fit impunément, et que son innovation dura près de six siècles.

« On accumulait sur le bûcher du mort, dit Mallet, tout ce qu'il avait de plus chéri pendant sa vie : ses armes, son or, son argent, son cheval et ses domestiques. Ses chiens et ses amis se faisaient aussi très-souvent un devoir et un honneur de mourir avec lui, pour l'accompagner dans le palais d'Odin. Enfin, sa femme était ordinairement brûlée sur le même bûcher; et si le défunt en avait plusieurs (ce qui arrivait souvent), c'était celle qu'il avait le plus aimée pendant sa vie, qui avait le droit de suivre son époux au tombeau (1). On ne dou-

---

(1) MALLET, *Hist. de Danemarck*, Introd., tom. 1ᵉʳ, p. 320.

tait pas (et Odin lui-même l'avait assuré) que tout ce qu'on brûlait ou qu'on enterrait avec les morts, ne prît le chemin de son palais, et ne s'y retrouvât avec eux (1). Odin prenait ces dépôts sous sa protection spéciale, et en confiait la garde aux flammes. Si quelqu'un eût tenté de les dérober, des feux souterrains l'eussent dévoré à l'instant; et la superstition populaire en citait plusieurs exemples (2).

Cette vieille doctrine d'une seconde vie, où les morts portaient les goûts et retrouvaient les plaisirs de la première, n'est pas entièrement éteinte dans ces contrées. C'est par une suite de la même croyance, qu'aujourd'hui encore les Lapons font mettre dans leurs tombeaux, des hâches, des arcs, des flèches, et certains instrumens qu'ils croient devoir leur être nécessaires ou utiles pour ce monde nouveau (3). Pallas raconte la même chose de plusieurs nations du nord de l'Asie, des Tchou-

---

(1) Mallet, *Hist. de Dan.*, Intr., tom. 1er, pag. 322.

(2) Keysler, *Antiq. sept.*

(3) *Ibid.* pag. 173, et Scheff, *in Lapon.* cap. 27.

vaches (1), des Ostiacks (2), des Beltires (3), des Samoyèdes (4), etc.

Eh! combien d'autres peuples barbares ne pourrais-je pas citer après ceux-ci !

Je ne m'arrêterai pas à ce que nous apprennent, sur les sépultures des Grecs et des Romains, les écrits de ces deux nations. Que dirais-je sur cela, qui n'ait été dit et répété cent fois ?

Il est des peuples qui nous intéressent davantage : ce sont les Germains, les Gaulois, les Francs, les Visigoths; et c'est à ceux-là que je viens.

---

(1) *Voyage de Pallas*, tom. 1er, pag. 140.
(2) *Ibid.* tom. IV, pag. 73.
(3) *Ibid.*, pag. 510.
(4) *Ibid.* pag. 100.

CHAPITRE II.

Sépultures chez les Gaulois et chez les barbares qui envahirent la Gaule.

« Chez les Germains, les funérailles étaient
» simples, dit Tacite ; et toute la distinction
» qu'on y accordait aux personnages illustres,
» était d'être brûlés avec certains bois. On
» ne jetait sur les bûchers, ni habits, ni par-
» fums, mais les armes du mort, et quelquefois
» son cheval ; puis on élevait sur son corps
» une butte (1). »

Il en était de même des Gaulois. Montfaucon (2) fait mention d'un tombeau découvert
près de Cocherel, dans la ci-devant Norman-

---

(1) Funerum nulla ambitio. Id solum observatur, ut corpora clarorum virorum certis lignis crementur. Struem rogi nec
odoribus, nec vestibus cumulant. Sua cuique arma, quorum-
dam igni et equus adjicitur. Sepulcrum cespes erigit. Tac. De
Moribus Germanorum, cap. 27.

(2) *Antiq. expliq.*, tom. v, pag. 194.

die, et qui annonce la même intention. Il était formé de grosses pierres brutes, et contenait un grand nombre de corps : mais près de chacun des morts, était une hache de pierre, avec plusieurs de ces os pointus qu'employaient les sauvages pour armer leurs lances et leurs flèches, et qui probablement servaient en Gaule au même usage. Il s'y trouva quelques squelettes entiers; et c'étaient probablement des captifs ou des esclaves qu'on avait immolés près des morts, mais auxquels on n'avait point accordé, à raison de leur condition, les honneurs du bûcher. Tous les autres corps étaient brûlés, et il y avait même autour d'eux plusieurs urnes remplies de cendres et de charbons.

M. Traullé, habitant d'Abbeville, cite pareillement un tombeau à colline, situé près de cette commune, au village de Noyelle, et qui, fouillé partiellement, en 1791, par deux particuliers amateurs d'antiquités, offrit de même des urnes remplies de cendres et d'ossemens brûlés, près desquelles étaient des armes faites avec des cailloux aiguisés (1).

---

(1) *Magas. encyclopédiq.*, tom. IV, pag. 329.

Ces sortes de sépultures, les plus anciennes peut-être de toutes celles qu'on a découvertes jusqu'ici, et sur lesquelles je reviendrai plus bas, remontent au temps où les Gaulois ne connaissaient point encore l'usage du fer ; et elles prouvent que dès-lors ils brûlaient leurs morts, et qu'ils les inhumaient avec les armes et instrumens qui leur étaient propres (1).

Par la suite, à mesure qu'en se poliçant ils acquirent des richesses et de l'industrie, ils rendirent leurs funérailles magnifiques. Ils mirent sur le bûcher les cliens, les esclaves du mort, enfin tout ce qui lui avait été cher, et jusqu'aux animaux qu'il avait aimés : et cette dernière coutume subsistait encore peu avant la conquête de César (2).

Ces horribles mœurs étaient, en Gaule comme ailleurs, un des effets de la religion du pays. Elles dérivaient d'un dogme qu'avaient inventé les druides et qu'ils *cherchaient par*

---

(1) Marcel, *Hist. de France*, tom. 1er.

(2) Funera sunt, pro cultu Gallorum, magnifica et somptuosa. Omnia quæ vivis cordi fuisse arbitrantur, in ignem inferunt, etiam animalia. Paulò suprà hanc memoriam, servi et clientes quos ab iis dilectos esse constabat, justis funebribus confectis, unà cremabantur. Cæsar, *de bello gallico*, lib. vi.

toutes sortes de moyens à propager : c'est que les âmes ne mouraient pas avec les corps, et que par la mort elles ne faisaient que passer d'un monde dans un autre (1).

Le motif qui avait déterminé les druides à imaginer cette doctrine, décèle en eux une politique profonde. En l'accréditant, ils se flattaient d'inspirer aux hommes le mépris de la mort et de les porter ainsi aux grandes actions (2). Néanmoins ils n'obtinrent pas l'effet qu'ils attendaient. La nation était naturellement brave. Elle continua de l'être sous ces prêtres-magistrats, et dans tous les siècles elle s'est montrée telle : mais ce dogme d'un autre monde qu'ils croyaient si propre à l'exalter, ne produisit malheureusement chez elle que des superstitions insensées, des funérailles sanglantes, des meurtres d'hommes brûlés vivans sur des bûchers.

Pourquoi, chez les disciples des druides, ces horreurs ne sont-elles que révoltantes ? Pour-

---

(1) In primis hoc volunt persuadere, non interire animas, sed ab aliis post mortem transire ad alios. CÆSAR, *de bell. gall.* lib. VI.

(2) Atque hoc maximè ad virtutem excitari putant, metu mortis neglecto. *Ibid.*

quoi du moins ne les voit-on pas compensées par ces prodiges de courage et ce fanatisme d'intrépidité qu'on admire chez les disciples d'Odin ? C'est que les druides étaient des prêtres et qu'Odin fut un guerrier. C'est que ces prêtres avec leur gui de chêne, leurs bois à mystères, et leur terrible excommunication, devaient exciter plus d'étonnement, de respect ou de crainte que d'enthousiasme; et qu'Odin, par sa marche guerrière d'Asie en Europe, par ses institutions toutes militaires, par ses vastes et brillantes conquêtes, dut fanatiser d'admiration ses sujets comme ses soldats. D'un côté, je vois nos rusés et pusillanimes théologiens-législateurs assujétir à porter les armes toute la nation, s'en déclarer prudemment les seuls exempts, et se flatter ainsi d'inspirer de loin, avec un dogme, une valeur dont ils ne donnaient pas l'exemple. De l'autre, je vois Odin, toujours audacieux et brave, toujours le premier aux combats, paraître y chercher avec empressement cette mort qu'il veut faire regarder comme le prix et l'avant-goût d'un bonheur sans fin. Sur le lit de mort où il va expirer, je le vois se faire percer de plusieurs coups de lance, pour y finir par le genre de trépas qu'il promet à ses élus.

Ce n'est point la doctrine d'Odin qui introduisit dans la Gaule la coutume d'y brûler les morts : cette coutume y était bien antérieure à lui, puisque, selon ceux de nos modernes qui ont imaginé une histoire de ce conquérant, il fut allié de Mithridate, et ne vint en Europe qu'après avoir été chassé d'Asie par Pompée.

L'usage des bûchers n'est pas dû non plus aux Romains: Nous avons vu précédemment César déclarer qu'il y subsistait avant lui; et cette sépulture de Normandie, aux haches de pierre, prouve incontestablement qu'il remonte aux premiers temps de la nation.

Il devait sa naissance à ce dogme d'une autre vie, qu'avaient inventé et que prêchaient les druides. Aussi Méla nous apprend-il que non-seulement il y avait des personnes qui volontairement se brûlaient avec leurs amis morts, pour aller de nouveau vivre avec eux dans l'autre séjour; mais qu'on envoyait aux défunts, par la voie des flammes, et les créances qu'ils pouvaient avoir, et les comptes qu'ils avaient arrêtés de leurs affaires (1).

---

(1) Æternas esse animas vitamque alteram ad manes. Itaque cum mortuos cremant ac defodiunt, acta viventibus olim nego-

Enfin, la folie sur cette croyance avait été poussée si loin, que les amis d'un mort lui écrivaient des lettres qu'ils jetaient sur le bûcher (1), et que les vivans prêtaient de l'argent, condition qu'il leur serait rendu dans l'autre vie (2).

Cependant, le dogme étant un ouvrage des druides, et sa propagation ne tenant qu'à la continuité de leurs soins, sa durée devait se ressentir de leur plus ou moins d'influence dans le gouvernement. Les persécutions qu'ils éprouvèrent sous Tibère, le parti que prirent un grand nombre d'entr'eux de fuir dans la Grande-Bretagne, l'extinction presque totale de l'ordre sous Claude, le peu de considération et de crédit qu'obtinrent ceux qui échappèrent, amenèrent insensiblement l'abolition des bûchers. Dès le second siècle de l'ère chrétienne,

---

tiorum ratio, etiam et exactio crediti, defertur ad inferos; erantque qui se in rogos suorum, velut una victuri, libenter immitterent. POMP. MELA, *de situ orbis*, cap. 11.

(1) In funeratione mortuorum, epistolas propinquis inscriptas in rogum conjiciunt quæ à defunctis legantur. DIOD. SIC., lib. v, cap. 9, §. 28.

(2) Pecunias mutuas quæ his apud inferos redderentur, dare solitos. VAL. MAX., lib. 11, cap. 6.

l'usage commença de tomber en désuétude, quoiqu'on en trouve encore un exemple au troisième, et qu'au cinquième, Sidoine-Apollinaire, parlant du champ où était inhumé son aïeul, le représente comme couvert d'ossemens brulés et de débris de bûchers (1).

Usage de déposer des richesses dans les tombeaux.

Il résulte de tout ce que je viens de dire, que, de la Baltique à la Méditerranée, les peuples, tant policés que barbares, croyaient tous, quoique tous eussent des religions différentes, à un autre monde, où ils recommenceraient une vie nouvelle avec les moyens de jouissances qu'ils emportaient de celui-ci ; et qu'en conséquence, tous avaient l'usage de déposer dans leurs tombeaux ce qu'ils désiraient y retrouver.

Mais les Scandinaves, les Germains et les Gaulois jetaient ces objets dans le bûcher du mort : et cependant, chose inexplicable ! les

---

(1) Campus ipse dudùm refertus tam Bustualibus favillis quàm cadaveribus. SID. APOLL. *epist.* 12, lib. III. — Sordidior atque deformior cadavere rogali quod, facibus admotis, semi-combustum..... *Ibid. Epist.* 13.

Francs qui habitaient le sein de la Germanie, les Francs qui étaient primitivement, ou qui par la suite au moins devinrent une nation germanique, et qui en parlaient la langue, différaient sur ce point d'avec les Germains leurs compatriotes ; et au lieu de brûler comme eux leurs morts, ils les inhumaient tout entiers avec les objets de dépôt.

Devenus maîtres de la Gaule, ils y conservèrent ce mode de sépulture, qui déjà était le leur avant la conquête. Au moins, c'est ce que paraît démontrer ce tombeau découvert en 1653 près de Tournai, et qu'on croit communément être celui de Childéric, père de Clovis. Non seulement toutes les parties du squelette y étaient dans leur position respective, ce qui n'eût pu arriver si le corps avait été brûlé ; non seulement rien n'y portait des vestiges de feu ; mais il y avait encore des objets, tels qu'un fourreau d'épée et des fragmens de baudrier, qui, s'ils eussent passé par les flammes, n'auraient pu manquer d'y être détruits en entier (1).

---

(1) MONTFAUCON, *Hist. de la Monarchie française*, tom. 1er. — CHIFFLET, *passim*.

Quoique les détails de cette découverte me ramènent de plus en plus à mon sujet, néanmoins ils sont si connus, que je me dispenserai encore de les rapporter ici. J'y rappellerai seulement qu'outre le squelette du prince, outre sa lance, sa hache, son baudrier, son épée, et deux bagues, dont l'une portait son nom et présentait son buste, on trouva encore deux crânes humains, qui probablement étaient ceux d'officiers ou de serviteurs immolés avec lui, de même qu'un reste de housse; un fer et une tête de cheval qui s'y trouvaient aussi, étaient ceux du cheval qu'il montait. J'y rappèlerai que, malgré les vols et pillages qui, dans les premiers momens, eurent lieu tant par les ouvriers que par le peuple, on recueillit encore un petit globe de cristal, un vase d'agathe, plus de trois cents médailles d'or ou d'argent; toutes antérieures à l'année 480, époque de la mort de Childéric; plus de trois cents petites figures en or, qui représentaient grossièrement une fleur de lis, ou des abeilles, comme l'a cru Chifflet; des agraffes, des boucles, des filamens ou restes d'habillemens, la plupart garnis en pierres précieuses; enfin beaucoup d'autres objets également en or, mais dont il n'est pas aisé aujourd'hui de deviner l'usage.

Je me dispenserai également de répéter qu'une partie de ces antiquités, après avoir passé à la cour de Vienne, furent données, en 1664, à Louis XIV; qu'on les trouve gravées dans différens ouvrages; et que, déposées d'abord dans le cabinet des médailles, qui alors était au Louvre, elles furent depuis transportées au cabinet des antiques de la bibliothèque royale, où elles se voient aujourd'hui. Mais, par l'énumération sommaire que je viens d'en donner, on a un aperçu de ce que contenaient de richesses les tombeaux des rois francs, de ce que pouvaient en renfermer proportionnellement ceux des hommes de la nation plus ou moins distingués, et par conséquent de ce qu'on peut espérer d'en trouver dans ceux que le hasard fera connaître, ou qui, indiqués par l'histoire, auraient un emplacement connu qu'on pourrait fouiller avec assurance.

Quant à ces autres barbares qui, sous les noms de Bourguignons et de Visigoths, envahirent et occupèrent, les uns l'orient, les autres le midi de la Gaule, je n'aurai rien de particulier à en dire, puisque leurs usages sur cet objet ne différaient point de ceux des Francs. On verra ci-dessous, par une loi des

Visigoths sur la violation des sépulcres, que les tombeaux de ce peuple étaient de même un amas de richesses enfouies.

Cependant il ne faut pas se flatter que tout, dans ces dépôts de la superstition, sera également précieux : quelquefois le caprice ou la sottise du maître s'avisait d'y faire placer des objets qui, d'une grande valeur à ses yeux, ne sont aux nôtres que ridicules.

En 1710, en creusant à trois ou quatre mètres (dix ou douze pieds) de profondeur, dans l'abbaye de Saint-Lomer de Blois, on trouva un caveau dans lequel, avec des statues grossières de femme et des ossemens d'homme et de cheval, il y en avait de chien (1). Lebeuf cite un autre caveau découvert près d'Auxerre, qui contenait un squelette de jeune homme et des ossemens d'oiseau de proie (2). Il est évident que ce jeune homme était un amateur passionné de la chasse au vol, lequel en mourant avait ordonné d'inhumer avec lui son oiseau, pour l'employer encore à chasser dans le

---

(1) Montfaucon, *Antiq. expl.*, suppl. tom. v.
(2) Lebeuf, *Dissert. sur l'Hist. de Paris*, tom. 1er, p. 289.

paradis où il croyait se rendre, de même que les Gaulois de l'autre tombeau avaient fait brûler un de leurs chiens, dans le dessein de l'emmener avec eux et de s'en faire suivre encore.

Dépôts d'argent dans les tombeaux, usités encore au dernier (17ᵉ) siècle.

Pour ce qui concerne ces dépôts d'argent monnoyé placé près des morts, loin d'oser assigner l'époque où l'usage en a cessé, à peine oserais-je assurer qu'il ne subsiste plus. J'en trouve au moins un exemple encore dans le dernier (17ᵉ) siècle; et cet exemple, c'est le village de Civaux qui me le fournit. Plus les hommes sont ignorans, plus ils tiennent à leurs vieilles erreurs : et où se rencontreront les erreurs et l'ignorance, si ce n'est dans un village ?

Sans doute le nom de Civaux vient de rappeler à la classe ce qu'elle a lu sur ce lieu, devenu fameux tout-à-coup, il y a plus d'un d'un demi-siécle (vers le milieu du 17ᵉ), par des monumens dont on parla beaucoup, et qui certes ne méritaient pas tant de bruit.

Il est vrai qu'on ne dut voir d'abord qu'avec surprise l'immense amas de cercueils en pierre qui se trouvent entassés près de ce lieu, dans une plaine le long de la Vienne. Ce qu'on en publia ne manqua pas d'éveiller l'attention des savans; ils prirent la plume, firent des conjectures, fabriquèrent des systêmes, et parurent néanmoins s'accorder assez généralement à supposer là une grande bataille, quoique l'histoire n'en cite aucune, et qu'il eût été assez difficile, après une bataille sanglante, de trouver à l'instant six à sept mille cercueils en pierre. Enfin, en 1737, l'intendant du Poitou envoya sur le lieu même un homme instruit, le P. Routh; et il mit même à ses ordres cent cinquante paysans, pour le cas où Routh croirait avoir des fouilles à tenter.

Celui-ci a publié sur son expédition littéraire, un ouvrage (1) qui, en 1752, fut combattu, en partie, par Lebeuf (2).

Pour moi qui n'ai pas eu, comme les deux antiquaires, l'avantage de voir par moi-même

---

(1) Recherches sur la manière d'inhumer des Anciens, à l'occasion des Tombeaux de Civaux.

(2) Mém. de l'Acad. des Belles-Lettres, *Hist.* t. xxv, p. 129.

le local, et qui n'ose prononcer, ni s'il fut un ancien cimetière du village, comme le veut le premier; ni si le cimetière fut primitivement, comme le prétend le second, un atelier de marchand de cercueils en pierre, établi sur la carrière même, je dirai seulement que, s'il a été dépôt de morts, il l'est depuis long-temps, puisque, selon Routh, on y a trouvé des médailles impériales et des vases antiques. Mais j'ajouterai, d'après lui, qu'on en a tiré pareillement des monnaies françaises du dernier (17ᵉ) siècle : d'où je conclus que, dans le dernier siècle encore, comme je l'ai dit plus haut, les paysans de Civaux déposaient de l'argent dans leurs sépultures; que cet usage gaulois si ancien s'était jusqu'alors maintenu chez eux, et que peut-être même il subsiste également encore dans plusieurs lieux de la France, quoique nous n'en ayons aucune connaissance.

Usage du Naulus en France pour la barque de Caron.

Qui croirait, par exemple, qu'en France, et par le même motif qu'en Egypte on a quelquefois mis dans la bouche et sous la langue du mort, une pièce de monnaie?

Eh bien! consultons Sauval : il nous dira qu'à Paris, en 1630, dans le clos des Carmélites, à près de cinq mètres (quatorze pieds) de profondeur, on trouva un caveau qui contenait trois squelettes d'homme et un d'enfant, et que chacun des quatre squelettes avait dans la bouche « une médaille de Faustine la mère et d'Antonin le débonnaire, apparemment pour payer le naulage de Caron (1). » A ce fait, l'auteur en ajoute un du même genre : celui de beaucoup de caveaux semblables, découverts à Notre-Dame-des-Champs et aux environs, dans lesquels tous les squelettes avaient des médailles à la bouche (2). Dans la banlieue de la commune de Soing, département de Loir et Cher, est une plaine sablonneuse qui contient un tertre tumulaire, autour duquel, en quelqu'endroit qu'on fouille, on est sûr de trouver des vases funéraires. Les uns sont en verre et de forme carrée, les autres

---

(1) SAUVAL, *Antiq. de Paris*, tom. II, pag. 337.
(2) *Ibid.*

en terre cuite : mais tous contiennent une pièce de monnaie, c'est-à-dire, un naulus. Je tiens ce fait de mon collègue Grégoire, qui, sur le rapport qu'on lui en avait fait, s'est transporté à Soing, et l'a vérifié par lui-même, en ordonnant des fouilles.

On m'a dit également que, dans quelques cantons du ci-devant Nivernais, le peuple aujourd'hui encore a coutume de mettre près du lit des mourans un seau plein d'eau et une pièce d'argent : et que, quand le malade expire, on renverse le seau. Cette pièce de monnaie rappèle pareillement le naulus, et elle en est un vestige.

Il est rare que les superstitions meurent sans postérité. En vain on les croit éteintes et détruites à jamais : elles n'ont fait que dégénérer et changer de formes ; et c'est ce qui est arrivé à celle du naulus. Il y eut des contrées où le christianisme ne l'abolit pas : seulement elle s'y modifia ; c'est-à-dire, qu'au lieu de mettre dans la bouche du mort une pièce de monnaie, on y mit une hostie consacrée (1).

---

(1) Aliqui olim ori ipsi mortuorum imposuere sacrum hunc nummum, ad abolendum usum ethnicum immittendi ori mor-

Par la suite, quand cette superstition s'abolit, les dévots en imaginèrent une autre, celle de se faire inhumer avec des reliques ; et l'on pourrait citer de celle-ci beaucoup d'exemples. Sur la fin du dernier siècle (le 17e), en 1686, quand on ouvrit, dans l'abbaye de Lagni, le tombeau de Thibaud-le-Grand, comte de Champagne et de Brie, on trouva sur son corps un reliquaire qui contenait quelques parcelles de saint Thibaud, son patron (2).

Cependant il y eut, même en France, des lieux où la superstition égyptienne se maintint sans aucune modification ; et à ce sujet, je lis dans l'auteur que je viens de citer en note, une anecdote bien remarquable.

Ce savant, natif d'Auxerre, chanoine d'Auxerre, et qu'on ne soupçonnera certainement ni de mensonge, ni de crédulité, écrivait, en 1738, que, près d'Auxerre, il connaissait un

---

tuorum pecuniolam quæ esset pro naulo ad transvectionem per cymbam Charontis. Ut ergo is profanus usus aboleretur et naulum transvectionis nostræ in cœlum esse eucharistiam docerent, ori mortuorum divinam eucharistiam immittebant. Théoph. Raynaud, *Heter. Spirit.*, tom. xv, pag. 82, col. 2.

(2) Lebeuf, *Histoire du Diocèse de Paris*, tom. xv, pag. 46.

village dont les paysans avaient conservé pour leurs morts la coutume de Memphis; et le liard ou le sou qu'ils plaçaient ainsi dans la bouche du défunt, était, selon eux, « pour payer le passage de la barque à Caron (1). » Notre chanoine s'est abstenu de nommer le village, et l'on devine son motif; mais il ajoute que des gens de sa connaissance avaient vainement tenté de désabuser de cette superstition les habitans : ce qui ferait soupçonner que luimême avait été l'un de ces prédicateurs stériles, et qu'elle y subsistait toujours.

Serait-il donc malheureusement vrai que, dans l'ordre des choses humaines, il y a des erreurs destinées, pour ainsi dire, à être immortelles, et à régner successivement sur tout le globe? Quoi! la barque du Caron de Memphis dégénère dans l'Egypte en une fable absurde; et cette fable insensée, d'une antiquité inconnue, portée d'Égypte en Thrace par Orphée, de Thrace transplantée en Grèce dans les temps fabuleux, de Grèce en Italie, vient, avec les Romains sans doute, s'établir dans

---

(1) *Dissertation sur l'Histoire de Paris*, tom. 1er, pag. 287.

notre Gaule! Depuis un temps immémorial, elle a disparu des contrées qui l'avaient vu naître; on la cherche en vain dans celles où elle était allé s'établir; et voilà que nous la retrouvons réfugiée près d'Auxerre, cantonnée dans un village où, en dépit de quinze siècles de christianisme, elle vit paisiblement! Eh! qui de nous, en la voyant exister là, oserait assurer que ce n'est que là qu'elle existe? Je livre ce fait aux réflexions des historiens, des moralistes et des philosophes. Puisse-t-il les exciter à en dépister d'autres semblables! On ne s'est que trop occupé jusqu'ici des mœurs monotones des villes et de leurs modes si variables; étudions les campagnes, où rien ne change que très-difficilement : combien d'usages anciens, fort extraordinaires, ne sommes-nous pas assurés d'y retrouver encore? et combien de fois n'arrivera-t-il pas que ces usages qui, vus isolément, paraissent ne tenir à rien, rapprochés des points les plus importans de notre histoire, en donneront la clef?

C'est ce que je trouve dans ces enfouissemens souterrains d'or et d'argent : avec eux s'explique complètement un fait auquel on n'a point jusqu'à présent porté assez d'attention; un fait qui importe beaucoup à l'ancienne économie politique de l'Europe et à l'histoire de ces temps-là, et que je dois d'autant moins omettre, qu'il tient à mon sujet et aux vues générales qui m'occupent en ce moment.

Pourquoi les nations barbares qui pillèrent l'Europe restèrent pauvres.

Pendant plusieurs siècles, d'innombrables hordes de Scythes, sous différens noms aussi barbares qu'eux, descendent des hauteurs septentrionales de l'Asie, ou des contrées européennes qui avoisinent l'Euxin. Comme une lave volcanique, elles s'épandent en torrens vers l'occident et le midi de l'Europe. Germanie, Gaule, Italie, tout, sur leur passage, est ravagé, détruit, dévoré. Partout, l'incendie et la dévastation, le pillage et la mort les accompagnent.

Quelques-unes d'entre elles, lasses enfin de courses et de carnage, s'établissent par usurpation dans les provinces qu'elles ont envahies. D'autres retournent dans leurs déserts, chargées des richesses des nations vaincues.

Eh bien ! là, que font-elles de ces monceaux

de pierreries qu'elles ont emportés, de ces masses incalculables d'or et d'argent monnayés, de tous ces ouvrages plus précieux encore par leur travail et leurs ornemens que par leur matière?

Avec tant de moyens de prospérité, on s'attend que sans doute elles vont faire changer de face à leurs immenses savanes ; que, sur les herbages où étaient leurs tentes, leurs ordous et leurs chariots errans, on va voir s'élever des villes superbes; enfin que, de toutes les parties de l'Inde, de la Perse et de l'Asie mineure, l'industrie et les arts, le luxe et le commerce, vont voler vers ces contrées où se trouvent réunis tout-à-coup les trésors de tant de siècles et de tant de nations.

Non : les brigands grossiers qui les ont ravis, en ignorent le véritable usage. Pendant leur vie, ils en emploient une partie en ornemens et en parure. A leur mort, tout est enfoui dans la terre avec eux; et leur postérité, toujours nomade, toujours pauvre et sans propriété, quoique les pères eussent appauvri l'Europe, continue d'habiter sous des tentes, et d'y vivre avec de la chair de cheval et du lait de jument.

Un pareil résultat étonne la raison humaine; elle a peine à croire que la cupidité la plus effrénée dont les annales des nations offre l'exemple, que la cupidité qui pour s'enrichir avait bravé tous les genres de dangers et de fatigues, finisse par un pareil emploi de ses richesses; mais ce que j'ai dit d'elle ci-dessus, explique tout. Stupidement superstitieuse, elle croyait les emporter dans un autre monde où elle ambitionnait de briller; et c'était à ce motif qu'elle sacrifiait tout, comme c'était dans cet espoir qu'elle avait tout bravé.

Et d'ailleurs, quand le fait ne serait pas attesté par l'histoire, la Tatarie n'en offre-t-elle pas aujourd'hui des preuves nombreuses? Ceux des voyageurs qui ont parcouru ces immenses contrées, ne nous apprennent-ils pas qu'en mille endroits, et spécialement dans le pays des Eluths, on rencontre une quantité de buttes et monticules factices, qui, comme on l'a vu ci-dessus, sont formées de sépultures; que, quand on fouille ces monumens, on y trouve, outre des squelettes et des ossemens humains, outre des os et des harnois de chevaux, d'immenses trésors en monnaie ancienne, en joyaux, vases, armures et pierreries; qu'instruits de la richesse de ces dépôts, les Sibériens, pendant long-temps, vinrent tous les étés les fouiller et les spolier; qu'égorgés sans miséricorde, quand ils étaient surpris par les Tatars, l'un des peuples de la terre qui respecte le plus la cendre de ses ayeux, leur insatiable avarice imagina de ne plus marcher à ces criminelles et dangereuses expéditions qu'en grosses caravanes armées; enfin que plusieurs des nouvelles caravanes ayant été de même massacrées en entier, le gouvernement russe s'est vu forcé de les défendre sous les peines le plus rigoureuses (1)?

---

(1) « On trouve une grande quantité de tombeaux dans les
» déserts qui sont au midi de la Sibérie. Les Russes, qui allaient
» souvent y fouiller, en ont retiré toutes sortes d'ustensiles, des
» urnes de terre, des ornemens d'habits, des sabres, des poi-
» gnards, des couteaux, des équipages de chevaux, quantité
» de petites idoles et des médailles d'or et d'argent. On y a
» trouvé des jeux entiers d'échecs en or, des espèces de miroirs
» et de grosses plaques travaillées dans le goût des bractéates
» des anciens peuples occidentaux, sur lequel le mort était cou-
» ché. Les tombeaux des moindres gens ne sont garnis que d'us-
» tensiles de cuivre, de fer, de laiton, etc. Je dois remarquer
« encore que toutes les armes qu'on y a trouvées ne sont pas
» forgées comme les nôtres, mais sont de fonte, et pour la plu-
» part de cuivre. Tout cela s'accorde parfaitement avec ce

Au mois d'octobre 1721, on fit, à l'orient du Volga, dans une contrée sujète de l'empire

» qu'on lit dans différens ouvrages sur les tombeaux des an-
» ciens Cimbres et autres peuples du nord de l'Europe : car ces
» tombeaux de Sibérie, dont plusieurs sont aussi hauts qu'une
» maison, sont, ou simplement de terre, ou construits de
» pierre. On voit en certains endroits une si grande quantité de
» ces tombeaux, qu'on les prendrait de loin pour une chaîne
» de petites montagnes. Il y a environ trente ou quarante ans
» (l'auteur a publié son livre en 1730), que le gouvernement
» n'ayant pas encore pris connaissance des trésors qui se trou-
» vaient dans ces tombeaux, les commandans des villes de Tara,
» Tomsk, Crasnoyard, etc., détachèrent certaines caravanes
» volontaires pour visiter ces tombeaux, à condition qu'elles
» donneraient aux commandans un certain contingent, ou le
» dixième de tout ce qu'elles trouveraient. Ces caravanes,
» ayant souvent fait des découvertes importantes, ont brisé
» quantité de beaux morceaux d'antiquité, pour partager le bu-
» tin et satisfaire chacun selon le poids de la matière. Des am-
» bassadeurs des Tatars chinois, passant par Jeniseisk, deman-
» dèrent au commandant la permission d'aller voir les tom-
» beaux de leurs ancêtres ; mais il la leur refusa sous divers pré-
» textes, dans la crainte que les trouvant pillés et démolis de
» fond en comble, ils n'en fussent très-irrités. » *Description de l'empire russe*, par STRAHLEMBERG, tom. II, pag. 203.

Pallas, en cent endroits de son voyage, parle de ceux qu'on trouve en Sibérie et dans toutes les régions du nord de l'Asie soumise à l'empire russe ; mais presque partout il ajoute qu'ils ont été fouillés. Il en cite un qui fut ouvert par une troupe de cent-cinquante paysans, et dont ils tirèrent cinquante livres de Russie, et alors habitée par des Kalmouks, qui depuis l'ont abandonnée, une découverte sur laquelle Schumacker, bibliothécaire du czar Pierre, publia un Mémoire qui confirme ce que je viens de dire. Il s'agissait de tombeaux antiques qu'on venait de trouver. « Souvent, dit l'auteur, ceux de ce genre qu'on découvre, renferment toutes sortes d'instrumens et ornemens, haches, couteaux, vases de toutes espèces, urnes, lampes sépulcrales, pendans d'oreilles, bagues, boules, figures d'hommes et d'animaux en bronze, or et argent. »

Ceux-ci contenaient beaucoup d'objets différens, dont les neuf principaux furent dessinés et se trouvent gravés dans Montfaucon (1). Or, parmi ces neuf objets, on voit une figure chinoise, trois figures indiennes, et trois de Romains, dont deux représentent des cavaliers et formaient des lampes.

---

pesant d'or (tom. III, pag. 196). Il parle d'un canton dont « la grande et prompte population est due à la cupidité des habitans des terres limitrophes. Ayant appris qu'on avait trouvé des trésors dans plusieurs tombes, ils sont venus s'y établir. » (Tom. III, pag. 85.)

(1) *Antiquité expliquée*, supplém., tom. v, pag. 154.

Assurément c'était un fait bien extraordinaire que celui qui montrait réunis dans des tombeaux à l'est du Volga, ces antiques, si étrangères à des tombeaux, si disparates par leurs sujets, si difficiles à rassembler par la distance énorme des pays d'où elles étaient tirées. Une singularité aussi remarquable métait bien que Montfaucon et Schumaker tentassent d'en donner une explication : et cependant ni l'un ni l'autre n'en a eu seulement l'idée.

Après tout ce que j'ai dit ci-dessus, le fait n'a rien que de facile à expliquer. Les figures des tombeaux provenaient primitivement d'un butin de Scythes, dont les uns avaient fait des excursions dans l'Asie orientale, les autres dans l'occidentale ou dans l'Europe, et qui, à leur mort, inhumés ensemble sous un tertre commun, y avaient été déposés avec les objets qu'ils avaient rapportés de leurs courses.

L'observation que je viens de faire sur la grande inondation des barbares, je puis l'appliquer à une autre qui eut lieu quelques siècles après : à celle des Normands. Pendant quatre-vingts ans, ces féroces et intrépides pirates pillent et ravagent l'Europe occidentale, et même une partie de celle que baigne la Méditerranée. Plus cruels encore que les autres barbares et plus acharnés à leur proie, plus habiles à la guerre et plus braves, navigateurs intrépides et disciples féroces d'Odin, furieux également et par leurs défaites et par leurs victoires, ils se montrent d'autant plus avides de nos espèces, qu'à cette époque ils n'avaient pas encore de monnaies frappées, ou qu'ils ne faisaient que de commencer à en avoir (1). Envain, pour obtenir leur retraite, on leur paie des contributions énormes; ils n'y voient qu'un motif de plus pour revenir, au printemps suivant, en lever de nouvelles.

Veut-on se faire une idée de ce qu'étaient ces rançonnemens? Jugeons-en par un exemple.

En 858, les brigands, dans une de leurs courses près de Paris, font prisonnier Louis, abbé de Saint-Denis. Pour racheter cet inutile moine, on est obligé de leur payer six cents quatre-vingt-cinq livres pesant d'or, trois mille deux cents cinquante d'argent; et

---

(1) Selon MALET, *Hist. de Danem.*, pag. 333, ils n'en eurent qu'au dixième siècle, et tout au plus au neuvième.

(ce qui est bien plus déplorable encore! ce qui est vraiment horrible et fait frémir!) l'abbaye leur livre en outre un certain nombre de ses serfs, avec leurs femmes et leurs enfans ; victimes malheureuses qu'elle dévoue froidement à l'expatriation et à l'esclavage, et dont chacune était assurément plus avantageuse à l'État que le couvent tout entier. Le fait est incontestable : les historiens bénédictins en conviennent eux-mêmes, et j'en cite en note trois qui l'attestent (1).

Au reste, c'est un fait connu que les pirates, par leurs quatre-vingts années d'extorsions, d'incendies et de massacres, laissèrent la France dans un état de ruine et de dépopulation, d'épuisement et de misère, dont elle ne put se relever qu'à l'aide de plusieurs siècles.

Mais leur patrie au moins s'enrichit-elle de tout ce que perdait la nôtre? Non ; elle reste, comme auparavant, stérile et misérable. Tout y est sacrifié à l'espoir superstitieux de briller avec éclat dans le valhalla d'Odin. Tout, de

---

(1) MABILLON, *ann. Bened.*, lib. XXXV. — *Histoire de Saint-Germain-des-Prés*, par D. BOUILLART, pag. 36. — *Histoire de l'Abbaye de Saint-Denis*, par D. FÉLIBIEN, pag. 85.

même qu'en Scythie, y est jetté, enseveli dans les tombeaux. Enfin, c'est là que les flots de notre or vont s'engloutir sans fruit.

Aussi Mallet assure-t-il que, quand on se donne la peine de fouiller dans ces contrées, on en retire souvent des armes, des bagues, des vases et divers autres objets (1). C'est même spécialement à ces découvertes de sépulcres antiques, qu'il faut attribuer, selon lui, cette grande quantité d'anciennes monnaies étrangères qu'on voit journellement circuler dans le commerce intérieur des royaumes du nord.

Les dépôts d'argent dans les sépultures appauvrissent la Gaule.

Jusqu'ici, je n'ai parlé que des barbares qui, après avoir enlevé par la force l'or de nos contrées, l'emportaient dans les leurs: maintenant j'ajouterai que ceux d'entr'eux qui, renonçant à leur patrie, s'établissaient dans la nôtre, n'étaient pas des spoliateurs moins

---

(1) MALLET, *Histoire de Danem.*, tom. 1ᵉʳ, pag. 324.

avides ; et qu'avec la même épée qui leur donnait terres, esclaves et maisons, ils savaient se procurer aussi les sommes qui leur convenaient.

A la vérité, cet argent qu'ils extorquaient, soit par rapine et violence ouverte, soit par des contributions forcées, n'était point exporté de la Gaule ; la masse en restait toujours la même, bien qu'il eût changé de mains ; et l'état, quoiqu'avec une infinité de familles totalement ruinées, n'en était pas réellement plus pauvre en espèces. Mais ces Francs, ces Visigoths usurpateurs, avaient, comme on l'a vu, l'usage d'ensevelir dans leurs tombeaux ce qu'ils possédaient de plus précieux. On a vu également que cette coutume était celle des Gaulois ; et de là il s'ensuit que, le numéraire et les métaux ouvrés allant ainsi journellement se perdre dans les sépulcres, surtout à une époque où le commerce, qui aurait pu faire rentrer des capitaux, était peu de chose, et où le travail des riches mines gauloises n'était plus en activité, la somme des espèces courantes devait insensiblement s'épuiser et disparaître de la circulation. Mais de là il s'ensuit aussi que la masse des espèces qui disparurent ainsi par la superstition, existe encore toute entière aujourd'hui en nature, enfouie presque à la superficie de la terre, et que la France possède ainsi des richesses incalculables, qui probablement sont à jamais perdues pour elle.

Abolition des sacrifices d'hommes et d'animaux dans les funérailles.

Cependant la religion chrétienne qu'avaient embrassée les vaincus et qu'à leur exemple embrassèrent successivement les vainqueurs, dut modifier en partie les rites funéraires. D'après les principes qu'elle enseigne, d'après la juste horreur qu'elle professe de l'effusion du sang humain, elle ne pouvait manquer d'élever sa voix contre ces immolations d'hommes, qu'une démence abominable prétendait donner à un mort pour compagnons de sa nouvelle vie.

D'ailleurs, le paradis de cette religion, tout spirituel et tout contemplatif, diffère totalement des paradis de toutes les autres. Elle n'y suppose, comme les religions des barbares le supposaient dans le leur, ni combats journaliers, ni valets et cortège ; et par conséquent, elle devait proscrire l'usage inhumain d'immoler avec le mort des hommes et des chevaux.

Mais quels sont les peuples qu'on a vus renoncer subitement et en entier à de vieilles coutumes ? Et si ce prodige est rare, même chez les nations policées, doit-on s'attendre à le rencontrer chez des demi-sauvages enivrés par la victoire et la domination, surtout quand leurs préjugés, tout faux, tout inhumains qu'ils étaient, tenaient au respect pour la cendre de leurs pères, c'est-à-dire, à cette piété filiale, l'un des sentimens les plus louables que puisse nourrir le cœur de l'homme ?

Ils renoncèrent, il est vrai, à l'effusion du sang humain, et même à la mort de l'animal des batailles ; ils cessèrent d'égorger dans la fosse, ou d'y brûler, ou d'y ensevelir tout vivans, des hommes et des chevaux : mais ils continuèrent, par habitude, à inhumer le mort avec ses vêtemens les plus riches, avec ses plus belles armes, une partie de son numéraire, ses joyaux et les objets précieux qu'il avait le plus aimés.

En effet, toutes les fois qu'on a ouvert à Saint-Germain-des-Prés le tombeau d'un des rois francs chrétiens, on y a trouvé (et l'on en verra ci-dessous la preuve) les articles que je viens d'énoncer : mais aucun n'y a présenté ni ossemens de cheval, ni même plusieurs crânes ou squelettes, à moins qu'on n'y eût inhumé ensemble (ce dont il y a des exemples) un mari et une femme, une mère et son fils.

Quant à ces parures, ces pierreries, ces richesses de tout genre qu'on déposait en terre avec le mort, elles continuèrent à être regardées comme un sacrifice dont le luxe s'acquittait envers lui. Il ne venait seulement pas à l'esprit que, perdues pour sa famille ainsi que pour la nation, elles l'étaient encore pour lui-même; puisque personne alors ne croyait plus à un paradis où on les retrouverait.

Usage chez le clergé d'être inhumé avec des habits sacerdotaux.

Néanmoins, tel est l'ascendant de l'opinion sur nos pauvres têtes humaines, quand une fois elle est parvenue à s'en emparer, que le clergé lui-même, le clergé qui, par ses principes, devait tendre à extirper jusqu'à la moindre racine de ces superstitions, les adopta pourtant en partie; et de là vint la coutume d'inhumer les abbés avec les signes honorifiques qui étaient propres à leurs dignités, les prélats avec leur crosse et leurs habits pontificaux, les prêtres avec leurs vêtemens sacerdotaux (1).

Grégoire de Tours en offre la preuve en vingt endroits. Parle-t-il de l'évêque d'Auvergne, Saint-Gall, de l'abbé Mars, des ermites Marian, Léobard et Lupicin ? il a soin de remarquer qu'avant de les inhumer, on les revêtit de riches habits (2)... Et ce qui prouve que cette coutume était propre aux laïques, et qu'elle avait été adoptée par le clergé, c'est que, quand Grégoire fait mention des derniers devoirs rendus à Chilpéric assassiné dans une forêt, à son fils Théodebert tué dans un com-

----

(1.) Il existe un réglement fait en 1280, pour le diocèse de Couserans, par l'évêque Auger, qui ordonne à tout ecclésiastique, le jour où il recevait la prêtrise, de commander la robe dans laquelle il devait être enseveli un jour : « ut initio sui presbyteratus vestes sacerdotales sibi fieri faciat, cum quibus, obitûs sui tempore, valeat sepeliri. » Un autre, d'Arnaud, évêque de Maguelone, année 1339, ordonne de même : « ut omnes habeant breviarium, superpelliceum (surplis), almutiam (aumusse) sacerdotalem, vestem propriam quâ sepeliantur. » *Gall. chr.* t. VI.

(2). Dignis indutum vestibus. GREG. TUR. *de glor. conf.* cap. 81. — Vestimentis dignis indutus. Ibid. *de vitâ patrum.* — Dignis induit vestimentis. *Ibid.*

bat, il dit de même : on le revêtit de ses plus plus riches vêtemens (3).

On se doute bien, (et je n'ai pas besoin d'en prévenir) que des usages où l'on étalait du luxe jusqu'après la mort, ne pouvaient manquer d'être de mode chez les femmes.

A toutes les époques, avant comme après l'introduction du christianisme, elles s'y conformèrent avec empressement; et si elles furent obligées de se distinguer des hommes en s'abstenant de déposer dans leurs cercueils des armes comme eux, elles s'en dédommagèrent en se piquant, plus qu'eux encore, d'y accumuler des parures, des bijoux et des trésors.

Femmes inhumées avec des richesses.

Telle fut celle dont Grégoire nous offre un exemple. Femme de la plus haute distinction, parente du duc Gontran-Boson, l'un des plus grands seigneurs francs, elle venait d'être inhumée à Metz avec les richesses de toute espèce

---

(1) Vestimentis melioribus induit. *Hist. Franc.* lib. VI. — Dignis vestibus indutus. *Ibid.* lib. IV, cap. 45.

(2) *Ibid.*

que comportait son rang, quand des gens du duc, ayant trouvé moyen de se glisser dans l'église, pillèrent le tombeau et se sauvèrent. Mais ils s'étaient aperçus qu'on les avait découverts ; et comme ils craignirent qu'on ne courût après eux ; et que, si on les saisissait, on ne les fît périr dans les tortures ; ils revinrent rapporter tout dans l'église, ajoute l'historien, et s'excusèrent aux dépens de leur maître, qui avait été tenté par l'opulence du dépôt, et dont ils n'avaient fait, disaient-ils, que suivre les ordres (1).

Lois portées et précautions prises contre le vol des tombeaux.

Effectivement, tant de richesses entassées invitaient au vol ; et quoique depuis l'adoption du christianisme, les tombeaux des rois et des grands fussent ordinairement dans l'enceinte des monastères, dans des églises et d'autres lieux fermés, leur spoliation offrait trop d'appât et de facilités pour ne pas devenir très-commune.

---

(1) *Histor. Franc.*, lib. IV, cap. 45.

Les lois romaines contiennent sur cet objet plusieurs dispositions. Chez nous, les Visigoths crurent de même prévenir et arrêter le délit par une loi; mais la leur devait d'autant moins l'empêcher qu'elle est peu sévère : elle condamne le coupable à restituer aux parens du mort tout ce qu'il a volé, et à leur payer en outre, une amende de quatre livres d'or. S'il n'existait point de parens, l'amende était pour le fisc; et alors le voleur recevait cent coups de fouet (1).

Les Francs avaient, dans leur code salique, plusieurs articles sur le même objet. Par l'un, l'homme qui dépouille des morts avant qu'on les mette en terre, est condamné à l'amende (2) : par l'autre, le larron qui, pour les voler, forçait leur tombeau, encourait

---

(1) Si quis sepulcri violator exstiterit, aut mortuum spoliaverit, et ei aut vestimenta aut ornamenta abstulerit, si liber hoc fecerit, libram auri coactus exsolvat hæredibus mortui, et quæ abstulit reddat. Quod si hæredes non fuerint, fisco nostro cogatur inferre, et præterea centum flagella suscipiat. *Leg. wis.* lib. XI, tom. II.

(2) Collection des Historiens de France, tom. IV, tit. 17, pag. 134.

l'excommunication civile et le bannissement, sans qu'il fût permis, ni à aucun de ses proches, ni à sa femme même, de lui donner du pain ou de lui fournir un asile; et cette peine durait jusqu'à ce que sa famille eût conclu un accommodement avec celle du mort (1).

Par la suite, ces mêmes Francs imaginèrent un moyen qu'ils crurent plus sûr et plus efficace qu'une loi : ce fut de commettre (sans doute pendant la nuit seulement) la garde et la défense du monument à un esclave affidé, que le défunt, avant de mourir, désignait lui-même pour ce ministère et que dans ce dessein il affranchissait, mais qui était un de ses bâtards (*degener*). Ces gardiens étaient mis en possession de leur emploi par les parens du mort ou par l'église. Il est mention d'eux dans le neuvième canon du concile de Paris, tenu

---

(1) Si quis corpus jam sepultum effodierit et expoliaverit, wargus sit usque in diem quâ cum parentibus ipsius defuncti convenit ; et ipsi pro eo rogent ut inter homines liceat ei accedere. Et quicumque anteà, aut panem aut hospitale, sive uxor sua, sive proxima, ei dederit, nc denarios, qui faciunt olidos xvi, culpabilis judicetur. *Collection des Historiens de France*, tom. IV, tit. 58, pag. 154.

en 557. Le concile y ordonne que, pour ce qui les concerne, la volonté du testateur sera observée (1).

Au reste, comme ce canon est fort obscur, je ne me flatte pas d'en avoir deviné le sens.

Privation de sépulture pour les excommuniés.

On sait que les personnes qui mouraient excommuniées, étaient privées de sépulture, et jetées comme *charognes* et *bêtes mortes* sur un chemin, dans un champ ou à la voirie ; c'est ce que le clergé appelait « donner la sépulture des ânes (2). »

On trouve cette expression employée, l'an 900, par un concile de Reims. Fulcon, archevêque de cette ville, avait été assassiné. Le concile excommunie ses meurtriers ; et après avoir

---

(1) De degeneribus servis qui sepulcris defunctorum, pro qualitate ipsius ministerii, deputantur, hoc placuit observari, ut sub qua ab auctoribus fuerint conditione dimissi, sive hæredibus, sive ecclesiis, pro defensione, fuerint deputati, voluntas defuncti circa eos in omnibus debeat observari.

(2) Extra cimiterium, sepulturâ asini sepultus. Hug. Flav. *Chron.* pag. 268.

prononcé contr'eux tous les anathêmes qui alors étaient d'usage, il finit ses malédictions par leur souhaiter la sépulture des ânes (1).

Souvent les princes laïques eux-mêmes employaient dans leur diplôme cette formule menaçante. Bouche en cite un semblable, du même siècle, donné à l'église de Vienne par Hugues roi d'Italie, comte de Provence et de Viennois. Le comte y dévoue de même à toutes les malédictions possibles quiconque empêchera l'église de jouir des effets de sa donation; et il finit de même par dire : *qu'il reçoive la sépulture des ânes* (2).

La superstition du temps avait établi sur l'excommunication un préjugé bien étrange; c'est que le cadavre d'un excommunié ne pouvait ni pourrir, ni être consumé dans les flammes; mais que Dieu, par un effet de sa toute-puissance, le conservait miraculeusement et le rendait indestructible, pour servir d'exemple à ceux qui oseraient braver l'autorité de l'église.

---

(1) Sepulturâ asini sepeliantur.

(2) Asinorum accipiat sepulturam. *Hist. de Prov.* tom. 1er, pag. 935.

Quoique mille fois l'expérience eût dû démontrer combien cette opinion était fausse, elle n'en subsistait pas moins. Mais, d'un autre côté, elle présentait une difficulté embarrassante. On croyait aussi que les corps des saints avaient, par vertu divine, la faculté de se conserver. Or, dans ce cas, comment distinguer les uns des autres ? et à quels signes reconnaître le bienheureux ou le réprouvé ?

Il ne peut y avoir, pour la superstition, d'objections insolubles. Celles-ci ne l'arrêtèrent point; elle admit en principe que, quand un corps se montrerait gonflé, noir et infect, ce serait un signe d'excommunication ; mais que s'il paraissait éclatant de lumière, s'il exhalait un parfum agréable, il annoncerait un saint. Cette opinion réputée incontestable devint générale; et l'on en trouve des preuves multipliées, tant dans les légendes et les contes dévots, que dans les autres écrits religieux du temps.

Cependant, quand le cadavre d'un excommunié était jeté sur un chemin public, ou abandonné dans une rue, on le couvrait d'un monceau de pierres, afin d'en dérober aux passans et l'odeur et la vue. Peut-être même regardait-on cette sorte de lapidation comme un supplice nouveau infligé au coupable après sa mort. Chez les Juifs, Josué l'avait employée pour Achan, Joab pour Absalon, etc.; et je ne serais pas surpris que ce fût d'après les Juifs et par respect pour l'ancien testament, que le clergé l'avait adoptée aussi.

Inhumation avec trésors, usitée encore sous la seconde race.

Les inhumations avec armes, avec riches parures et objets précieux, subsistèrent sous les Carlovingiens. Je n'en citerai pour exemple que celle de Charlemagne, quoiqu'on eût ajouté à la sienne une pompe nouvelle, telle que la méritait le plus grand homme de son siècle et le premier empereur d'Occident.

Lavé et approprié selon la coutume du temps (1), revêtu de ses habits impériaux, ayant au côté une épée à pommeau d'or, en tête une couronne d'or, sur les genoux et dans les mains un livre d'évangiles écrit en lettres

---

(1) *Corpus solemni more lotum et curatum.* ÉGINH. *Vita Car. magn.*

d'or, on l'assit sur un trône d'or. Devant lui furent placés son sceptre et son bouclier d'or, bénis par le pape Léon. On emplit le caveau de parfums et de beaucoup de richesses (*thesauris multis*); on le ferma, on le scella même, et on y éleva une arcade dorée, sur laquelle fut gravée une épitaphe qui nous a été transmise par Eginhard, et qui, de toutes celles de nos rois que le temps a laissé venir jusqu'à nous, est la plus ancienne connue.

L'usage des inhumations avec trésors s'abolit insensiblement; mais celui de mettre des armes dans le cercueil dura long-temps encore. Les Tancrèdes établis en Italie le conservèrent dans les nouveaux états qu'ils y fondèrent (1).

_____

(1) Guillaume de la Pouille, parlant d'une cérémonie funéraire faite en 1052, dit : conduntur feretro, sub tergo corporis, enses. GUILL. APUL. *de Northmann.*

CHAPITRE III.

Les divers modes de Sépultures forment six âges différens.

Jusqu'ici je n'ai considéré les sépultures nationales que sous des rapports généraux, et spécialement sous celui d'être des dépôts d'objets enfouis par la superstition. On a vu que, dès l'origine de la nation, au temps où les Gaulois ne connaissaient point encore les métaux, et où leurs armes étaient des os pointus et des cailloux affilés, les sépultures ont eu cette destination, qu'elles l'avaient encore sous la seconde race, et que des Français l'ont gardée hors de France jusqu'au onzième siècle. Mais pendant cette immensurable série d'années, dont il n'y a qu'une très-faible partie qui soit connue de l'histoire, le mode d'inhumation a-t-il été toujours le même? quand et comment a-t-il changé? enfin, au défaut de preuves historiques, y aurait-il un moyen de constater ces divers changemens, et serait-il possible de les ranger méthodiquement sous quelques époques principales?

Ces questions, totalement neuves, mériteraient assurément une discussion approfondie; mais personne encore, à ma connaissance, ne les a traitées; et où trouverai-je, moi, des secours pour les résoudre? La haute antiquité qu'elles embrassent est pour nous la nuit des temps: sans guide, sans flambeaux, je ne puis, dans ces ténèbres, marcher qu'à tâtons, et que risquer de m'égarer. N'importe, essayons d'avancer, on me pardonnera, je l'espère, de n'avoir pu, ni mieux, ni davantage.

J'ai dit que, chez les Scandinaves, le mode primitif d'inhumation avait été celui des collines, et qu'Odin y substitua celui des bûchers; de là vient, chez les anciens historiens du Nord, cette distinction remarquable de deux époques, dont l'une est appelée par eux l'âge des collines, et l'autre, l'âge des bûchers (1).

D'après ce qu'on a lu jusqu'ici, il semblerait que l'histoire ancienne de notre France pour-

---

1) Mallet, *Hist. de Dan.* Intr., tom. 1er, pag. 319.

rait être divisée de même, puisque le feu et les collines y ont également été d'usage.

A la vérité, ces deux modes de sépulture y furent employés dans les temps primitifs : mais elle en a eu d'autres encore ; et si je récapitule ceux que, depuis cette première époque jusqu'à nous, je vois avoir eu lieu, j'en compte six.

Quant aux deux premiers âges, j'ajouterai que chez nous leur ordre n'a pas été le même que dans les pays du Nord. Là, celui des collines précéda celui du feu ; et en France, au contraire, ce fut l'âge du feu qui précéda l'âge des collines.

Premier âge.

En preuve de cette assertion, je citerai un tombeau dont j'ai déjà fait mention ci-dessus, celui de Cocherel. Ce monument, construit en pierres brutes et le plus ancien de tous ceux que mes lectures m'ont fait connaître, contenait, comme on l'a vu, un grand nombre de corps, près desquels étaient des haches de pierres et des armatures de flèches en os pointus. De ces haches et de ces os, j'ai conclu (et la classe, je l'espère, pensera comme moi) qu'à l'époque où ces objets furent déposés là, les Gaulois ne connaissant point encore les métaux, n'étaient point encore sortis de l'état sauvage; que, par conséquent, le tombeau date des premiers temps de la nation; et que, comme les corps qu'il renfermait avaient été brûlés et qu'il offrit même plusieurs urnes de terre remplies de cendres et de charbons, les Gaulois étaient, dès l'origine, dans l'usage de brûler leurs morts.

Il n'est nullement douteux que les armes dont je viens de parler, étaient mises près des corps, entières et complètes; et qu'ainsi les haches de Cocherel avaient eu leurs hampes, les lances leurs hastes, et les flèches leurs tiges. Sans cela, n'auraient-elles pas été jugées inutiles pour cet autre monde où les morts étaient censés les reprendre? Si l'on ne retrouva, dans le tombeau, ni tiges, ni hampes, ni hastes: c'est que ces matières, étant de bois, elles furent détruites par les flammes, tandis que les cailloux affilés et les os dûrent, par leur nature, résister au feu. Il en a été de même pour tout ce qui était combustible, tel qu'habillemens, instrumens, outils; car je ne doute point qu'on ne mît de tout cela près des morts pour leur usage futur : mais les bûchers ayant tout consumé, il n'en reste aujourd'hui aucun vestige.

Si l'usage de brûler les morts remonte, ainsi qu'on vient de le voir, jusqu'aux premiers temps de la nation, celui de déposer dans les tombeaux certains objets qu'on croyait utiles ou nécessaires pour l'autre vie, n'est pas moins ancien. Cette superstition, qui a été commune à presque tous les peuples demi-sauvages, fut aussi, dans cet état de nature, celle des Gaulois. Ils regardaient la mort comme un passage, une transmigration dans un autre monde ; et ceci ferait présumer que dès lors ils avaient des druides, puisque c'est aux druides que fut dû, selon César (1), ce dogme d'une seconde vie.

Tel a été, dans la Gaule, le premier des modes de sépulture qui me soit connu : il porte des caractères qui ne permettent pas de le confondre avec ceux qui suivirent. Pour le distinguer à mon tour, je lui donnerai, à l'imi-

(1) CÆSAR, *de bell. gall.*

tation des historiens scandinaves, une dénomination particulière, et je l'appèlerai l'âge primitif du feu.

Second âge.

Cet âge du feu dura bien des siècles, sans doute; car il faut bien des siècles à des peuplades demi-sauvages pour passer de l'état de barbarie à la connaissance et à la pratique de la métallurgie et des différens arts : mais pendant qu'il dura, la forme extérieure des sépultures changea entièrement. Ce ne furent plus ces caveaux dont je viens de parler, composés de pierres brutes; on y substitua les buttes tumulaires faites en terres rapportées; mais l'ustion des corps ne changea point; on continua de brûler ceux qui furent déposés sous les collines, comme l'avaient été ceux qui étaient déposés dans les caveaux.

Au moins, c'est ce que me paraît indiquer une colline déjà citée, celle de Noyelle, fouillée en 1791. On y trouva les mêmes objets que dans le tombeau de Cocherel; c'est-à-dire, des armes en cailloux aiguisés et des urnes pleines d'ossemens brûlés et de charbons. Cette identité de dépôt semblerait annoncer que la colline appartient au même âge que le tombeau, et que tous deux eurent lieu également à l'époque où la nation n'avait point encore la connaissance des métaux; et cependant, malgré ces présomptions de contemporanéité, je suis convaincu qu'ils sont de deux temps fort différens, et que la colline est de beaucoup postérieure au tombeau.

La raison sur laquelle je fonde cette opinion, est que ce qui était d'exécution difficile n'a pû être imaginé que longtems après ce qui était le travail le plus simple. Or, personne, je pense, ne révoquera en doute qu'une haute et large colline, élevée à mains d'hommes, exigeait une conception plus hardie, des travaux plus longs, un plus grand nombre de bras, enfin une population plus considérable, que des tombeaux bruts, pareils à ceux de Cocherel; et que, par conséquent, la colline de Noyelle et toutes les autres de même espèce sont, comme je l'ai dit, d'un âge bien postérieur à celui de ces tombeaux, et doivent former une époque à part.

Troisième âge.

J'ai appelé la première époque, âge primitif du feu; j'appèlerai la seconde, âge des collines. Mais comme il est des collines qui ne contiennent que des corps brûlés, telle que celle de Noyelle dont je viens de parler, et qu'il en est d'autres qui ne renferment que des corps entiers (telles que celles que je vais citer à l'instant), je crois devoir diviser encore les collines en deux époques: collines à corps brûlés, second âge du mode des sépultures; collines à corps sans ustion, troisième âge. J'ai fondé le premier des trois, sur le tombeau de Cocherel; le second, sur la colline de Noyelle: je vais prouver l'existence du troisième par une colline d'espèce différente.

C'est encore M. Traullé qui nous a fait connaître celle-ci. Elle est située près du village de Crécy, dans le canton d'Abbeville, et même à peu de distance de celle de Noyelle; circonstance singulière que je prie de remarquer, parce que je la rappèlerai ci-dessous.

On tenta en 1787 de fouiller la colline de Crécy; bientôt les travaux furent interrompus; et néanmoins, tout imparfaits qu'ils furent, ils procurèrent des objets que je crois digne d'attention. C'étaient deux sarcophages, composés de plusieurs pièces en argile cuite, et dont chacun contenait un squelette entier. Les deux morts avaient été ensevelis vêtus; et leur habillement, qui subsistait encore, dit-on, mais dont personne ne s'avisa de faire dessiner les formes, était de laine brune. On ajoute même que l'un d'eux portait au doigt un anneau de cuivre, et que son vêtement extérieur était attaché avec une agraffe du même métal (1).

Or, personne n'ignore que, chez les nations anciennes, le cuivre a été en usage avant le fer (2).

Maintenant, voici les conséquences que je tire de ce fait.

La colline de Crécy est peu distante de celle de Noyelle; située dans le même canton, elle appartient donc à un même peuple. Celle de Noyelle n'a que des ossemens brûlés. Dans celle de Crécy, au contraire, nul vestige du

---

(1) *Mag. encyclop.*

(2) Mémoires de l'Académie des Belles-Lettres, *Histoire*, tom. xxv, pag. 109.

feu, point d'urnes mortuaires, point de charbons; les squelettes sont entiers, et les vêtemens intacts : elle date donc d'un autre temps, d'un temps où ce peuple avait changé son mode de sépulture, et où il ne brûlait plus ses morts. A Noyelle, je ne vois que des armes en pierre, des instrumens en pierre ; et par conséquent les habitans, à l'époque où il l'élevèrent, étaient encore sauvages et ne connaissaient point l'usage des métaux. A Crécy, nous voyons des vêtemens en laine brune, avec des ornemens en cuivre : ce qui suppose qu'alors ces mêmes habitans savaient tisser une étoffe et la teindre; qu'ils connaissaient les métaux, ou au moins un métal, et savaient le travailler; enfin qu'ils possédaient déjà certains arts très-compliqués, tels que la teinture, et que, par conséquent, ils étaient sortis de l'état sauvage.

De là je crois pouvoir tirer une arrière-conséquence, c'est que la colline de Crécy est postérieure à celle de Noyelle; qu'elle appartient à un temps où on ne brûlait plus les morts; et qu'ainsi, après un âge du feu, après un âge des collines à corps brûlés, je suis fondé à établir un troisième âge des collines sans ustion.

Au reste, je ne raisonne ici que d'après ce que nous ont appris les fouilles de Crécy. Or, M. Traullé remarque qu'il n'y a eu de fouillé que la huitième partie de la colline. Attendons qu'elle l'ait été en entier : peut-être alors les travaux offriront-ils de nouveaux faits qui donneront lieu à de nouvelles observations.

La colline qui, dans le dernier siècle (le dix-huitième), fut abattue et rasée à Dognon par le seigneur du lieu, et dont je parlerai plus bas, appartenait à la même époque que celle de Crécy : mais à Crécy, les parures du mort étaient en cuivre, tandis qu'à Dognon elles étaient en or ; et comme il faut de longs siècles aux peuples qui sont sortis récemment de l'état sauvage, pour imaginer des arts de luxe, pour s'y exercer avec succès, enfin pour être riches au point d'employer l'or en ornemens, j'en conclus que la colline de Dognon a été construite bien long-temps après celle de Crécy, et que, par conséquent, l'âge des collines sans ustion a eu une très-longue durée.

Au temps de César, les Gaulois savaient employer le fer à tous leurs usages, et ils en avaient des usines très actives (1). L'or était même si commun chez eux, que, dans les armées, la plupart des officiers et beaucoup de soldats portaient des colliers et des bracelets de ce métal (2).

C'est aux Gaulois que Pline attribue l'art de l'étamage et de l'argenture. César nous les représente comme si habiles dans l'art des mines, qu'il les employait de préférence pour les travaux de siège. Dion, Manilius, Josephe, Strabon, Pline, Diodore, Athénée, etc., parlent avec admiration de leurs mines d'or et d'argent. Enfin, à cette époque de la conquête des Romains, ils présentent des royaumes très-puissans, des ligues formidables, des armées immenses, des villes fortifiées, et (ce qui est

---

(1) Apud Gallos magnæ sunt ferrariæ. CÆSAR, *de bell. gall.*, lib. VII.

(2) Magna auri copia, quam ad ornatum suum, non tantùm feminæ, sed etiam viri usurpant. Hinc enim armillas circa manuum juncturas et brachia gestant, et crassos ex puro putoque auro torques circa collum, annulosque insignes, et aureos insuper thoraces conficiunt. In sacellis enim delubrisque multùm auri in honorem deûm passim disseminatum jacet. DIOD. SIC., lib. V, sect. 27.

sur-tout à remarquer) une population très-considérable, malgré les grandes émigrations qui depuis plusieurs siècles avaient eu lieu, et malgré les établissemens nombreux qu'ils avaient formés en Italie, en Espagne, en Portugal, en Germanie, dans la Grande-Bretagne, dans les contrées orientales de l'Europe, et jusqu'en Asie (1). Si, du temps où ils n'avaient que des tombeaux en pierres brutes dans lesquels ils déposaient des haches de cailloux, nous descendons par la pensée au temps dont je viens de tracer l'esquisse, que de milliers d'années ont dû s'écouler!

C'est par une suite de cette opulence sans doute, qu'ils avaient donné à leurs funérailles une magnificence et une somptuosité que César n'a point manqué de remarquer ; et ce faste consistait, en grande partie, à brûler avec le mort toutes les choses précieuses dont il avait fait cas pendant sa vie. Méla, Diodore, Valère-Maxime, parlent également de ces ustions des corps; j'ai rapporté ci-dessus leurs témoignages ; et j'ai même dit qu'elles durèrent plus de deux siècles encore après César.

---

(1) Schoepflin, *Vindiciæ celticæ*, pag. 95.

Quatrième âge.

Cependant nous venons de voir que, dans l'âge précédent des collines, elles avaient cessé. Quelle cause étrange les remit en vigueur après une si longue désuétude? c'est ce qu'aucun des auteurs cités ne nous apprend. Mais, soit qu'elles aient été rétablies réellement, soit qu'elles aient continué, sans aucune interruption, de subsister simultanément avec les collines (ce qui n'est guère probable) il paraît qu'elles durèrent bien plus long-temps que les collines.

Probablement les travaux longs et coûteux qu'exigeaient ces monticules y firent renoncer. Au temps de la domination romaine, il y avait déjà plusieurs siècles qu'ils n'étaient plus d'usage; au moins il n'en est mention, ni dans César, ni dans les autres écrivains, quoiqu'ils parlent du mode des bûchers. Cependant celui des collines fut toujours usité dans la Germanie : on l'y voit même employé au temps de Tacite, c'est-à-dire, près d'un siècle et demi après César (1); et quand Germanicus, vain-

---

(1) Sepulcrum cespes erigit. Tacit.

queur dans ces contrées, voulut rendre aux derniers restes de Varus et des trois légions romaines massacrées par les barbares, les honneurs de la sépulture, il fit rassembler leurs ossemens, il ordonna pour eux l'érection d'un tertre, et y porta lui-même la première motte de terre (1).

Au reste, je remarquerai sur cette colline érigée par Germanicus, que ce n'est point seulement parce qu'il est en Germanie qu'il l'ordonne : les Romains n'avaient pas renoncé à cet usage antique, ils le suivaient encore dans certains cas. Virgile lui-même, lorsqu'il peint Enée donnant la sépulture à sa nourrice Caïete, morte en Italie, suppose que ce prince commande pour elle l'érection d'un tertre (2); et je rapporterai ailleurs d'autres passages de ce poète qui prouvent la même chose.

Les bûchers forment donc dans l'historique de nos sépultures nationales, une nouvelle époque particulière et distincte. Nous y avons déjà

---

(1) Primum exstruendo tumulo cespitem Cæsar posuit, gratissimo munere in defunctos. Tac. *Annal.*, lib. 1, cap. 62.

(2) Exequiis Æneas ritè solutis, Aggere composito tumuli. *Æneid.*, liv. vii, v. 5.

remarqué trois âges : âge primitif du feu et des tombeaux bruts; âge des collines à corps brûlés; âge des collines sans ustion. D'après ce que je viens de dire, je crois qu'on peut y en ajouter un quatrième, l'âge du renouvellement des bûchers.

Cinquième âge.

Celui-ci (comme je l'ai déjà remarqué) commença, vers la fin du second siècle ou dans les commencemens du troisième, à tomber en désuétude : peu à peu il s'abolit; et son extinction fut due principalement à l'introduction et à la propagation du christianisme, qui, dans ses principes, devait le proscrire comme un usage payen. D'ailleurs les barbares, Francs, Bourguignons et Visigoths, qui, au cinquième siècle, vinrent s'établir dans la Gaule, avaient pour coutume de ne point brûler leurs morts; et quand même l'usage des vainqueurs n'eût pas été déjà celui des vaincus, il ne pouvait manquer d'être adopté par eux. Le mode des sépultures changea donc une cinquième fois. On inhuma les corps à notre manière, avec cette différence pourtant que les sarcophages étaient en pierre, qu'on y déposa des objets précieux de tout genre, et que, quand le mort était payen et de condition à ce qu'on immolât près de lui des hommes et des chevaux, on lui construisait, à raison de la nécessité d'un plus grand espace, un caveau en maçonnerie.

Le christianisme, je le répète, abolit dans les funérailles l'usage des victimes humaines et animales. Alors les caveaux devenant moins nécessaires, on n'employa plus que les sarcophages ; et c'est ainsi que furent ensevelis tous les rois francs depuis Clovis. Ce n'est pas pourtant que ces cercueils fussent nouveaux ; l'usage en avait subsisté dans les deux âges des collines et dans celui des bûchers. Mais, au temps des bûchers, on n'avait à y déposer que des ossemens et des cendres ; il fallait préliminairement brûler le corps. Au temps des collines, il fallait, après l'avoir ou brûlé ou déposé entier, le couronner d'un tertre fort haut. Au temps dont je parle, l'inhumation était devenue aussi simple qu'elle pouvait l'être ; rien avant, rien après : elle consistait, comme aujourd'hui, à déposer le sarcophage dans une fosse ; et, par ce caractère, elle forme une nouvelle époque particulière, que je crois devoir distinguer des quatre qui la précèdent, et qu'à ce titre j'appèlerai l'âge des sarcophages sans bûchers.

Dans les cinq âges que je viens d'indiquer, je n'en connais aucun où les cercueils, urnes et caveaux, qui contenaient les morts ou leurs restes, aient été, comme chez quelques nations, placés visiblement à la superficie de la terre, ou même à une certaine hauteur au-dessus du sol. Aux trois premières époques, il est vrai, ils avaient, ou un monument en pierre (comme on le verra plus bas), ou une butte en terres rapportées, qui les signalait à l'extérieur : mais, pendant les deux derniers âges, ils furent constamment enfouis ou cachés sans aucun signe apparent qui annonçât leur existence ; et cette précaution avait été imaginée, sans doute, pour la sûreté des richesses qu'ils contenaient.

Les peuples barbares connaissaient une autre précaution dont ils usaient, quand, dans une de leurs excursions en terre étrangère, ils perdaient leur roi ou leur général, et qu'ils se voyaient obligés de lui donner là une sépulture. Sûrs, dans cette circonstance, qu'après leur retraite l'ennemi ne manquerait pas de venir détruire par haine et piller par avarice le tombeau qu'ils élèveraient, ils imaginèrent un moyen qui lui en ôtait jusqu'au désir ; et ce moyen étonne par la hardiesse de sa conception et la sûreté de sa réussite, en même temps qu'il excite l'horreur par l'atrocité de son exécution.

C'est celui qu'en 410 nous voyons employé dans l'Italie par ces Goths qui, peu d'années après, ayant franchi les Alpes, occupèrent la partie méridionale de la Gaule. Ils venaient de perdre, près de Cosenza, leur roi Alaric. Alors ils détournent la rivière ; quand le lit est à sec, ils emploient les prisonniers qui sont en leur pouvoir à y creuser une fosse, dans laquelle ils déposent le tombeau du prince avec des richesses immenses. Enfin la rivière est rétablie dans son cours : puis, pour empêcher qu'aucun des travailleurs puisse jamais donner des renseignemens sur un lieu qu'ils veulent laisser ignoré, et en quelque sorte introuvable, ils les égorgent tous (1).

---

(1) Quem nimiâ dilectione lugentes, Barentinum amnem juxta Consentinam civitatem, de alveo suo derivant. Hujus in medio alveo, collecto captivorum agmine, sepulturæ locum effodiunt ; in cujus foveæ gremio Alaricum cum multis opibus obruunt, rursusque aquas in suum alveum reducentes, ne à

Ce sont les Romains qui introduisirent les épitaphes ou inscriptions tumulaires, et c'est d'eux qu'on les adopta. Le christianisme les multiplia beaucoup, principalement dans les églises et les monastères (1).

Sixième âge.

Au douzième siécle, on employa, pour les souverains et les grands seigneurs, les tombes en cuivre, en argent, ou en cuivre et en argent dorés : mais ces dernières matières offraient aux voleurs un trop grand appât pour que l'usage en durât long-temps ; on imagina les monumens en pierre et en marbre. Ceux-ci, les seuls d'entre tous dans lesquels les arts libéraux soient entrés pour quelque chose, formèrent un sixième mode de sépulture, sur lequel je reviendrai plus bas, qui a subsisté

---

quoquam quandoque locus cognosceretur, fossores omnes interemerunt. JORNANDÈS, *de rebus gothicis*, cap. 30.

(1) C'était la seule manière employée pour faire connaître à la postérité les noms et la famille du défunt. Une longue inscription tenait lieu du registre civil, dont l'usage ne commença que long-temps après. *Note de l'Éditeur.*

jusqu'à nos jours, et dont j'appèlerai l'époque âge des mausolées.

Ainsi, Age primitif du feu et des tombeaux bruts ;
Age des collines à corps brûlés ;
Age des collines à corps sans ustion ;
Age du renouvellement des bûchers ;
Age des sarcophages sans bûchers ;
Age des mausolées :

Tels sont les six modes que j'ai cru voir dans nos sépultures nationales, et que j'indique ici, en attendant que de nouvelles fouilles nous en fassent connaître de nouveaux.

Sarcophages en pierre.

Ces changemens, au reste, ne concernent que ce que j'ai appelé mode des sépultures, c'est-à-dire, les rites qui constituaient les funérailles. Ce qui regarde cette partie du tombeau que nous nommons cercueil, et dans laquelle est renfermée le mort, a peu changé, parce qu'un cercueil étant, par sa forme, assujéti à celle du corps humain, il ne peut guère varier que dans sa matière.

On a, il est vrai, trouvé des collines dans

lesquelles les morts étaient étendus sur des lits de cailloux ou sur la terre nue, sans aucune espèce de coffre ou de caisse qui les renfermât: et cet usage paraît avoir été spécialement celui des collines à corps sans ustion. Le haut amas de terre qui les couvrait, leur servait de cercueil. Cependant il n'est pas moins certain qu'on voit presque constamment les sarcophages employés, et que pendant très-long-temps ils consistèrent en deux pierres oblongues, dont l'une, creusée intérieurement, servait d'étui au corps, et souvent portait un enfoncement pour placer la tête; tandis que l'autre, plate ou légèrement bombée, s'adaptait sur la première en forme de couvercle, et la fermait. Ils avaient aussi l'extrémité du côté des pieds plus étroite que celle de la tête. C'est là un caractère qui leur est propre : l'usage de donner à leurs deux bouts une largeur égale est d'un temps bien postérieur, et ne date guère que du treizième siécle.

Ordinairement on laissait la pierre brute en dehors, sans lui donner aucun ornement et même sans la polir. Si l'on y ajoutait, pour annoncer les titres et le nom du mort, quelqu'inscription peinte ou gravée, ces signes indicatifs étaient placés en dedans et rarement à l'extérieur.

Cependant Caylus a fait graver un de ces cercueils, qui, sur chacune de ses deux faces latérales, porte une figure humaine sculptée et vêtue de cette robe courte, que les Gaulois nommaient en latin *sagum* (1). Il a également donné la gravure des deux autres, qui sont d'autant plus curieux qu'ils portent une inscription tout-à-fait étrangère au mort. C'est que primitivement ils avaient été pierres milliaires, et qu'en les creusant pour en faire des tombeaux, on avait laissé subsister, en partie, les caractères de leur inscription.

Il y a quelques exemples de cercueils construits totalement en briques, ainsi que leur couvercle (2). Lebeuf assure en avoir vu un de cette espèce à Auxerre. Les briques de celui-ci, longues d'environ un pied et demi et presque aussi larges, portaient toutes un rebord et paraissaient avoir été faites exprès. Il en était entré vingt-six dans la construction totale

---

(1) Recueil d'Antiquités, tom. VI, pag. 375.

(2) Mercure de France, 1725, décemb., vol. II, pag. 2974.

de l'ouvrage (1). En 1725, on en découvrit un pareil à Barsac près de Bordeaux. Celui-ci se trouva rempli d'un sable très-fin qu'on y avait entassé avant de le fermer (2). Enfin Schœpflin en cite trois construits de même et découverts à Strasbourg (3).

Caveaux.

Il est aisé de sentir que, pendant les âges de barbarie, quand un mort était inhumé avec des officiers domestiques, des esclaves et des chevaux, un sarcophage, tel que ceux que je viens de dépeindre, devenait insuffisant pour tout ce qu'il devait contenir. Dans ce cas, il fallait, comme je l'ai déjà remarqué, construire un caveau.

Ces caveaux, originairement, et avant que les Gaulois eussent une architecture, n'étaient qu'une sorte de grand coffre formé de pierres brutes; et tel fut celui de Cocherel. Il était composé de cinq pierres d'une grandeur énorme.

---

(1) *Mercure de France*, 1725, vol. 1er, pag. 2813.
(2) *Ibid.*, mars, pag. 425.
(3) *Alsatia illustrata*, pag. 508.

Par la suite, on les fit en briques ou en moellons, avec mortier ou plâtre. Au moins, c'est ce qu'on vit à Tournai pour celui de Childéric; il était en maçonnerie. J'en ai cité précédemment quelques-uns qui furent construits de même; et j'aurai encore occasion, dans la suite de ce discours, d'en citer d'autres.

J'ai aussi remarqué que, pendant long-temps, il fallut des caveaux pour contenir le mort avec les victimes qu'on immolait près de lui : un simple sarcophage n'aurait pas suffi. Mais quand la religion chrétienne eut aboli les sacrifices d'hommes et de chevaux, quand avec le corps on n'inhuma plus que les objets précieux qu'il fut d'usage encore de déposer à ses côtés, alors un grand espace n'étant plus nécessaire, il n'y eut plus, ainsi que je l'ai déjà observé, que des sarcophages; et les rois francs, à commencer depuis Clovis, n'eurent pas d'autre sépulture.

Cryptes et Catacombes.

Le christianisme avait eu ses caveaux aussi, et il continua d'en avoir encore ; mais les siens différèrent de ceux que je viens de décrire. Ceux-ci étaient des tombeaux particuliers destinés à un personnage illustre et aux êtres vivans qu'on faisait mourir avec lui et pour lui : les autres furent des cryptes, c'est-à-dire, des bâtimens souterrains, presque toujours construits ou creusés sous une église, et consacrés à la sépulture privilégiée de certaines personnes ou familles pieuses.

Parmi nos cryptes les plus renommées, on cite particulièrement celle de Saint-Honorat d'Arles et celle de l'abbaye de Jouarre.

La première contient sept tombeaux en marbre, qu'on dit avoir été ceux d'anciens évêques et d'une sainte de la ville. Mais ce qui distingue ceux-ci, c'est que dans le nombre il en est un que le peuple assure se trouver, à chaque pleine lune, entièrement rempli d'eau (1).

Les habitans de Jouarre ont donné à leur crypte le nom de catacombes; et c'est sous cette dénomination de catacombes de Jouarre, que le bénédictin Duplessis en a publié l'histoire et la description (2). Elle consiste dans deux chapelles souterraines adossées l'une à l'autre, les-

---

(1) Mercure de France, mai 1727, pag. 928.
(2) Histoire de l'Eglise de Meaux, tom. 1er, pag. 41.

quelles renferment huit tombeaux de personnages d'une même famille morts au huitième siècle, et que depuis on a honorés comme saints. L'une des deux est ornée de quinze colonnes corinthiennes, dont il y en a cinq de marbre qui soutiennent le sanctuaire (1).

L'autre de six colonnes corinthiennes, deux d'albâtre et cannelées, deux de jaspe et deux de porphyre, qui en soutiennent la voûte (2).

Le clergé accorda aussi quelquefois les honneurs d'une crypte d'église à des souverains. Ce fut dans un caveau de cette espèce, ainsi que nous l'avons vu, qu'on déposa Charlemagne : et en effet, il n'était guère possible de donner un simple sarcophage à un prince qu'on ensevelissait la couronne en tête, assis sur un trône d'or, et avec toute la magnificence de la dignité impériale.

A son exemple, non-seulement des empereurs et des rois, mais des grands et jusqu'à des riches même, voulurent des caveaux aussi. On eût dit que ces personnages orgueilleux se

_____

(1) Histoire de l'Église de Meaux, tom. 1er, pag. 43.
(2) Ibid., pag. 42.

trouvaient trop à l'étroit dans le cercueil ordinaire des classes communes.

Vers la fin du treizième siècle, s'abolit l'usage des cercueils en pierre, et l'on vit s'établir celui des cercueils en plomb. L'usage des caveaux s'est maintenu jusqu'à nous, quoique cependant ce ne fût, à proprement parler, qu'un grand sarcophage en maçonnerie, ou plutôt une sorte d'enceinte dans laquelle on enfermait les cercueils de plomb.

Cercueils pour le peuple.

Au reste, je me crois dispensé de remarquer que tout ce que je viens de dire sur les sarcophages en pierre et sur les caveaux, ne regarde que certaines conditions élevées. Le soldat, le peuple des villes, l'habitant des campagnes, n'avaient que des bières en bois.

Grégoire de Tours fait mention de ces bières, quand il décrit la maladie pestilentielle qui en 571, désola l'Auvergne. « La mortalité
» dit-il, fut si grande à Clermont, qu'on
» s'y vit obligé d'inhumer dans une même
» fosse jusqu'à dix corps, parce que les

» bières en bois et les cercueils de pierre
» vinrent à manquer (1). »

Chez les Francs, ces bières s'appelaient off ou noff. Il en est parlé dans la loi salique; et cette sorte de sarcophage y est même distinguée de ceux de pierre (2).

Découvertes de sarcophages.

Ceux de pierre étant les seuls que le temps ait laissé subsister jusqu'à nous, et d'ailleurs ayant été d'usage pendant tant de siècles, nous devons aujourd'hui en retrouver des quantités immenses, et surtout dans les lieux qui furent des dépôts communs de sépultures. Ils y forment souvent des masses considérables ; et je pourrais citer non-seulement beaucoup de villes, mais des villages même, tels qu'Alichamps, Devrant et Grou, dans le dépar-

---

(1) Cùm sarcophagi et tabulæ defecissent, decem aut amplius in una humi fossa sepeliebantur. Greg. Tur. *Histor.* lib. IV.

(2) Si quis mortuum hominem, aut in offo, aut in petrâ, quæ vasa, ex usu, sarcophagi dicuntur. *Collect. des Histor. de France*, tom. IV, tit. 17, pag. 134.

tement du Cher, Meunes et Naveil, dans celui de Loire-et-Cher, etc., où on les a trouvés pour ainsi dire par bancs entiers. Mon confrère Anquetil m'a dit qu'à Paris, dans sa jeunesse, il avait été témoin d'un événement semblable. La rue de la Tixeranderie, qu'on sait être fort longue, était dépavée et creusée en entier. Un de ses côtés se trouva garni de cercueils de pierre dans toute sa longueur; et ce fait, que M. Anquetil disait n'être pas sorti de sa mémoire, tant il en avait été frappé, il m'a marqué sa surprise de ne l'avoir vu consigné nulle part.

Déjà en 1610, à l'extrémité occidentale de cette rue, dans l'ancien hôtel des comtes d'Anjou, on avait découvert quelques tombeaux qui contenaient des médailles du Bas-Empire. Cet événement est mentionné dans Paul Petau (1); et il confirmerait la possibilité de l'autre, si un témoignage comme celui de M. Anquetil avait besoin d'être confirmé.

En 1753, un jardinier-fleuriste du faubourg Saint-Marceau, travaillant à la terre, mit à dé-

---

(1) *Numism. veter.*

couvert un de ces lits de sarcophages, qui se trouva composé de soixante-quatre (1); tous sans inscriptions, excepté un seul (2). Au moment où j'écris ceci, j'apprends qu'on vient de découvrir un lit semblable au village de Clamart. Ceux ci sont de même rangés sur une file les uns à côté des autres, et les morts y ont tous les pieds tournés à l'orient. C'est ainsi que les avaient ceux du faubourg Saint-Marceau, et c'était là ordinairement l'ancien usage.

Magasins de Sarcophages.

Pour fournir à cette immense et continuelle consommation de cercueils en pierre, il fallait des fabriques ou des dépôts qui en tinssent de tout faits et où les familles pussent

---

(1) Mém. de l'Acad. des Belles-Lettres, tom. xxv., p. 151.

(2) L'inscription de celui-ci était sur son couvercle; la voici :

Dominae dulcissimae Barbarae
DOMINE CONJUGI DULCISSIME BARBARE TITULUM POSUI,
quæ menses
QUI VIXIT ANNOS XXII, ET M. V, ET DIES XXVIII. PAX
permaneat
TECUM PERMANET. VITALIS CONJUX POSUIT. (LEBEUF, *Hist. de Paris*, tom. 1er, pag. 203.)

journellement venir acheter ceux qui leur étaient nécessaires. Déjà ci-dessus, en parlant de Civaux, j'ai fait mention de ces magasins. Le temps en a laissé subsister jusqu'à nos jours quelques-uns qui, abandonnés de leurs propriétaires par suite d'événemens que nous ignorons, présentent encore aujourd'hui une très-grande quantité de caisses placées pêle-mêle à la surface de la terre, ou légèrement enfoncées par l'effet des pluies.

Tels sont, entre autres, dans la Bourgogne, ceux de Saint-Pierre-l'Etrier, de Saint-Émilan et de Quarrée (1).

Ce dernier lieu a même acquis, par l'amas considérable des siennes, une célébrité qui lui a fait donner le surnom de *Quarrée-les-Tombes*; et plusieurs auteurs, Moreau de Mautour (2), Bocquillot (3), Lebeuf (4), Tho-

---

(1) Saint-Pierre-l'Etrier est près d'Autun ; Saint-Emilan, à un myriamètre et demi (trois lieues) de cette ville ; et Quarrée, à un myriamètre d'Avalon.

(2) Mém. de l'Acad. des Belles-Lettres, tom. III, pag. 273.

(3) Dissertation sur les tombes de Quarrée.

(4) Mémoires de Littérature et d'Histoire, tom. III.

massin (1), etc., en ont fait un objet de dissertation.

Elles occupent, tant dans le village que dans les environs, un espace de six à sept cents pas sur cent soixante de large; quoiqu'il ne soit pas aisé d'expliquer comment on a choisi, pour entrepôt d'un pareil commerce, un lieu aussi enfoncé dans les montagnes et d'un accès aussi difficile que *Quarrée*, et comment surtout on y voit rassemblés deux milliers de cercueils qui n'ont jamais servi, tandis qu'à cinq myriamètres à la ronde, on n'en trouve pas employé un seul de la même pierre, excepté dans une petite chapelle voisine qui en a cinq ou six (2).

Du reste, toutes sont creusées en auge, taillées et polies; toutes sans couvercle; et toutes, à l'exception de cinq ou six, entièrement vides.

On m'a dit que Buffon, d'après la renommée du lieu, avait eu la curiosité de le visiter, et qu'il y était allé avec MM. Daubenton et

---

(1) Lettre en forme de Dissertation sur la colonne de Cussy, pag. 21.

(2) *Ibid.*, pag. 25.

de Bissy. Il trouva, ainsi qu'eux, que Quarrée ne méritait pas un voyage. Cependant, M. de Bissy en fit l'objet d'un petit écrit, qu'il publia dans le temps et que je n'ai pu me procurer.

Les établissemens qui nourrissaient beaucoup de monde, tels que certains monastères, avaient de l'avantage à s'approvisionner, pour de longues années, des cercueils que pouvaient consommer leurs morts ; et il est probable que la plupart des couvens employaient cette économie, qui d'ailleurs leur épargnait des soins sans cesse renaissans. On en trouve la preuve dans la vie de saint Césaire, archevêque d'Arles au sixième siècle. Le prélat avait fondé une abbaye de filles, qui bientôt eut jusqu'à trois cents religieuses. Pour leur éviter, à chaque mort, l'embarras de l'achat de ces cercueils, il en fit placer, sous le pavé de l'église, dans toute son étendue ; de sorte que, quand une religieuse mourait, on n'avait, pour l'inhumer, qu'à lever un endroit du pavé et ouvrir un des tombeaux vides.

Sarcophages en matières précieuses.

Aux sarcophages en pierre, quelquefois le luxe en substitua d'autres de matières plus précieuses. Celui de l'évêque saint Cassien, à Autun, était en albâtre (1). On fit en marbre celui de Jovin, général des armées romaines et consul sous Valentinien 1er. Il avait la forme d'un grand coffre, était sculpté en dehors, et représentait un combat d'hommes contre un lion et un sanglier. (2). Il fut placé à Reims, dans l'église de Saint-Agricole, que depuis on nomma Saint-Nicaise, et dont Jovin, dit-on, fut le fondateur. Peut-être n'était-ce qu'un sarcophage antique qui, après avoir servi déjà dans les siècles précédens, était de nouveau employé dans celui-là.

Par la suite, on en fit un tout semblable pour Carloman, roi d'Austrasie et frère de Charlemagne. On y sculpta le même sujet, et on le plaça sur quatre piliers près du tombeau de saint Rémi.

---

(1) MABILLON, *Mém. de l'Acad. des Belles-Lettres*, tom. 11, pag. 698.

(2) *Ibid.*

Sauval en cite un autre qui, en 1620, fut trouvé à Paris dans l'église de Sainte-Geneviève, avec une boîte remplie de médailles d'or et d'argent, et sur lequel était sculptée la chasse de Méléagre (1).

Moi-même, j'en ai fait connaître un fort beau, qu'on voyait dans l'église cathédrale de Clermont, où il servait d'autel, et dont j'ai donné ailleurs la description (2). La sculpture de celui-ci représentait de même un sujet profane, et par conséquent on peut présumer qu'il était antérieur à l'introduction du christianisme dans les Gaules; car quoique depuis l'époque où elle fut chrétienne, il y ait des exemples de sarcophages à sculptures profanes ou payennes; tels que celui de Carloman dont je viens de parler : cependant il était d'usage de n'y sculpter que des sujets de dévotion, ou au moins d'y représenter quelque objet propre au christianisme.

Ainsi, par exemple, sur celui de saint Andoche, que D. Plancher a fait graver dans son

---

(1) *Antiq. de Paris*, tom. II, pag. 336.
(2) *Voyag. d'Auvergn.*; tom. 1er, pag. 37.

Histoire de Bourgogne (1), on voit scuplté une roue, un oiseau, des rinceaux en pampres et en raisins, et une hache qui est peut-être l'*ascià* des latins ; mais on y voit en même temps une croix, et il en est ainsi de beaucoup d'autres que je pourrais citer.

Au reste, ces magnificences de sarcophages en albâtre ou en marbre furent fort rares. Ordinairement, ils étaient en pierre; et j'ai déjà dit plusieurs fois que l'usage de ceux-ci dura jusqu'à la fin du treizième siècle.

Il en est mention encore dans un interdit que lança, en 1231, Maurice, archevêque de Rouen. Par cette sentence, le prélat défend de donner la sépulture de quelque manière que ce soit (2); et il désigne les trois espèces d'inhumations usitées alors, savoir : cercueils de pierre, bière en bois, et caveaux en briques ou en moellons maçonnés, avec plâtre ou mortier, *in plastro*.

---

(1) *Hist. de Bourgog.*, tom. II, pag. 109.

(2) Vel in plastro, vel in trunco, vel in lapide. Spicil. tom. II.

Sarcophages en terre cuite.

Il en subsistait cependant un autre, que depuis long-temps l'économie avait imaginée, et qui consistait en cercueils de terre cuite. Ceux-ci, dans les pays où le bois est à bon marché, où la pierre est rare et les briqueteries communes, durent être fort en usage; mais ils ne purent l'être que là. Bergier raconte qu'en 1600, sur un monticule près du ruisseau de Retourne, à six lieues de Reims, on en trouva neuf, tous de même grandeur, et qui tous avaient six pieds de long sur deux de large (1). Dans mon *Voyage d'Auvergne*, j'en ai cité un autre découvert, en 1780, près de Vic-le-Comte (2). Enfin, ce qui prouve que l'usage en est très-ancien, c'est que, quand j'ai parlé précédemment du troisième âge, j'en ai fait connaître un qui était de ce temps.

Sarcophages en plomb.

On verra ci-dessous que très-anciennement

---

(1) *Hist. des grands chemins de l'Emp. rom.*, liv. II, ch. 37.
(2) Tom. Ier, pag. 35.

les cercueils de plomb furent employés. Ils reprirent faveur dans le treizième siècle; et ce fut probablement cette mode nouvelle qui contribua en partie à faire abandonner ceux de pierre, qu'on voit en effet cesser alors.

Elle rendit aussi une certaine activité aux embaumemens, qui, usités très-anciennement, puis interrompus, avaient reparu sous d'autres procédés, au temps de la domination romaine, et se sont maintenus jusqu'à nous, quoique toujours rarement employés.

CHAPITRE IV.

Embaumemens.

Je présume que les embaumemens qui eurent lieu depuis l'invasion des Romains, furent un art étranger, introduit dans la Gaule par ces conquérans, et adopté par elle. La Gaule cependant, bien antérieurement à leur usurpation, avait eu aussi le sien.

Quoi qu'il me soit impossible d'en fixer l'époque, puisqu'il ne nous est rien parvenu sur les premiers temps de notre histoire, je dirai néanmoins que, comme pendant les deux premiers âges, la coutume fut de brûler les corps, il n'a pu s'établir qu'au troisième.

D'ailleurs, c'est dans ce troisième âge seulement que les sépultures commencent à montrer des richesses et du luxe enfouis; ce ne fut donc qu'alors que la Gaule eut des arts; et l'on conviendra que l'embaumement est un art très-savant, qui, exigeant beaucoup d'autres connaissances préliminaires, ne peut éclore et se perfectionner que quand celles-ci ont été déjà portées assez loin.

Chez les Gaulois, il fut poussé à un degré de perfection dont jusqu'ici n'a pu approcher aucun peuple de la terre; ou plutôt il fut aussi parfait qu'il lui est possible de l'être, et je regarde comme un vrai malheur la perte que nous en avons faite : mais dans l'âge suivant, se renouvela l'usage de brûler les corps. Dès-lors, l'art d'embaumer, devenu inutile, se perdit et s'oublia; et par la suite, quand, pendant le cours du cinquième âge, on voulut de nouveau l'employer pour les morts, qui alors furent de nouveau inhumés sans ustion; on n'eut plus, comme je viens de le dire, que les procédés imparfaits et grossiers communiqués par les Romains.

Rhodiginus a écrit que, sous le pontificat de Sixte IV, on trouva près de Rome un corps embaumé qui était celui de Tullia, fille de Cicéron, et qui n'avait éprouvé aucune altération (1).

---

(1) Cùm pontifex Sixtus, ejus nominis quartus, reipublicæ christianæ præsideret, compertum Romæ, in viâ Appiâ è re-

Mais quoique le récit de Rhodiginus soit appuyé du témoignage de deux autres écrivains (1), on s'accorde généralement à le regarder comme une fable.

D'ailleurs, Erc. Francisci et Pancirole, qui ont également rapporté le fait, le content différemment. Selon ceux-ci, ce n'est point sous le pontificat de Sixte IV, mais sous celui de Paul III, qu'il arriva. Le corps n'était pas embaumé, comme le dit Rhodiginus (*aromatibus conditum*); mais plongé dans une liqueur (*mirabili succo innatans*), et à ses pieds il avait une lampe allumée, et qui s'éteignit quand le tombeau fut ouvert (2). On sait aujourd'hui ce qu'il faut penser de ces lampes

---

gione Ciceronis conditorii, muliebre cadaver, quod ex inscriptione conjectatum est fuisse Tulliolæ. Id erat aromatibus ita conditum, ut temporis injuriam non sentiret. In eo visebantur capilli aureo impliciti reticulo; summâ omnium admiratione reperiri aliquid in quod anni mille quingenti ferè nil prorsus evaluissent. Cæterùm cadaver in urbem delatum, tridui morâ computruit, medicamine amoto aut vitiato. RHODIGIN. *Lect. antiq.* lib. III, pag. 146.

(1) GAB. ZERBUS, *Anat.*, f. 105; et ALEX. ab ALEX., *Genial. dierum*, lib. III, cap. 2.

(2) *Erc. Franc.*, pag. 1531.

inextinguibles, qui brûlaient sans renouvellement d'air, et s'éteignaient par ce qui fait brûler les autres.

Je regarderai comme également fabuleux ce corps d'une autre femme que Maffée-Volaterran prétend avoir été découvert près de l'ancienne Albe.

« Depuis la porte Appienne jusqu'à l'an-
» cienne Albe, on remarque un grand nombre
» de tombeaux. Nous avons vu avec étonne-
» ment une femme qu'on avait depuis quelques
» années déterrée en cet endroit, et portée au
» conservatoire. Son corps, couvert d'une
» substance grasse, était d'une conservation
» parfaite, et les débris de marbre voisins
» nous ont fait présumer qu'elle était morte
» depuis plus de treize cents ans (1). »

Quelle foi avoir à un récit aussi vague, aussi insignifiant, aussi peu détaillé ? Dois-je croire

___

(1) Ab Appiâ portâ usque ad Albanum sepulcra totâ ferè viâ visuntur. Undè paucos antè annos effossam ac delatam ad ædis conservatorium magno miraculo vidimus mulierem, integro corpore, oblitam crasso unguento, suprà annos MCCC, quantum ex erutis vicinis marmoribus conjicere poteramus, extinctam. VOLATERR. Comment. Urban. lib. VI, pag. 195.

qu'un corps était *entier*, quand on ne me dit pas si des gens de l'art s'en sont assurés par une visite exacte ? Dois-je croire qu'il était parfaitement conservé, quand je ne vois aucun appareil quelconque d'embaumement ? Croirai-je enfin que cette conservation était l'effet d'une couche épaisse de liniment appliquée à l'extérieur, quand le bon sens m'apprend que le faible effet de cette couche devait être nul, si l'on n'avait pas introduit et injecté intérieurement une liqueur préservatrice ?

Je sais qu'on peut citer plusieurs exemples de morts qui, par un concours de circonstances particulières, ou par une propriété spéciale des terres dans lesquelles ils avaient été ensevelis, s'y sont conservés pendant un temps plus ou moins considérable après leur inhumation. Mais ce n'est pas de ces conservations naturelles, toujours si aisées à reconnaître, quoique pas toujours faciles à expliquer, qu'il s'agit ici; c'est de celles que l'homme entreprend en dépit de la nature, et dans lesquelles il emploie des procédés et des moyens qui, jusqu'à présent, ne me paraissent avoir réussi qu'une fois.

SECTION PREMIÈRE.

Momie d'Auvergne.

On me demandera, je m'y attends, quels sont les autorités et les témoignages sur lesquels je m'appuie, pour attribuer aux embaumemens gaulois cette haute perfection dont je leur fais honneur. Je dirai que ce n'est point sur des citations, toujours aisées à combattre, que je me fonde, mais sur un fait incontestable, sur une momie préparée avec un succès que nulle part encore on n'a connu; sur une momie trouvée en 1756, dans une prairie, près du village des Martres-d'Artier, département du Puy-de-Dôme, et qu'on voit aujourd'hui dans le muséum d'histoire naturelle.

Peut-être quelques membres de la classe se rappèleront encore le bruit que fit alors cette découverte. Les procès-verbaux qu'avaient dressés les chirurgiens et les magistrats de la sénéchaussée de Riom, dont ressortissait le village des Martres, furent publiés dans le *Mercure* et dans le *Journal de Médecine* (1); et

---

(1) Avril 1756.

moi, qui depuis, en parcourant ces contrées, ai consulté sur le fait plusieurs des personnes qui en avaient été témoins, j'en ai parlé dans mon *Voyage* avec quelque étendue (2). Je vais ici en extraire quelques détails.

Le monument consistait en un tombeau de pierre, long de sept pieds et haut de cinq, dans lequel se trouvait déposé un cercueil en plomb, qui contenait le mort, jeune homme de dix à douze ans. Le cercueil et le tombeau étaient composés chacun de deux pièces, dont l'une, supérieure, s'emboîtait dans l'autre et formait couvercle. Telle fut constamment, pour les sarcophages, l'usage des Gaulois ; et ceux de pierre, dont il est si souvent mention ici, n'avaient point d'autre forme.

Un autre usage, qu'on observait également pour les morts et qui avait eu lieu pour celui-ci, était de les inhumer les mains étendues le long des cuisses et les pieds tournés vers l'orient. Cette position des bras fut celle de presque toutes les nations barbares ; et elles la conservèrent long-temps encore après leur christia-

---

(1) *Voyag. d'Auvergn.*, tom. 1er, pag. 41.

nisme. Les Grecs, au contraire, qui, par respect pour la croix, inhumaient leurs morts les mains croisées sur la poitrine, faisaient un crime aux Latins de ne pas adopter cette coutume. Au treizième siècle encore, un de leurs écrivains disait, en parlant de celle des Occidentaux : « Ils ensevelissent leurs morts, mais sans leur mettre les mains en croix. Ils les leur étendent le long des cuisses (1). » Quant à la position des pieds vers l'orient, cette coutume remonte à la plus haute antiquité. Elle vient d'Asie, et tenait au culte du soleil, fort en honneur dans ces contrées. On voulait procurer aux défunts le bonheur de voir cet astre au moment où il paraissait sur l'horison. Elle continua de subsister sous le christianisme, et n'a cessé, selon Mabillon, que dans les commencemens du dernier (17e) siècle (2).

Les Égyptiens, dont on a tant vanté les embaumemens, ne savaient pourtant que tanner un

---

(1) Mortuos sepeliunt, manibus eorum nequaquam constitutis in modum crucis, sed deorsum missis circa inferiora instrumenta. *Biblioth. patr.* Edit. Paris, tom. IV, pag. 1303.

(2) *Epist. de cult. sanct. ignot.*, append. 1.

corps. Quoiqu'ils employassent, selon la condition des personnes, des procédés différens, ainsi que l'attestent Hérodote et Diodore de Sicile, leurs momies, généralement parlant, ne sont que des squelettes couverts d'une peau noire et sèche qu'on ne peut regarder sans horreur, et qui nous présentent l'image la plus affreuse qu'on puisse se former de la mort.

Ce n'était point l'image du trépas et de la destruction, mais celle du sommeil, qu'offrait le jeune Auvergnat. Enveloppé d'une toile fine, et de bandelettes à la manière égyptienne, on eût dit un enfant qui dormait. On ne lui avait enlevé, comme on le faisait en Égypte, ni la cervelle, ni les intestins : son corps était entier, sans mutilation aucune, et par conséquent avec tous ses principes de corruption ; et cependant il avait un air de vie qui paraissait tenir du prodige. Ni les oreilles, ni les dents, ni la langue, non plus que les différentes parties du visage, n'avaient subi la moindre altération. Les lèvres étaient fraîches et vermeilles; les mains blanches et potelées ; les yeux enfin, chose plus étonnante encore ! les yeux, qu'on aurait cru devoir être éteints et oblitérés, conservaient, dit-on, le brillant et la vivacité qu'ils ont dans l'homme vivant. Enfin, toutes les articulations étaient flexibles, et elles obéissaient au mouvement qu'on voulait leur imprimer ; les doigts avaient même, lorsqu'on les pliait, assez de ressort pour se restituer dans leur position.

Ce prodige de conservation paraîtra incroyable sans doute ; et moi-même, j'en aurais douté, je l'avoue, si je n'avais été forcé d'y croire par les attestations juridiques des médecins, des chirurgiens et des magistrats, ainsi que par le témoignage unanime des personnes qui en avaient été témoins, et que j'ai été, comme je l'ai dit, à portée de consulter sur les lieux. D'ailleurs, notre siècle n'a-t-il pas vu une merveille semblable, dans la jeune fille qu'avait perdue le célèbre Ruysch, et que ce père, aussi tendre qu'habile, voulut dérober à la destruction de la mort ? Ne sait-on pas qu'il sut la préparer avec une telle perfection, que l'enfant paraissait dormir, et qu'il y avait déjà douze ans qu'elle subsistait dans cet état, quand le tzar Pierre la vit ?

Cependant le phénomène vraiment extraordinaire qu'offrait la momie auvergnate, ne pouvait manquer, j'en conviens, de passer chez le peuple pour surnaturel; et en effet les paysans des environs ne doutèrent pas qu'un corps conservé aussi miraculeusement ne fût celui d'un saint. Ils le transportèrent dans leur église, sonnèrent les cloches, et firent toutes les folies qu'on peut imaginer.

Encore s'ils s'en fussent tenus à des folies! mais, dans leur superstition barbare, ils enlevèrent, comme relique, l'aromate de la momie; ils déchirèrent ses bandelettes et ses enveloppes, lui coupèrent la peau du front, lui arrachèrent les dents antérieures, et la défigurèrent presqu'autant que s'ils eussent résolu de l'anéantir.

Au récit de ces extravagances destructrices, on s'attend au moins que l'évêque du diocèse va les arrêter, et veiller à la conservation d'une antique unique et inappréciable. Cet homme ignorant, et qui cependant était le successeur de Massillon, ne voit dans tout ceci qu'un prétendu saint, honoré mal à propos. Il ordonne de l'enterrer; et le curé, tout aussi vandale que son prélat, met réellement la momie en terre.

C'en était fait de l'objet le plus précieux qui, dans son genre, ait jamais existé, si les magistrats de Riom, avertis à temps, n'eussent employé leur pouvoir pour le sauver. Ils ordonnèrent qu'il fût exhumé et transporté dans leur ville; mais là, par un autre abus, dont cependant le motif était louable, ils en firent un objet de curiosité au profit de leur hôpital, et l'enfermèrent dans une boîte en vitres, pour procurer aux pauvres quelques aumônes de la part des étrangers auxquels on le montrerait.

Enfin, le gouvernement envoya l'ordre de le transporter à Paris au cabinet d'histoire naturelle. Il y est aujourd'hui, mais noirci, desséché, rapetissé, racorni, et tellement altéré par tout ce qu'il a souffert, que les personnes qui l'ont vu dans le temps ne peuvent plus le reconnaître.

Il serait bien à désirer que l'on possédât ou que l'on connût au moins ce que le tombeau contenait au moment où les deux paysans qui le découvrirent en firent l'ouverture. Nous saurions par-là quels objets on déposait dans les sépultures à embaumemens, et si ces objets étaient les mêmes que ceux des sépultures à collines, ou s'ils en différaient. Mais jamais on ne put rien faire avouer à ces deux hommes; malgré toutes les offres et toutes les promesses qu'on leur fit, ils s'obstinèrent à dire qu'ils n'avaient trouvé qu'un cadavre. Cependant il fut prouvé, par témoins, qu'ils avaient porté chez eux le cercueil et l'y avaient gardé vingt-quatre heures; il fut prouvé que la femme de l'un d'eux était allée secrètement chercher une marchande pour lui vendre quelques effets.

Peut-être, au reste, tout espoir n'est-il pas perdu encore; peut-être la prairie recèle-t-elle quelqu'autre tombeau semblable, dont la découverte nous consolerait de la perte du premier. Il coûterait peu de temps et d'argent pour sonder la prairie.

Puisque ces embaumemens si étonnans et si parfaits sont incontestablement une invention gauloise propre à notre nation, il est plus que probable que la momie des Martres n'est pas la seule qui ait échappé au temps, et qu'il doit en exister beaucoup d'autres sur le sol de la France. Mais comment les trouver? Sans un nouveau hasard, aussi heureux que le premier, ne sont-ce pas pour nous des trésors perdus? et à moins qu'on ne fouille la prairie des Martres, tout autre espoir que celui du hasard ne nous est-il pas interdit?

C'est d'après ces réflexions que, dans mon

ouvrage, j'avais témoigné des regrets de ce qu'au moment où la sénéchaussée de Riom et le gouvernement d'alors eurent en leur pouvoir la momie, ils n'invitèrent pas les savans les plus distingués en médecine et en chimie à deviner le secret de son embaumement, et à en faire revivre, s'il était possible, les procédés.

A la vérité, je lis, dans un traité moderne (1), que deux hommes célèbres, MM. Rouelle et de Jussieu, analysèrent la substance embaumante, et qu'ils la regardèrent comme un mélange de poix et de poudre aromatique, principalement de cannelle, d'encens, de méum et de valériaune.

Quelqu'imposante que soit pour moi l'autorité de ces noms illustres, j'avouerai pourtant qu'ils sont bien loin encore de m'avoir convaincu, et que je ne conçois pas comment, par exemple, la matière d'embaumement était un mélange de poix, quand je lis dans le procès-verbal qu'elle était transparente; quand j'y lis que le corps du jeune homme s'en trouvait enduit, et qu'elle ne lui avait donné cependant

---

(1) *Encycl. méth.*, part. d'Hist. natur., art. HOMME.

qu'une teinte jaunâtre. Le rapport parle de cannelle et d'encens, et il ne dit point comment la Gaule, à cette époque, avait de l'encens et surtout de la cannelle.

D'ailleurs, quelqu'un veut-il me convaincre qu'il a trouvé le secret d'un procédé important? je n'en connais qu'un moyen, c'est de travailler comme l'inventeur et de faire aussi bien. Si nos deux savans se flattaient d'avoir deviné le bel art de l'embaumement gaulois, pourquoi donc ne tentèrent-ils pas de nous donner une momie pareille à celle des Martres? quelle entreprise eût été plus brillante! et quel succès plus prôné!

J'ai déjà remarqué que l'art des embaumemens ne put avoir lieu chez les Gaulois qu'à la troisième époque, celle des collines à corps sans ustion; et qu'à la quatrième, quand on recommença de brûler les morts, il dut tomber en désuétude et se perdre. Mais dans quel cas un personnage illustre recevait-il les honneurs de l'embaumement, ou ceux d'un tombeau à colline? l'embaumement était-il une distinction militaire, civile ou religieuse? était-il réservé à la classe des druides et aux personnages qui n'avaient point porté les armes; et les collines à ceux qui mouraient en les portant? Pour répondre à ces questions, attendons que le temps nous ait donné des renseignemens que nous n'avons point encore.

SECTION II.

Embaumemens dans le moyen et dans le bas âge.

L'art d'embaumer que l'on voit reparaître postérieurement dans l'âge des sarcophages sans bûcher, étant tout différent de celui que je viens de décrire, j'en ai conclu que ce dernier s'était perdu en entier, et que le nouveau était dû à nos relations avec les Romains : quoique déjà grossier et fort imparfait, il dégénéra pourtant encore dans les siècles d'ignorance; et l'on en jugera par l'exemple suivant.

L'an 1135, Henri 1er, duc de Normandie et roi d'Angleterre, meurt dans son château de Lions; et de là il est porté en grande pompe dans l'église métropolitaine de Rouen, escorté par une troupe de vingt-mille hommes, et reçu solennellement par tous les ordres de la ville. La nuit on le livre à l'embaumement, et l'artiste chargé de cette opération est un boucher renommé, qui l'assaisonne avec un baume (1)

Usage de faire bouillir les corps morts, et d'en inhumer séparément les diverses parties.

Quand saint Louis, en 1270, mourut de la peste à Tunis, on fit bouillir son corps dans de l'eau salée, pour séparer les os des chairs, et pouvoir les rapporter en Europe.

Cette opération n'était pas nouvelle. D'ailleurs elle était commandée par les circonstances, peut-être même par le manque de matière d'embaumement, ou par l'impossibilité d'embaumer un cadavre en pareil état. Les ossemens ainsi dépouillés, furent déposés dans une châsse, et transportés à Saint-Denis. Charles d'Anjou, roi de Naples et frère du monarque, prit les chairs et les entrailles, qu'il fit inhumer à Montréal en Sicile.

Le même procédé eût lieu quinze ans après pour Philippe-le-Hardi, mort à Perpignan

---

(1) Corpus, à perito carnifice, balsamo suave olenti conditum est. ORDER. VITAL., *Hist. eccles.*, lib. XIII.

au retour d'une croisade en Arragon. On le fit bouillir dans de l'eau et du vin : après quoi ses ossemens et son cœur furent envoyés à Saint-Denis, ses chairs et ses entrailles à Narbonne ; et on lui éleva dans les deux lieux un mausolée en marbre, dont je parlerai plus bas, parce que c'est à sa famille et à lui que commence l'usage de ces monumens précieux.

Les anciens ne se permettaient pas de partager ainsi un mort en diverses portions, pour gratifier de ses derniers restes différens lieux. La coutume ne s'en établit même en France qu'au douzième siècle, et l'on prétend que le premier exemple connu est celui de Robert d'Arbrissel, fondateur de l'ordre de Fontevrauld (1). En effet, ce Robert mourut en 1117, dans l'un de ses monastères nommé *Orsan*, et son corps allait être transporté à Fontevrauld, comme il l'avait demandé ; mais les religieuses d'Orsan témoignèrent tant de douleur, dit on, de perdre deux fois leur père, que, *pour les consoler, on leur laissa son cœur* (2).

―――――――

(1) *Merc. de Franc.*, août 1718.
(2) *Hist. litt. de la Franc.*, tom. x, pag. 166.

Louis VIII est le premier de nos rois pour qui l'on ait employé ce mode d'inhumation partielle. Mort à Montpensier en 1226, son corps fut à l'ordinaire porté à Saint-Denis; mais son cœur et ses entrailles restèrent en Auvergne.

Ce procédé, après tout, n'avait rien de révoltant, il n'exigeait que l'ouverture du cadavre; au lieu que l'opération employée à Tunis et à Perpignan, pour le fils et le petit-fils de Louis VIII, demandait un appareil dont l'idée révolte par l'apparence de barbarie et de cruauté qu'elle présente.

Aussi les papes, qui alors se mêlaient de tout, et qui réglaient tout, ne manquèrent-ils pas de la proscrire. Boniface VIII la défendit, sous peine d'excommunication. Cependant, Benoît XI, successeur de Boniface, permit à Philippe-le-Bel de l'employer pour les princes et princesses de la maison royale, dont les corps ne pourraient être que difficilement transportés entiers au lieu de leur sépulture (1).

---

(1) Spond., année 1299, n° 6.

SECTION III.

Usage de la momie en médecine.

Rien de plus rare aujourd'hui dans nos cabinets, qu'une véritable momie d'Egypte; rien de plus difficile à se procurer. Néanmoins, si l'on en croit les auteurs des deux derniers siècles (seizième et dix-septième), rien alors n'était plus commun. Il n'est point de bibliothèque de savant, disait en 1699 un de nos pharmaciens, point de cabinet de curieux et de boutique de pharmacie, où il n'y en ait de tout entières ou des fragmens considérables (1).

Ceci paraît une énigme; et pendant quelque temps, j'ai eu de la peine à l'expliquer. En vain je me disais que ces prétendues momies n'en avaient que le nom : ce n'étaient là que des présomptions; il me fallait une preuve, et je n'en connaissais point; enfin le hasard m'en fit trouver une, où je ne devais assurément guère m'attendre à la rencontrer :

---

(1) Pexicher, *Traité des Embaumemens.*

dans un traité des contusions, par Ambroise Paré. On sait que cet homme célèbre, après avoir été successivement premier chirurgien de quatre de nos rois, mourut en 1590 : mais je dois dire pourquoi, à propos de contusions, il parle de momies; et ici vont naître des détails qui ne seront point sans intérêt.

Depuis quelque temps, il s'établissait en Europe une erreur populaire qui, née en Asie, et due originairement, selon Paré, à un médecin juif, avait passé de ces contrées dans les nôtres : c'est que la chair de momie était un excellent spécifique pour les chûtes, les contusions et les meurtrissures. En conséquence, il fallut des momies à nos droguistes. Elles devinrent un objet de commerce, et l'on donna même à la nouvelle drogue le nom de *mumie*, quoique plusieurs auteurs aient appelé ainsi, et le corps embaumé, et le liquide qui en découlait, et le pissasphalte qui était employé pour sa conservation (1).

Les médecins d'Europe, qui avaient adopté si légèrement et qui ordonnaient avec tant de

---

(1) STRAPP., *Consens. medic. histor. super mumia*.

confiance ce remède, ne se doutaient sûrement pas de la difficulté qu'il y avait à se le procurer; ils ignoraient que le gouvernement d'Egypte regardait comme un crime la fouille des tombeaux et l'exportation des momies, et que, quand ce genre de commerce y aurait été aussi libre qu'il l'était peu, jamais le pays n'eût pu suffire aux demandes que nécessitait une aussi énorme consommation.

Fausses momies.

La fourberie et la fraude suppléèrent à tout. Il s'établit en Egypte des fripons qui firent et vendirent des prétendues momies (1); ils en remplirent l'Europe, qui les reçut comme véritables; et toute cette imposture, si l'on s'en rapporte à un ouvrage publié en 1625, était une spéculation de Juifs.

« Ce qui estoit causé que les droguistes re-
» cherchoyent avec grande curiosité des corps

---

(1) Hominum avaritiâ (cùm enim viderent Ægyptii corpora hæc balsamata magno vendi posse pretio) corpora alia, viliori modo balsamata substituit. HELFRIC. JUNGK. *Medicina præs. sæculo accommodata*, sect. 2, cap. 4.

» d'Egypte mumiez, est qu'environ l'an onze
» cents, autres disent l'an mil trois, un Juif
» malin nommé Elmagar, natif d'Alexandrie,
» tenu pour expert médecin, en ordonnoit aux
» Chrestiens et aux Mahométants, qui dé-
» battoyent alors en Orient à qui seroit la Pa-
» lestine : et depuis, les médecins de toutes
» nations, à son imitation, en ont usé aux
» maladies froides et coups meurtris; allé-
» guant pour toute raison que ceste poix as-
» phaltique et que ce bitume consolidoit les
» veines ouvertes et dilacérées, dans le corps,
» et par sa puanteur faisoit vomir le sang con-
» gelé : ce qu'elle ne fait, mais laisse un très-
» mauvais goust et une volonté de vomir, et
» excite souvent la fièvre (1). Aucuns Juifs
» subjects au gain et qui ne se soucient de
» quel costé ils en ayent, prennent plaisir d'em-
» baumer des corps morts, pour les vendre
» aux Chrestiens. Par quoy ils en prindrent
» des empalez, d'autres pendus à des gibets, soit
» aussi qu'ils fussent ladres, vérolez, rongneux,
» demi-pourris, pestez (morts de peste); tout

___

(1) Diverses Leçons de L. Guyon, pag. 23.

» leur estoit bon, et embaumoyent ces corps,
» sans y mettre autre chose que l'asphaltum,
» qui ne couste qu'un sol la livre, et en far-
» cissoyent la teste et le dedans du corps, fen-
» doyent les parties musculeuses des bras, des
» cuisses et jambes, y mettant de ceste drogue
» dedans les fentes; puis bandoyent bien ser-
» rez lesdictes parties, les exposoyent au plus
» chaud du soleil; et le desséchoyent si bien,
» qu'ils approchoyent en semblance aux corps
» mumiez anciens; puis les vendoyent aux
» Chrestiens (1). »

Écoutons maintenant Paré :

« Depuis n'aguères, devisant avec Guy de
» la Fontaine, médecin célèbre du roy de Na-
» varre, sçachant qu'il avoit voyagé en Égypte,
» je le priai de me faire participant de ce
» qu'il avoit appris de la mumie. Il me dit
» qu'estant, l'an 1564, en la ville d'Alexan-
» drie d'Égypte, il ouït dire qu'il y avait un
» Juif qui en faisoit grand trafic. En la maison
» duquel allant, le supplia de luy vouloir
» monstrer les corps mumiez. Ce qu'il fit vo-

---

(1) Diverses Leçons de L. Guyon, pag. 25.

» lontiers, et luy ouvrit un magasin où il y
» avoit plusieurs corps entassez les uns sur les
» autres. Iceluy priant de rechef le Juif de luy
» vouloir dire où il avoit recouvré ces corps,
» et s'ils se trouvoient, comme en avoient es-
» crit les anciens, ès sepulchres du pays; ledit
» Juif, en se mocquant de ceste imposture, se
» print à rire; l'asseurant et affermant qu'il n'y
» avoit point quatre ans que tous lesdicts corps
» qu'il voyoit là (en nombre de trente ou qua-
» rante), il les préparoit luy-mesme, et que
» c'estoit corps d'esclaves ou autres personnes.
» Ledict de La Fontaine luy demandant encore
» de quelle nation, et s'ils n'estoient point
» morts de mauvaise maladie, comme de lè-
» pre, vérole ou peste : il luy respondit qu'il
» ne soucioit point d'où ils fussent, ni de quelle
» mort ils estoient morts, où s'ils estoient vieux
» ou jeunes, masles ou femelles, pourveu qu'il
» en eust; et qu'on ne les pouvoit cognoistre
» quand ils estoient embaumez. Encore luy
» dist qu'il s'esmerveilloit comment les Chres-
» tiens estoient tant friands de manger les
» corps des morts. Ledict de La Fontaine, l'im-
» portunant de luy déclarer la façon qu'il te-
» noit à les embaumer, dit qu'il vuidoit le cer-

» veau et les entrailles, et faisoit de grandes
» incisions au profond des muscles; et après
» les remplissoit de poix indée, appelée as-
» phaltite, et prenoit des vieux linges trempez
» en ladicte liqueur et les posoit dans lesdictes
» incisions; après, bandoit chacune partie sé-
» parément; et estant ainsy bandez, envelop-
» poit tout le corps d'un drap trempé sembla-
» blement dans ladicte liqueur : lesquels ainsy
» accoustrez, les mettoit en certains lieux où
» ils les laissoit pour confire deux ou trois
» mois. Finalement, ledict La Fontaine disant
» que les Chrestiens estoient doncques bien
» trompez de croire que les corps mumiez fus-
» sent tirez des sepulchres anciens des Juifs : le
« Juif luy fit response qu'il estoit impossible
» que l'Égypte eust peu fournir tant de mil-
» liers de corps qui ont esté enlevez. Autres
» tiennent que la mumie se fait et façonne en
» nostre France, et que l'on desrobe de nuict
» les corps aux gibets; puis on les cure, os-
» tant le cerveau et les entrailles, et es fait-on
» seicher au four; puis on les trempe en poix
» noire; après on les vend pour vraye et bonne
» mumie, et dit-on les avoir achetez des mar-

» chands portugais, et avoir esté apportez
» d'Égypte (1).

» Or, par là on voit comme on nous fait
» avaller indiscrettement et brutalement la
» charongne puante et infecte des pendus ou de
» la plus vile canaille de la populace d'Égypte,
» ou de vérolez, ou pestiférez, ou ladres;
» comme s'il n'y avoit moyen de sauver un
» homme tombé de haut, contus et meurtry,
» sinon en luy insérant et comme entant un
» autre homme dedans le corps (2). »

Ces articles de Guyon et de Paré nous apprennent comment les pharmacies d'Europe pouvaient fournir à l'immense quantité de mumies qu'elles débitaient. Ils expliquent comment les momies devinrent en France si abondantes, qu'on en trouvait dans toutes les bibliothèques de savans, dans tous les cabinets de curieux, et les boutiques de pharmaciens (3). Et en effet, Guyon nous assure qu'il avait vu

---

(1) Paré, *ubi suprà*, pag. 460.
(2) *Ibid*, pag. 461.
(3) Penicher, *ubi suprà*.

des droguistes de Paris s'en partager une, qui, en 1566, n'avait coûté que dix écus (1).

Enfin tout ceci nous révèle une erreur qu'ont commise, sans le savoir, Gryphius (2) et la plupart de ceux de nos médecins modernes qui, après avoir disséqué des momies, ont écrit sur les embaumemens d'Égypte. Ils croyaient de bonne foi avoir sous les yeux d'anciennes momies égyptiennes, et ils n'opéraient que sur des cadavres récens, préparés à l'asphalte par quelques Juifs d'Alexandrie, ou à la poix par d'autres fripons d'Europe. Mais comme ces anatomistes trouvaient dans les résultats de leur travail quelques procédés différens de ceux qu'ont indiqués Hérodote, Diodore, et les autres écrivains de l'antiquité, ils accusaient ces auteurs d'inexactitude et d'omissions, qui, en réalité, n'avaient de fondement que leur propre erreur.

C'est encore d'après ces fausses notions, que Scaliger, Clauderus, Théophile-Raynaud, etc., ont fait une classe à part des momies à la poix

---

(1) GUYON, pag. 22.
(2) *Mumiæ wratislavienses.*

ou à l'alphalte. Ils regardaient ces préparations grossières comme celles qui avaient été employées jadis en Égypte pour les pauvres; et ce n'étaient que les falsifications des imposteurs modernes.

« Il ne faut pas croire que la mumie commune
» qu'on nous apporte soit de la véritable mu-
» mie d'Égypte, qui ait été tirée des sépulcres
» des anciens Égyptiens. Celle-là est trop rare;
» et si l'on en a quelque partie, on la garde
» dans des cabinets comme une grande cu-
» riosité. Celle que nous trouvons chez les
» droguistes vient des cadavres de diverses per-
» sonnes, que les juifs ou même les chrétiens
» embaument, après les avoir vidés de leurs
» entrailles et de leur cervelle, avec plusieurs
» drogues. Ils mettent sécher au four ces corps
» embaumés, pour les préserver de toute hu-
» midité flegmatique, et pour y faire pénétrer
» les gommes, afin qu'ils puissent se con-
» server (1). »

Cette charlatanerie cependant n'eut lieu que vers le déclin du seizième siècle. Bellon, qui

---

(1) LÉMERY, *Traité des drogues simples*, pag. 585.

avait voyagé en Égypte et qui, de retour en France, publia, en 1553, un ouvrage sur les embaumemens, n'y parle que de momies véritables qu'il avait vu apporter au Caire (1).

Selon lui, il y avait très-peu de temps que la mumie était de mode en médecine pour l'Europe; mais cette mode s'y était propagée tout-à-coup avec tant de rapidité et d'une manière si folle, que je crois devoir transcrire les détails qu'il en donne (2).

---

(1) Cùm Memphi ageremus, corpora aliquot nuper ex suis sepulcris allata in urbem vidimus integra, suis adhuc fasciis, ac si nuper fuissent condita, involuta. Ægypti incolæ studiosissimè corpora inter ruinas ædificiorum quærunt medicata, quòd indè maximum se consecuturos lucrum sentiant. BELLON, *de medic. fun.*, pag. 30.

(2) Paucis abhinc annis hoc medicamentum ad nos adferri cœpit; neque ullæ merces externæ, quamvis insignes, à negotiatoribus tàm diligenti curâ ad nos deferuntur, quàm istud conditum Ægyptiorum et Judæorum cadaver. Cùm verò neque ex ullis Arabum aut Hebræorum, Græcorum aut Latinorum scriptis doceri possit, cadaver hoc conditum in aliquo usu apud priscos mortales fuisse, demiror, ita me Deus amet! Eò usque hominum stoliditatem processisse, ut maximo sumptu etiam ipsa maria transfretent ut mumiam vocatam quærant, eamque veluti rem pretiosissimam admirentur; eique in exoticorum medicamentorum censu primum locum tribuant. Cujus virtus credita (si ulla est) non à medicis tantùm, negotiatoribus, iatraliptis,

Il n'y avait alors en ce genre aucune espèce de friponnerie qu'on ne mît en usage. Reies dit avoir vu, en 1649, à Anvers, un corps que l'on montrait publiquement pour de l'argent, et que ceux auxquels il appartenait prétendaient être celui d'un ancien roi d'Égypte. Pour mieux en faire accroire, ils avaient orné le mort d'une couronne et d'un sceptre. Précédemment, d'autres charlatans avaient promené de même un autre corps qu'ils donnaient comme celui d'Isis (1). Enfin, le fameux surintendant Fouquet, pour orner sa maison de

---

sed jam etiam ipsis aurigis, venatoribus et aucupariis cognita est ; tantusque ejus increbuit usus, ut magnates et illustres viri, reges quoque ipsi et totius orbis imperatores eâ carere nolint. ...... Veterinarii et mulo-medici sæpissimè equis ægrotis ex vino propinant; accipitrarii avibus in pillula exhibent; venatores canibus ex jure pingui, et aliis quadrupedum generibus commodissimè. Magnates quoque aulici unum ex pincernis ad id præficiunt, qui nunquàm ab eorum præsentiâ absit, cùm in agris equitant, aut iter persequuntur, aut venatum eunt, argenteas ille duas fert lagenas, utrinque ephippio adalligatas, vino plenas, culeis obvolutas, ut ad cursum expeditiores sint: Vulgus gallicum hoc suâ linguâ vocat *Laferrière*. Nonnihil, de corpore hoc condito, sive mumia vocata, ab illo pincernâ in culeis seorsim in pyxide circumfertur. Miscetur ex unguentis et emplastris astringentibus. BELLON, *de medic. funer.*, pag. 34.

(1) REIES, *Camp. Elys.*, jucund. quæst., pag. 247.

campagne de Saint-Mandé, près de Paris, y avait fait placer deux momies avec leurs boîtes, et on les lui avait vendues pour celles des Pharaon-Chéops et Céphren.

On adultérait jusqu'aux momies véritables, afin d'augmenter par là le prix de leur vente. Caylus cite, en ce genre, les deux du cabinet de Sainte-Geneviève à Paris. L'une avait un masque et un chaperon en cuir doré; l'autre, qui est un corps de femme, portait des bracelets et d'autres ornemens de même matière : on lui avait même fait un nez de bitume et dessiné les yeux avec un fer chaud ; « c'est là une tromperie manifeste, dit l'auteur (1). » Le cuir doré pourrait avoir été fait à Venise, par les marchands vénitiens qui avaient vendu les deux objets.

Il en est de même des momies que de Brèves, de retour en France en 1605, après avoir été vingt-deux ans ambassadeur à la Porte, disait avoir vu avec les cheveux et la barbe parfaitement conservés. « M. de Brèves était sans doute » un bon ministre, ajoute Caylus, mais un

---

(1) Mém. de l'Acad. des Belles-Lettres, tom. XXIII, p. 132.

» mauvais observateur. Cette conservation est
» physiquement impossible; et il aura été trom-
» pé par les Arabes qui font métier d'en impo-
» ser aux Francs. Ils lui auront présenté quel-
» ques corps embaumés selon les usages qui se
» pratiquent aujourd'hui (1). »

Il y avait une autre sorte de momie dont on avait fait également un objet de commerce ; c'étaient celles que fournissaient les malheureux qui, en traversant les déserts de l'Égypte et les contrées limitrophes, étouffés par les vents brûlans et par les tempêtes de sables si ordinaires dans ces pays, s'y retrouvent ensuite, mais dans un état de dessiccation qui les a conservés en entier.

Lémery donnait à ces momies la qualification de *blanche*, parce que dans le sable elles ont conservé leur couleur ; et il les distinguait ainsi des autres qui, par l'effet des drogues de leur embaumement, sont devenues noires.

Certains peuples ont employé, pour l'inhumation de leurs morts, ce moyen de conservation que leur indiquait la nature. « Dans le

---

(1). Mém. de l'Acad. des Belles-Lettres, tom. XXIII, p. 135.

» Corasson, l'ancienne Bactriane, en creusant
» des puits carrés sous le sable, comme on le
» fait en Égypte, on trouve de ces mumies que
» le peuple de ce pays y avait enterrées, lorsqu'il
» était encore idolâtre, il y a mille ou douze
» cents ans : car on assure que souvent, sous
» ces sables de la Bactriane, qui est un pays
» extrêmement chaud, sec et sablonneux, les
» cadavres se conservent du moins aussi bien
» qu'en Égypte (1). »

On attribuait à la *mumie blanche* que fournissaient les corps desséchés naturellement dans les sables, des vertus particulières différentes de celles qu'on prêtait à la *noire* ; et on l'employait aussi dans la médecine, quoiqu'elle fût réputée bien inférieure. Les noires elles-mêmes n'étaient pas censées toutes également bonnes ; il y avait sur cela beaucoup de choix. Celles des filles-vierges, par exemple, passaient pour être bien plus efficaces ; et je n'ai pas besoin de dire qu'on devait, en conséquence, les vendre plus cher que les autres.

---

(1) *Voyag. de Chardin*, tom. III, pag. 136.

Vertus attribuées aux momies.

Cependant, quelles qu'elles fussent, on leur attribuait à toutes de grandes vertus. La prévention sur leurs propriétés était même poussée si loin, qu'on les regardait comme un remède universel. François 1er en portait toujours sur lui un petit paquet pulvérisé avec de la rhubarbe, et par conséquent tout prêt à prendre dans les chutes, ou autres accidens qui pouvaient lui arriver; et avec cette précaution, il se croyait en sûreté contre tous les dangers (1).

Mathiole qui rapporte aussi ce fait, et qui probablement l'avait pris dans Bellon, parle, comme lui, de l'engouement qu'on avait en France pour la mumie; et il dit que, chez nos

---

(1) Franciscus ille, Galliarum rex, litteratorum mecœnas et litterarum instaurator, nullum casum pertimescebat, si vel minimum ejus apud se haberet; ideò que nunquàm eâ, aut in certaminibus, equestribus cursibus et jocis, sive venatum, equitatum aut deambulatum iret, bello aut pace, carere voluit. Eam autem cum rhabarbaro in pulverem redactam ipsemet secum in balteo gestabat. BELLON, *de medic. fun.*, pag. 34.

grands seigneurs, on se fût fait un scrupule de n'en point posséder quelque morceau (1).

Je pourrais citer un très-grand nombre de médecins et de gens de l'art qui partageaient les préjugés de l'opinion populaire sur l'efficacité prétendue de la mumie, et qui, dans leurs écrits, l'indiquent pour beaucoup de maladies diverses. J'en pourrais également nommer quelques autres du même siècle, qui, comme Paré, la croyaient non-seulement inutile, mais même dangereuse.

Le nombre de ceux-ci s'augmenta à mesure que le progrès des lumières la fit mieux apprécier ; et néanmoins si l'usage en cessa, ce n'est point à eux que la gloire en est due, mais à une aventure particulière, qui en supprima le commerce. Voici comme Guyon la raconte ; on se rappellera que cet auteur écrivait en 1625.

« Un Juif de Damiette, qui faisait le commerce

―――――――――

(1) Mumiæ apud Gallos tanta commendatio, ut optimates eâ carere nunquàm voluerint. Referunt Franciscum primum ipsorum regem, in balteo semper gestasse, nullum casum pertimentem, si vel minimum saltem apud se haberet. MATHIOL. in Dioscor., cap. 85, édit. 1598, pag. 115.

de fausses momies, avait un esclave chrétien qu'il maltraitait souvent, parce qu'il voulait l'obliger à se faire circoncire; celui-ci, pour se venger, alla au bacha dénoncer son maître, et *l'adultération qu'il commettait en cette puante marchandise*. Le Juif fut mis en prison; et il n'en sortit qu'après avoir payé au bacha trois cents sultanins d'or; mais quand les gouverneurs d'Alexandrie, de Rosette, des autres villes d'Égypte, et même celui d'Alep, furent instruits du fait, ravis d'avoir aussi à leur tour un prétexte pour extorquer de l'argent, ils rançonnèrent, chacun de son côté, ceux des Juifs qui étaient marchands de momies. Depuis cette aventure, ce trafic cessa, parce que les Juifs, dans la crainte d'éprouver une avanie nouvelle, n'osèrent plus le continuer (1). »

Ainsi les momies cessant d'arriver en Europe, elles cessèrent d'y être employées comme médicament. On n'a plus fait cas que de celles qui sont vraiment antiques; et celles-ci, devenues désormais pour nous un monument d'art, nous offrent au moins l'avantage réel d'être par-là même des objets d'instruction et d'étude.

---

(1) Guyon, *Ubi suprà*, pag. 25.

Ecrits sur les embaumemens.

C'est sous ce rapport que l'habile chimiste Rouelle et le savant Caylus les ont considérés, et qu'ils en ont fait chacun le sujet d'un excellent Mémoire, dont le premier, en deux parties, se trouve dans la Collection de ceux de l'Académie des Sciences ; et le second, déjà cité ci-dessus, dans ceux de l'Académie des Belles-Lettres.

L'époque des fausses momies n'a rien produit qu'elle puisse opposer à ce beau travail de nos deux académiciens. Mais si je ne puis sur cette matière, citer d'elles aucun bon ouvrage, j'en puis au moins citer beaucoup ; et après tout, il ne se pouvait guère que sans cesse il arrivât d'Egypte des corps embaumés, qu'on en vît partout dans les cabinets et les bibliothèques, que journellement enfin la pharmacie en fît une consommation considérable, sans que ce spectacle excitât partout aussi l'émulation et la démangeaison d'écrire. Naturalistes, anatomistes, médecins, érudits, chimistes, auteurs de toutes les classes enfin, s'exercèrent à l'envi sur cet objet ; les uns par de gros ouvrages, les autres par des traités plus ou moins courts ;

ceux-ci par des thèses soutenues dans des universités; ceux-là enfin, par des articles épisodiques qu'ils inséraient dans des livres publiés sous d'autres titres (1). Il y a, selon moi, fort peu de parti à tirer de cette tourbe d'auteurs, qui, presque tous, sans philosophie, sans goût et sans critique, ne savent que compiler des passages, qui se répètent les uns les autres sans avoir une pensée à eux, et qui, comme la très-grande partie de ceux de leur temps,

---

(5) Tels furent spécialement Reusnerus (Observ. et curat. med., pag. 105.), Wolfgang Hæserus (Herc. med., lib. v, cap. 2, p. 248.), Burnet (Thes. med. pract.), Jessenius à Jessen (Instit. chir., pag. 105.), Brunon (Disp. de medic. ex hom. pet.), Horstius (de natural. conserv. cadaver.), Lanzoni (de Balsam. cadaver.), Durrius (Misc. Acad. curios. nat. an. VIII, Obs. 170, pag. 422.), Geierus (ibid., Dec. 2, Observ. 137, pag. 297.), Aldrovande (de Insect., lib. VI, cap. 2.), Rolfincius (de purgand. veget., sect. 1, art. 2; pag. 68.), Mathiole (in Dioscor., lib. 1, cap. 85, pag. 115.), Santorellus (de Medic. defunct.), Helfricus Jungkens (Med. præs. sæc. accommod., sect. 2.), Theoph. Raynaud (de incorr. cadav. tom. XIII, pag. 44.), Reies (Camp. Elys. jucund. quæstio, pag. 246.), Blancardus (de Balsam. nov. method.), Sebizius (de condit. cadav.), Gryphius (Mum. wratisl.), Solenander (sect. 5, cons. 14.), Vesti (Thes. de pollinctur.), Clauderus (Méth. balsam.), Timée de Guldenflée (ibid., pag. 97), Heudewerck (Dissert. inaug. de mumiâ.).

ont contribué à discréditer l'érudition, l'érudition si rare, si difficile, si utile à tout, et sans laquelle l'ouvrage le meilleur laisse toujours quelque chose à désirer.

Parlent-ils des embaumemens égyptiens ? ils copient ce qu'en ont dit avant eux et les anciens et les modernes. Traitent-ils des embaumemens usités de leur temps ? tous, à l'exception de quelque légère différence dans la quantité ou la dose des matières employées, n'ont absolument que la même méthode, celle qui était eu usage pour les fausses momies ; et cette méthode consiste à scier le crâne pour en ôter le cerveau, à ouvrir le corps pour l'exentérer, c'est-à-dire, pour en enlever les viscères et les intestins ; enfin à scarifier profondément les chairs et à les dessécher avec des aromates et des poudres, pour en absorber les liqueurs et le sang, et détruire ainsi l'humidité, qui, étant le principe de la fermentation, produit bientôt, à l'aide de celle-ci, la corruption et la destruction du corps.

Embaumemens chez les modernes.

L'embaumement des modernes différait donc de l'ancien embaumement d'Égypte, et par les matières qu'ils employaient, et par la manière dont ils en faisaient usage. Celui-là était l'art de préparer et de dessécher tellement un corps, qu'une fois apprêté, il pouvait se conserver à jamais sans altération ni changement. Nos modernes croyaient obtenir le même succès avec leurs poudres aromatiques; et comme ce moyen ne leur réussissait pas, ils se tourmentaient à imaginer des poudres nouvelles qui ne produisaient pas davantage.

Les uns mettaient le corps dans une saumure, ou dans de l'huile de térébenthine; d'autres, dans des liqueurs dont la base était l'eau-de-vie ou le vinaigre; d'autres enfin, dans de l'esprit-de-vin : mais ce n'était point là un embaumement. Blancard avance même que ceux qui employaient l'alcool, étaient obligés d'y mêler de l'esprit d'ammoniac distillé avec de la chaux vive; encore ce procédé n'opérait-il que pour un temps borné, quoique long (1).

Vers le milieu du dernier (17e) siècle, le Flamand de Bils, et Clauderus, médecin attaché à la cour de Saxe, prétendirent chacun

---

(1) Hoc ritu cadavera diutissimè conservantur. BLANC, *de Balsam.*, pag. 282.

avoir trouvé un embaumement sans exentération. Le premier mourut avec son secret, si réellement il en avait un; l'autre publia le sien dans un ouvrage qu'il intitula : *Nouvelle méthode d'embaumer* (1). Et son procédé, qui consiste principalement à faire tremper pendant deux ou trois mois le corps dans une lessive aiguisée par le sel ammoniac et par l'alcali des cendres gravelées ou de la chaux vive, était encore bien imparfait sans doute, puisqu'il dit lui même : « Je conserve des cadavres pendant 6, 9, 12, 15, 18 mois, et la plupart sans altération (2). »

Il était réservé à notre siècle de voir le Hollandais Ruysch exposer à tous les yeux des chefs-d'œuvres de préparation qui rappelaient presque celui de la momie auvergnate. Personne n'ignore que son cabinet, après avoir fait l'admiration de l'Europe, fut acheté par le tzar Pierre, et que cet homme habile, mort dans une vieillesse très-avancée, vécut assez de

---

(1) Nova methodus balsamandi.
(2) Similia cadavera servo per 6, 9, 12, 15, 18 menses; et quidem pleraque sine alterationis putridæ labe. CLAUDER. *Nova meth. balsam.*, pag. 169.

temps encore pour en former un nouveau. Mais nous ne savons point quels furent ses procédés, et nous ne pouvons même rien assurer sur le nombre d'années qu'ont à durer encore les objets qu'il prépara.

Embaumemens en France.

L'histoire de l'art en France n'y offre pas de découvertes plus réelles que n'en a offert le reste de l'Europe jusqu'à l'époque de Ruysch. Sa marche y fut aussi lente, et ses succès tout aussi nuls.

Quand Eginhard nous parle de la mort de Charlemagne, il dit que son corps fut lavé et apprêté avec des soins extraordinaires (1). Mais il ne nous apprend point ce que c'était que cette préparation.

Nous trouvons sur Nithard, petit-fils de ce prince, quelque chose de plus précis. On le saupoudra de sel (2), et voilà en quoi consista son embaumement.

---

(1) Corpus solemni more lotum et curatum.
(3) Domni Nithardi corpus sale perfusum. MABILLON, *Ann. Benedict.*, tom. II, lib. XXXII, pag. 686.

J'ai dit précédemment ce qu'ils étaient au douzième siècle; j'ai cité par exemple Henri 1er, roi d'Angleterre et duc de Normandie, qui, après sa mort, est livré à un boucher de Rouen, lequel l'assaisonne avec un baume. En lisant cette anecdote incroyable, on se croit transporté chez les Caffres ou chez les Hurons.

On donnait alors le nom de baume à une mixtion ou préparation de plantes aromatiques et odorantes; et de-là est venu l'acception d'embaumans donnée à certains corps qui exhalent une odeur agréable. C'est ainsi probablement qu'était composé le baume du boucher de Rouen; et c'est ainsi qu'il faut entendre l'embaumement dont il est mention dans un de nos vieux romans de chevalerie :

en terre
Es tières ont les cors enterés
Ouvrirent embaumé
Disdier ovrirent, se l'ont embalsemés.
(BEUVES D'HANTON.)

Cet état de choses était une suite de celui qui subsistait dans les sciences. Les livres sur l'art de guérir étant tous en latin, il n'y avait que les ecclésiastiques et les clercs qui pussent les entendre; et par conséquent il n'y avait que les ecclésiastiques et les clercs qui pussent exercer la médecine. Or, pour les gens de cette profession, toucher un cadavre était une souillure, l'ouvrir eût été un sacrilège. On le livrait donc à des laïques qui, sans instruction, sans connaissance aucune, n'imaginaient d'autre moyen pour le conserver que de le saler comme les viandes de nos cuisines, ou de l'envelopper d'herbes aromatiques, dans l'idée qu'il ne pourrissait et ne se détruisait que parce qu'il devenait infect et qu'ils l'empêcheraient de devenir tel en étouffant son odeur putride par une autre odeur qui serait à la fois forte et agréable.

Cette doctrine et ces procédés de l'ignorance ne devaient cesser que quand la médecine cesserait elle-même d'être exercée exclusivement par des célibataires et des prêtres; et c'est ce qu'au quinzième siècle, opéra enfin le réglement donné à l'Université de Paris par le cardinal légat d'Estouteville. Ce réglement permettait aux médecins de se marier. Dès ce moment, les séculiers purent être médecins; ils purent, sans se croire souillés, toucher et ouvrir un cadavre, s'occuper de l'embaumement, et porter, dans la pratique de cet art, les connaissances qu'exigeait et que leur donnait leur profession : enfin , l'on ne fut plus obligé d'envoyer les corps à un boucher.

Les nouveaux embaumeurs n'avancèrent pourtant pas la science, autant qu'on devait l'attendre d'eux. Leur méthode consista principalement, ainsi que chez les Égyptiens, à séparer du corps les parties qui, par leur nature, étaient plus sujètes à la putréfaction, telles que la cervelle et les intestins; mais ils conservèrent, comme on le verra bientôt, la fausse doctrine sur l'emploi et les propriétés des mixtions aromatiques, et ne firent qu'en changer le nom, appelant poudre ce que jusqu'alors on avait appelé baume.

Au reste, si l'art ne fit dans leurs mains que de faibles progrès, ce n'est pas que les circonstances n'excitassent et ne favorisassent leurs efforts. Tout-à-coup les embaumemens se multiplièrent, et devinrent en honneur par une cause singulière qu'on est bien loin de soupçonner ; par ces guerres étrangères que Charles VIII, Louis XII et François 1er eurent la folie d'entreprendre. L'usage alors était que, dans toutes les familles distinguées, il y eût une sépulture commune. Les individus de ces maisons qui mouraient hors de France ; soit dans les combats, soit autrement, étaient renvoyés par leurs parens et par leurs amis au tombeau de leurs pères.

Pour cela on les embaumait, si cependant on peut appeler embaumement une opération où rien n'était raisonné, où des ingrédiens utiles se trouvent mêlés avec d'autres qui ne le sont pas. Elle est décrite par Bellon, dans l'ouvrage que j'ai cité de lui précédemment (1). Le mort, totalement exentéré, était rempli intérieurement et saupoudré à l'extérieur d'une composition qu'on appelait *poudre de myrrhe;* puis, enduit d'une couche de cire, et enfermé dans un cercueil de plomb.

C'est aux chirurgiens qu'étaient confiées toutes les opérations ; mais pour la poudre, ils en recevaient l'ordonnance des médecins; aux médecins seuls appartenait le droit de la composer; et sur cela, comme il n'y avait rien de fixe, chacun d'eux avait sa formule et sa recette. Voici, selon Bellon, celle qui, de son temps, avait lieu à la cour de France :

Bellon, *de Medic. fun.*, cap. 8.

Absinthe, cannelle, cumin, girofle, *siler montanum* (1), poivre, alun, myrrhe, aloès, beaucoup de sel ; le tout pulvérisé en masse avec un peu de vinaigre.

C'était particulièrement à la cour, que les chirurgiens devaient s'occuper de perfectionner l'art de l'embaumement. En effet, il y fit quelques faibles progrès : et ces progrès sont dus à Paré, qui écrivait une trentaine d'années après Bellon. On peut voir dans la note ci-dessous (2) quels étaient ses procédés ; mais quand

---

(1) *Laserpitium siler* de Linnée. Selon Lémery, c'est la plante qui, en français, porte les noms de *livèche*, de sermontaine, de séséli de montagne.

(2) « Pour bien embaumer un corps, dit-il, premièrement il faut vuider toutes les entrailles et viscères, réservant le cœur particulièrement, afin de l'embaumer et mettre à part, ainsi qu'il sera advisé par les amis du défunct, il faudra pareillement vuider le cerveau après avoir coupé le crâne, ainsi qu'on fait ès dissections et anatomies. Ce fait, il faut faire des incisions profondes et longues ès bras, dos, fesses, cuisses, jambes, et principalement à l'endroit des grandes veines et artères, afin d'en faire sortir le sang qui se corromprait, et pareillement aussi d'y plonger des pouldres. Cela fait, il faut exactement laver tout le corps avec une esponge imbue d'eau-de-vie et fort vinaigre, dans lequel auront bouilli absinthe, aloès, pommes de coloquintes, et sel commun et alun. En

on les aura lus, on n'apprendra pas sans surprise qu'éviscérer un corps, le mutiler d'une manière hideuse, le taillader de la tête aux pieds, puis le recoudre ; enfin le farcir de poudre, en remplir toutes ses incisions, l'en couvrir à l'extérieur, et finir par le cacher dans de la toile

---

après, faudra remplir lesdictes incisions et toutes les ouvertures et les trois ventres, des choses qui s'ensuivent, assez grossièment pulvérisées. »

NOTA. Ici Paré donne la composition d'une poudre dont les ingrédiens sont des plantes aromatiques de France, et des épices et aromates d'Asie. « En après, les incisions seront cousues. Puis, faut oindre tout le corps de térébenthine liquéfiée avec huile de camomille et de rose, y adjoustant, si bon semble, huiles aromatiques tirées par quintessence. Puis au reste, sera en tout saulpoudré avec portion de poudres dessus dictes ; enfin sera enveloppé d'un linceul, et après de toile cirée ; et, pour fin de tout l'appareil, sera mis en un cercueil de plomb bien joinct et soudé, rempli de bonnes herbes aromatiques seiches.

» Ma façon de bien et dûment embaumer, et garder les corps morts fort long-temps, c'est qu'après les avoir vuidez comme dessus ; il les convient poser en un vaisseau de bois bien joinct, remply de fort vinaigre, auquel on aura fait bouillir sel et herbes aromatiques et amères, comme aluine, rue, aloès, coloquintes ; puis, adjouster eau-de-vie deux ou trois quartes, et laisser tremper les corps en ceste misture l'espace de vingt jours : après, les faut mettre debout, et laisser en lieux secs et non humides. » (*OEuvres de Paré*, pag. 1188.)

cirée et dans une enveloppe de plomb : ce fut là ce qu'en France, vers la fin du seizième siècle, on appelait un embaumement. Combien cette qualification paraît ridicule, surtout quand on songe à cette momie d'Auvergne, si belle, si fraîche, et spécialement si entière !

La chirurgie elle-même eut honte d'une opération, dans laquelle, pour conserver un corps, elle paraissait en quelque sorte commencer par vouloir le détruire; elle en tenta une autre qu'on trouve décrite dans Guillemeau, élève de Paré, chirurgien de Louis XIII, mort en 1612 (1). On appela celle-ci embaumement sans exentération; et il eût été à souhaiter qu'elle méritât ce nom, la France aurait une seconde fois atteint la perfection de l'art. A la vérité, le corps n'était pas ouvert, et l'on y laissait les intestins; mais il était scarifié dans toutes ses parties extérieures, on en coupait les veines et les artères pour exprimer le sang, et le cerveau était enlevé par une opération de trépan.

Tout imparfaite qu'était encore cette mé-

---

(3) *OEuvres de Guillemeau*, pag. 858.

thode, elle fut pendant quelque temps la seule en usage. L'autre, dit Guillemeau, ne se pratiquait plus que *pour les personnes médiocres, sans faire beaucoup de despenses ny de frais*; mais la nouvelle eut enfin si peu de succès, qu'il fallut y renoncer et revenir à l'ancienne. Les auteurs qui ont écrit postérieurement à Guillemeau, Guybert, Charas, Pénicher, Sue, prescrivent tous l'exentération.

Pénicher cite même, à l'appui de son assertion, l'exemple d'un corps qu'on avait voulu conserver entier, quoiqu'on eût employé, pour l'embaumer, deux cents livres d'aromates et de parfums, et qu'on eût versé dans le cercueil de plomb qui le contenait, plus de deux barils d'esprit-de-vin aromatisé; enfin, quoique ce cercueil fut enfermé dans un autre en noyer, bien fermé, bien luté, et celui de noyer dans un mausolée en marbre, cimenté avec tout le soin possible; néanmoins au bout de douze ans la putréfaction fut telle, et l'infection si horrible, qu'il fallut exhumer le corps (1).

---

(1) Penich., *Traité des Embaumemens*, pag. 216.

Exposition des rois morts.

Il a été un temps où les rois et les reines, les princes et les princesses étaient, après leur mort, exposés pendant quelques jours sur un lit de parade dans une chapelle ardente : mais l'air du lieu, échauffé par la quantité de personnes qui entraient pour les voir, et par le grand nombre de torches et de cierges qu'on y brûlait, hâtait la putréfaction du corps ; et bientôt on était obligé de l'enlever, et, comme dit Paré, de l'enfermer en plomb (1).

C'est l'inconvénient que Louis, duc d'Orléans, frère de Charles vi, avait prévu dans le testament dévot qu'il fit en 1403, quatre ans avant d'être assassiné par le duc de Bourgogne. Là, il demande à être exposé sur une claie, en habit de célestin, dans le chœur de ces religieux : mais si son corps *ne pouvait se garder sans trop puyr,* alors il veut qu'on n'apporte à l'église que sa représentation. Aussi Bretagne, premier héraut, et l'un des rois-

―――――――――――

(1) Paré, pag. 1189.

d'armes d'Anne, femme de Louis XII, morte en 1513, a-t-il soin, dans le récit qu'il nous a transmis des funérailles de cette princesse, de remarquer, comme un prodige, qu'elle fut exposée neuf jours entiers, et que, pendant tout ce temps, *n'y eut nulle mauvaise odeur* (1).

Bretagne regarde cette merveille comme une faveur du ciel, qui attestait la sainteté de la reine. Mais quand je songe qu'Anne mourut le 9 janvier, et que c'est au temps le plus froid de l'année que son corps se conserva neuf jours, ce miracle, je l'avoue, me paraît moins étonnant qu'à lui.

Cependant, comme toutes les majestés ne mouraient pas en hiver, et qu'il fallait parer à l'infection qu'occasionnait inévitablement une exposition trop longue, on prit le parti de ne placer les corps sur leur lit de parade qu'après les avoir légèrement embaumés, c'est-à-dire, qu'ils furent *vuidez et lavez d'eau-de-vie et de vinaigre, et saulpoudrez de choses grandement aromatiques* (2).

---

(1) Mss. de la biblioth. royal., n° 9713, *in-4°*.
(2) Paré, pag. 1189.

Bientôt néanmoins ce moyen devint encore insuffisant, parce que l'usage s'établit de laisser les rois exposés pendant quarante jours entiers. Alors on imagina de ne placer sur le lit que leur effigie, revêtue des ornemens royaux : cette coutume avait lieu du temps de Guillemeau. « On embaumait le corps, dit-il, on le mettait dans son cercueil, et le cercueil était caché sous le lit. » Pendant les quarante jours d'exposition, le roi mort avait sa garde ordinaire. Mais un usage bien plus incroyable encore, et qui, malgré son extravagance, n'en a pas moins subsisté jusqu'à nous, c'est que, soir et matin, l'on servait à manger devant cette effigie, comme si c'eût été le prince vivant. Du reste, chaque journée était remplie par des chants d'église, par des messes et des prières. Enfin, après la quarantaine, il était présenté en grande pompe dans l'église cathédrale de Paris, puis porté à Saint-Denis pour y être inhumé.

Effigies des morts prises en cire.

« Quant à l'effigie, c'était, ajoute Guillemeau, un masque en cire, pris, au moment de la mort, sur la figure du roi, par son premier sculpteur. »

Ce moyen, si connu aujourd'hui et si communément employé, consistait, comme aujourd'hui, à frotter de pommade et d'huile le visage du mort, et à y verser une couche de plâtre très-fin délayé avec de l'eau. Bientôt le plâtre, en se desséchant, se moulait sur la face; on l'en détachait aisément parce que les matières grasses l'empêchaient d'adhérer à la peau, et l'on avait ainsi la figure en creux. Pour l'avoir en relief, on coulait dans le moule de la cire fondue. Cette cire donnait à l'artiste le véritable masque du mort; et il ne lui fallait plus, pour achever la ressemblance, que peindre ce masque et y ajuster une tête.

J'ai dit que les tentatives d'embaumement à corps entier n'avaient pas réussi; qu'on avait été obligé d'en revenir à l'exentération, et que c'était la méthode prescrite par les écrivains du dix-septième siècle, postérieurs à Guillemeau. Il y avait à espérer au moins que celle-ci, comme beaucoup plus facile, se perfectionnerait bientôt : elle ne fit, au contraire, que dégénérer. « Maintenant on embaume si
» mal les corps, disait Guybert en 1670, qu'en

» peu de temps après ils se corrompent telle-
» ment, qu'en quelque lieu qu'ils soient po-
» sez, on ne peut souffrir leur odeur : de sorte
» qu'il faut aussitost les mettre en terre bien
» profondément (1). »

L'auteur, en conséquence, proposait des procédés qu'il donnait comme nouveaux, et qui ne sont pourtant, à très-peu près, que ceux de Guillemeau et de Paré. Il exige même plus d'incisions qu'eux encore, puisqu'il en prescrit non-seulement pour la plante des pieds et pour les mains, mais encore pour tous les doigts. A l'entendre, sa méthode est de beaucoup supérieure aux autres. On croirait, en le lisant, qu'il va conserver à jamais les morts sans altération; et cependant après avoir déprimé celles qui subsistaient, il finit par dire de la sienne, qu'un corps pour lequel on l'aura employée se *gardera un bon espace de temps* (2).

Charas, pharmacien, et auteur d'une pharmacopée, n'a publié que des formules pour la composition des poudres, liqueurs et mixtions

---

(3) GUYBERT (*OEuv. charit.*), pag. 568.

(2) *Ibid.* pag. 579.

qui entrent dans les embaumemens; et, par la nature de son ouvrage, il ne pouvait donner autre chose. Cependant il ajoute à ses formules une note dans laquelle il conseille, entre autres opérations, d'enduire le corps de baume du Pérou, et d'y répandre ensuite une telle quantité de poudre aromatique, qu'elle y fasse une croûte et une enveloppe universelle d'un doigt d'épaisseur (1).

Pénicher regarde comme le modèle des embaumemens, comme l'embaumement le plus parfait dont il eût connaissance, celui qui eut lieu, en 1690, pour la dauphine. Or, dans ce modèle, le corps fut exentéré en entier, rempli d'étoupes et de baume en poudre, puis frotté à l'extérieur de baume liquide. Toutes les parties, jusqu'aux pieds mêmes et aux mains, furent incisées, remplies de poudre et recousues; en un mot, les procédés ne différèrent en rien de ceux dont j'ai parlé plus haut.

On les retrouve les mêmes encore dans l'Anthropotomie de Sue, ouvrage publié en 1765. Aussi l'auteur définit-il l'embaumement

---

(1) Pharmacopée royale et galénique, pag. 360.

une préparation particulière de plusieurs sortes de drogues, qu'on insère dans toutes les parties d'un cadavre pour le préserver pendant long-temps de la corruption (1). Cette expression *pendant long-temps* est à remarquer. Les momies égyptiennes, tout imparfaites qu'elles sont, subsistent depuis plusieurs milliers d'années. Eh! qui oserait fixer l'espace de temps qu'elles ont à durer encore? La momie auvergnate avait probablement une antiquité semblable; et quoiqu'altérée, au moment de sa découverte, par une suite d'accidens dont j'ai fait mention, quoiqu'exposée depuis plus d'un demi-siècle à toutes les influences de l'atmosphère, elle n'a pourtant point montré encore le moindre vestige de putréfaction.

Nous autres qui avons poussé si loin la plupart des sciences, nous autres qui, à juste titre, nous vantons d'avoir tant avancé la chimie, nous savons préparer une tête, un bras, une partie du corps humain, un buste dépouillé de ses intestins, un enfant même en bas âge; mais nous n'oserions entreprendre l'embaume-

---

(1) Anthropotomie, pag. 279.

ment d'un corps adulte qui serait entier, ni même répondre autrement que pour *un long-temps*, de celui qu'on aurait exentéré; et *ce long-temps* est fort court. Depuis le quinzième siècle, l'art de l'embaumement n'a pas fait un pas; il est encore à naître; ou plutôt il subsista, dans sa perfection, chez nos premiers aïeux; il est à retrouver. Mais achevons l'histoire du mode de nos sépultures.

CHAPITRE V.

Ornemens extérieurs des tombeaux.

J'ai parlé des changemens que subit, à six époques différentes, le mode de nos sépultures ; j'ai parlé de ceux qu'éprouvèrent, dans leur matière et dans leur forme, les sarcophages ; je viens de traiter des embaumemens ; j'ai à faire connaître encore les divers genres de constructions et d'ornemens extérieurs qu'on employa, dans les différens âges, pour décorer les tombeaux.

Et d'abord, pour mettre quelque ordre dans nos recherches, distinguons les tombeaux nationaux d'avec les tombeaux romains.

J'appelle *nationaux*, ceux des Gaulois, et même ceux des barbares, Francs, Visigoths et Bourguignons, qui, établis par la force dans les Gaules, y devinrent partie intégrante de la nation. J'appelle *tombeaux romains*, ceux qui, construits à la romaine, et avec des formes romaines, portaient ordinairement des inscriptions latines en caractères romains.

Quoique ces derniers soient, dès leur origine, une propriété territoriale dont aujourd'hui s'applaudissent, avec raison, nos savans et nos artistes; cependant, comme ils n'appartiennent ni aux mœurs de nos pères, ni à leur industrie, et que ce ne sont pour nous que des monumens étrangers, érigés sur notre sol par un peuple vainqueur, d'après ses arts et ses usages, je crois devoir les ranger dans une classe à part.

SECTION PREMIÈRE.

Tombeaux romains.

Parmi nos villes anciennes, beaucoup sont renommées par les antiquités romaines qu'on y a trouvées, ou par de beaux monumens qu'elles possédèrent, et dont elles conservent encore des restes. Telles sont Bordeaux, Vienne, Arles, Lyon, Poitiers, Metz, Orange, Fréjus, Autun, Langres, Saintes, Périgueux, Reims, Paris, Narbonne, Nîmes, etc., et même plusieurs lieux qui aujourd'hui ne sont plus que des villages ; Néry, dans le ci-devant Bourbonnais ; Montot, dans la Franche-Comté ; Nate, en Barrois ; Drevant et Alichamps, dans le Berry ; Famasse, près de Valenciennes, etc.

Quant aux monumens funéraires, on conçoit que les colonies romaines qui étaient établies dans la Gaule, que les troupes romaines qui se trouvaient cantonnées dans ses villes, que les magistrats romains, les marchands, les administrateurs de tout grade qui l'habitaient passagèrement, ne pouvaient manquer de conserver pour leur sépulture, quand ils y mouraient, le mode de leur patrie. D'ailleurs, combien de Gaulois, à raison des emplois ou des honneurs dont ils étaient revêtus, durent adopter ces mêmes usages ! combien d'autres le firent par estime et par considération pour les vainqueurs ! combien par politique ! combien même par faste et vanité ! et ce dernier motif devait être d'autant plus puissant, qu'à cette époque, comme je le dirai bientôt, la nation gauloise n'avait rien de semblable.

A Metz, on a trouvé, en divers temps, un très-grand nombre de ces tombeaux à formes et à inscriptions romaines ; et les deux bénédictins qui ont publié une histoire de cette ville, en ont donné (1), ainsi que Montfaucon (2), l'explication et la gravure. Schœpflin a fait de même pour ceux de l'Alsace (3).

S'agissait-il de quelque personnage illustre ou considérable, dont on voulait immortaliser la mémoire ? l'architecture élevait alors sur ses derniers restes un monument digne de fixer les yeux des siècles à venir. Elle avait adopté, pour ces constructions, le mode égyptien des colonnes et des pyramides; mais ces pyramides et ces colonnes différaient de celles d'Égypte par des embellissemens d'un goût pur, par des basés, des piédestaux, des couronnemens agréables, et sur-tout par des proportions et des formes élégantes.

Monumens funéraires en pyramide.

PARMI tous ces monumens funéraires, terminés par une pyramide, le plus beau que possède la France est celui qu'on voit près de Vienne, entre le Rhône et la grande route.

---

(1) Hist. de Metz, par deux bénédictins, tom. 1er.
(2) Antiquité expliquée, tom. v, suppl.
(3) *Alsatia illustrata, celtico-romana.*

Malgré quelques dégradations qu'a éprouvées sa pointe, il a encore, dans son état actuel, y compris le massif qui porte la pyramide, plus de dix-huit mètres (plus de cinquante-deux pieds) de haut.

Chorier en avait parlé dans ses Antiquités de Vienne (1); Caylus en a donné la description, et l'a fait graver d'après les Mémoires et les dessins de Soufflot. « Quoique l'architecture » n'en soit pas correcte, dit-il, l'édifice est » d'une si belle forme, et d'une bâtisse si so- » lide et si hardie, qu'il mérite les plus grands » éloges, et qu'il prouve le grand talent de ce- » lui qui l'a construit (2). »

Près d'Autun, dans un champ qui porte le nom de *Champ des urnes*, à cause de la grande quantité d'urnes sépulcrales qu'on y a trouvées, et que journellement encore on y trouve en labourant; il existe de même une pyramide tumulaire, que malheureusement les paysans des environs ont dégradée à l'extérieur, en arrachant les petites pierres carrées qui formaient

---

(1) Tom. 1er, pag. 348.
(2) Recueil d'Antiq., tom. III, pag. 353.

son parement ; elle a été décrite, en 1706, dans un ouvrage qu'on attribue au jésuite Lempereur ; et l'auteur la représente comme semblable à celle qui se voit à Rome sur le tombeau du préteur C. Cestius, près de la porte Saint-Paul (1).

Guillaume-le-Breton, dans sa vie de Philippe-Auguste, fait mention d'un monument semblable qui, de son temps, subsistait encore sur les bords de la Loire, près de Tours. C'était sans doute le tombeau de quelque Romain ; mais la tradition fabuleuse du pays prétendait que c'était celui de Turnus qui, tué là dans une bataille, y avait, disait-on, été enseveli (2).

Monumens en colonne.

Je ne citerai pour exemple de colonne tumulaire, que celle de Cussy ; encore n'en parlerai-je ici que parce qu'elle présente une sorte de discussion historique.

---

(1) Dissertation sur divers sujets d'antiquité, pag. 23.

(2) Honorificè in pyramide nobilissima tumulatus, quæ usque in hodiernam diem ibi ostenditur, non procul à Turonis. Duchesne, tom. v, pag. 69.

Ce monument est situé à deux ou trois myriamètres d'Autun, entre deux grandes routes, près du village de Cussy, qui en a reçu le nom de Cussy-la-Colonne. Quoique les historiens de la province n'en aient point parlé, il y était pourtant connu. En 1609, Saumaise, né Bourguignon, était allé le visiter. Un ami de ce savant, Lamare, conseiller au parlement de Dijon, en fit faire un dessin ; et il en donna même une description dans une vie de Saumaise, qu'il composa en latin, mais qui est restée manuscrite, ainsi que beaucoup d'autres de ses ouvrages. Vers 1700, deux particuliers y tentèrent une fouille, au pied de la face méridionale ; et ils y trouvèrent quelques médailles, des ossemens humains, et cinq ou six figurines en pierre blanche, au cou desquelles était suspendu un phallus. Le géographe Sanson, ayant publié en 1704 une carte de l'évêché d'Autun, il y indiqua la colonne de Cussy. Deux ans après, Lempereur en fit l'objet d'une Dissertation qu'il inséra dans l'ouvrage dont j'ai fait mention ci-dessus (3). Enfin, on fouilla

___

(1) Dissertation sur divers sujets d'antiquité, pag. 23.

de nouveau en 1713; et les travaux faits vers les faces du levant et du couchant offrirent à peu près les mêmes objets que la première: des ossemens, trois squelettes, et plusieurs médailles, dont six d'Antonin.

Après toute cette publicité, quel homme pouvait être assez hardi pour parler du monument comme inconnu avant lui, et pour s'en attribuer la découverte! C'est pourtant ce que fit à Paris Moreau de Mautour, membre de l'académie des belles-lettres. Il possédait une copie du dessin qu'avait commandé La Mare. Ce dessin, il le livra comme sien à son confrère d'académie Montfaucon, qui, l'ayant adopté de confiance, le fit graver et le publia en 1724, avec des éloges pour *l'habile homme qui avait déjà enrichi la république des lettres de beaucoup de monumens semblables* (1).

Il n'était pas possible que Mautour jouît long-temps des fruits d'une pareille outre-cuidance. Dès l'année suivante, un homme qui travaillait à une histoire des antiquités d'Autun, Thomassin, ingénieur, écrivit pour récla-

---

(1) Antiquité expliquée, tom. 11, pag. 224.

mer contre ses prétentions ; et ce n'est pas le seul reproche de cette espèce qu'il lui adresse.

Après avoir rapporté les différens faits que je viens d'exposer, il avance que Mautour, loin d'avoir découvert le monument, ne l'avait même jamais vu, et qu'il n'en parlait que d'après une copie du dessin de La Mare, qui lui avait été envoyé de Dijon : copie, ajoute l'ingénieur, fort inexacte, et *qui manque de vérité en bien des endroits* (1).

Pour prouver cette inexactitude, Thomassin annonce qu'il donnera dans ses Antiquités d'Autun le plan et les dimensions de la colonne. Il a tenu parole sans doute : mais ses Antiquités n'ont point paru ; l'ouvrage, ainsi que la vie latine de Saumaise, est resté manuscrit entre les mains de Fontette (2); et la colonne de Cussy, le monument le plus singulier de la France, selon Thomassin, et peut-être l'unique en son genre, est encore à connaître.

En effet, la description qu'en a donnée Montfaucon d'après Mautour, diffère, en beaucoup

---

(1) Colonne de Cussy, par Thomassin, pag. 12.
(2) Bibliothèque historique de la France, par Fontette.

de choses, de celles de Lempereur; et Lempereur était allé sur les lieux. Selon celui-ci, le soubassement ou piédestal de la colonne est carré; et selon Mautour, il a huit faces. Le jésuite donne à la hauteur totale vingt-quatre pieds, et l'académicien vingt-huit. Tous deux parlent de huit figures: mais Lempereur, qui écrivait en 1706, les représente comme si dégradées, si mutilées par le temps, que tout ce qu'on pouvait distinguer était un homme en habit sacerdotal, et une femme qui porte le doigt sur la bouche; et en 1724, Mautour, dans son dessin, nous les donne toutes huit bien entières, parfaitement conservées, d'un bon style et d'un goût antique.

Quoi qu'il en soit de la conservation du monument, il est composé, selon le premier écrivain, d'un piédestal carré, avec corniche et huit figures en bas-relief; puis d'une colonne, dont une partie est décorée de losanges, et l'autre de feuillages. Quoique haut encore de huit mètres (vingt-quatre pieds), les gens du lieu assuraient qu'il en avait eu le double; et ils montraient même, dit-il, de très-larges pierres, fort ornées, qui formaient son couronnement.

Si l'on s'en rapporte à Montfaucon, c'est un monument de dévotion, dont les figures représentent des divinités romaines.

Si l'on en croit Thomassin, ce fut dans les environs de Cussy que se livra la grande bataille de César contre les Helvétiens; et ce fut pour éterniser la victoire de ce conquérant qu'on érigea la colonne. Cependant Thomassin, qui parle des objets trouvés dans les fouilles, ne nous dit pas comment un monument élevé à l'honneur de César a pu renfermer des médailles d'Antonin, ni comment dans un monument de triomphe on a mis des ossemens et des squelettes.

Lempereur seul paraît avoir rencontré la vérité. Selon lui, c'était un tombeau; et en effet, les fouilles ont prouvé qu'il avait raison. Mais il croit que c'était le tombeau d'un prince gaulois, dont on avait placé les cendres au couronnement de la colonne; et moi, d'après les nombreux ossemens et les squelettes qu'on trouva, je pense que ce fut une sépulture de famille. J'ajouterai que cette famille était gauloise, puisqu'elle a fourni tant de morts, ce que n'aurait pu faire un Romain établi passagèrement avec la sienne dans les

Gaules; qu'elle dut être une des plus considérables d'entre les Eduens, puisqu'elle avait un tombeau si magnifique; que sans doute elle était attachée au parti ou au gouvernement romain, puisqu'elle avait donné à ce tombeau des formes romaines; enfin, que de ces médailles d'Antonin on ne peut rien conclure pour le temps où il fut construit, parce qu'il a pu durer long-temps, et servir encore à la famille sous le règne d'Antonin, après avoir été fait sous César ou sous Auguste.

Ce que je viens de dire sur les sépultures à forme romaine, prouve, je pense, qu'elles furent propres à des Romains morts dans la Gaule, ou à des Gaulois devenus Romains par choix; et que par conséquent, elles doivent, je le répète, être réputées exotiques et rangées dans une classe à part, de même que les amphithéâtres, les aqueducs, les arcs de triomphe, et les temples dont le faste des vainqueurs décora nos villes.

SECTION II.

Tombeaux gaulois.

Du côté de l'art, nos tombeaux gaulois n'offrent rien d'aussi attrayant, à beaucoup près.

On ne peut d'ailleurs en dire que des choses vagues et générales, parce que l'histoire a dédaigné d'en parler. Néanmoins il paraît, par ceux qui ont subsisté jusqu'à nous, que dès l'origine et dans le premier des six âges, on leur donnait à l'extérieur une sorte d'ornement.

Piliers bruts, ou ménirs.

Cette décoration, il est vrai, digne d'une nation qui avait des haches de caillou, avec des lances et des flèches armées d'os, consistait en très-grosses pierres brutes, de forme oblongue, qu'on plantait sur le sépulcre par un de leurs bouts. C'est ce qu'on vit à ce tombeau de Cocherel, déjà cité si souvent; et Montfaucon remarque même que le seigneur du lieu n'eut l'idée d'y tenter quelques fouilles, que parce qu'il y vit deux de ces pierres, qui lui firent soupçonner qu'elles indiquaient quelque objet caché en terre.

Cet usage est encore un de ceux qu'on retrouve chez toutes les nations antiques, spécialement dans le nord de l'Asie (1); et pour ne

---

(1) *Voyage de Pallas*, tom. IV, pag. 276.

parler que de l'Europe, je dirai que, depuis l'une de ses extrémités jusqu'à l'autre, elle en offre des vestiges nombreux. On le reconnaît même sans peine dans ces hermès, que les Romains et les Grecs, aux jours de leur gloire, érigeaient près de leurs tombeaux. Ces figures bizarres, dont la partie inférieure conservait encore la forme d'un obélisque renversé, cessent de surprendre, quand on songe qu'elles étaient un reste des obélisques barbares que l'art avait embellis, en ornant d'un buste leur extrémité supérieure.

« Les Romains qui avaient fait la guerre en Germanie, croyaient, dit Tacite, qu'il existait là aussi des colonnes d'Hercule (1). » Cette sorte d'énigme, dans un historien grave et accrédité, était faite pour piquer la sagacité de nos modernes Œdipes. Quelques-uns ont tenté de l'expliquer, en disant que ces prétendues colonnes étaient deux énormes pierres, telles que celles dont je viens de parler; et que les Romains, en voyant leur hauteur et leur grosseur immenses, avaient

---

(1) Superesse adhuc Herculis columnas fama vulgavit; sive adiit Hercules, seu quidquid ubique magnificum est, in claritatem ejus referre consensimus. TACIT., *de Mor. Germ.*, cap. 34.

cru qu'il n'y avait qu'un Hercule qui eût pu élever de pareilles masses (1).

En effet, dans tous les pays, il en est de telles qu'elles effraient l'imagination. A leur aspect, on cherche à deviner quels moyens et quelles machines ont imaginé, pour les dresser, des barbares qui ne connaissaient pas l'usage du fer et qui ne savaient peut-être pas qu'il existât une mécanique. Le résultat en est si étonnant, il paraît tant surpasser les forces de la nature et de l'art, qu'on a peine à le regarder comme un ouvrage humain.

En France, où il en existe des quantités immenses, le peuple leur a donné les noms de *pierres levées*, de *pierres debout*, de *hautes bornes*, et autres semblables, tous également vagues et impropres. Elles n'en ont point encore chez nos savans, parce qu'aucun d'eux, jusqu'à ce moment, n'a entrepris de traiter ce sujet, et que ceux qui en ont parlé, et que je vais faire connaître plus bas, se sont contentés d'en indiquer quelques-unes.

On m'a dit qu'en bas-breton ces obélisques

---

(1) KEISLER, *Antiq. septentr.*, pag. 183.

bruts s'appellent *ar-men-ir* (1). J'adopte d'autant plus volontiers cette expression, qu'avec l'avantage de m'épargner des périphrases, elle m'offre encore celui d'appartenir à la France, et de présenter à l'esprit un sens précis et un mot dont la prononciation n'est pas trop désagréable.

La nécessité où s'est vue la nation bretonne d'imaginer une expression pour désigner cette sorte de monument, semble annoncer qu'elle en avait chez elle une très-grande quantité. Et en effet, ils y sont extraordinairement nombreux, surtout dans les départemens du Morbihan et du Finistère. Lasauvagère assure que, dans les seuls environs du bourg d'Ardéven, il en a compté plus de deux cents (2); et dans le voisinage de Carnac, lieu dont je parlerai ci-dessous, plus de quatre mille. La presqu'île de

---

(1) *Ar-men-ir*, littéralement la pierre longue. *Ar*, dans la langue bretonne, de même qu'*al* dans la langue arabe, est l'article défini qui répond à notre *le*, *la*; le transporter dans notre langue en y joignant le nôtre, serait une faute, parce que ce serait employer deux articles au lieu d'un. Je dirai donc le *menir*, et non l'*almenir*; de même qu'on dit le *koran*, et non l'*alkoran*.

(3) Antiquités de la Gaule, pag. 256.

Quiberon et les îles de Belle-Ile et de Groix, en ont beaucoup d'autres dont il fait mention, et dont deux sont gravés dans son ouvrage. Il en cite même un, parmi ceux de Belle-Ile, qu'il estime peser plus de cinquante milliers.

Les ménirs n'étant, comme je l'ai remarqué, que des pierres brutes, oblongues, ces pierres devaient se trouver tantôt rondes, tantôt cornues, plates, anguleuses ou pointues, selon les figures diverses que leur avait données la nature. Ainsi, par exemple, près d'Abbeville, il en est une qu'a indiquée, dans son Mémoire, M. Traullé (1), et que le peuple a nommée la *roche cornue*. Je ne doute nullement que cette dénomination ne lui ait été donnée à raison de sa forme.

Cependant on peut, généralement parlant, dire des ménirs qu'ils se terminaient en pointe. Tel est celui dont j'ai fait mention dans mon *Voyage d'Auvergne* (2), et qu'on voit à Davayat, village au nord de Riom. C'est une pyramide de granit, haute d'environ quatre mètres (douze pieds), enfoncée de deux pieds en

---

(1) Pag. 337.
(2) Tom. III, pag. 359.

terre, et qui, après avoir été jadis isolée, se trouve aujourd'hui enchâssée, en partie, dans le mur d'une étable. Comme le sol de Davayat est entièrement calcaire, il est évident qu'elle a été apportée là d'ailleurs, et que le transport et la pose d'une si énorme masse sont véritablement un prodige.

A Elbersweiler, village d'Alsace, situé sur les confins de la Lorraine, il existait trois piliers ou obélisques semblables, plantés les uns à côté des autres. Deux ont été cassés par le bas ; mais celui du milieu subsiste encore. Large de cinq pieds à sa base, sur deux et demi d'épais, il en a vingt-un de haut. Schœpflin, chez qui on le trouve gravé (1), dit que, d'après sa grosseur décroissante et qui se termine en pointe, les gens du voisinage l'ont appelé la *quenouille*.

Ce qui me fait présumer que, dans les ménirs, la forme pyramidale était la plus estimée, c'est que souvent on s'est donné bien des peines pour leur procurer cette forme. Caylus en cite dix de cette espèce, qu'il a fait graver (2), et

---

(1) *Alsat. illustrat.*, pl. XIII.
(2) Rec. d'Antiq., tom. VI, pag. 361.

qui, situés près du bourg d'Aurillé, dans le Poitou, sont d'un granit rouge, dont la carrière est à une demi-lieue de là. Ils ont, dit-il, en hauteur, depuis onze pieds jusqu'à vingt-deux, avec une base proportionnée, et le plus grand peut peser environ cent cinquante milliers ; quoiqu'il y en ait, à peu de distance de là, une douzaine, épars dans les bois et dans la campagne, qui sont plus considérables encore dans toutes leurs dimensions.

Quant aux dix, il est à remarquer que tous dix se terminent en pointe, et qu'on n'a pu leur donner cette forme qu'en les travaillant. Or, au temps où ce travail dut avoir lieu, la nation ne connaissait point encore l'usage des métaux ; et en effet, on n'aperçoit sur aucun des dix le vestige ou la trace d'un outil.

On n'a donc eu d'autre moyen (et c'est ce que Caylus soupçonne) que d'employer, en guise d'instrument, une petite masse de pierre dure, de frapper avec cette sorte de marteau la partie du bloc qu'on voulait amincir, et, à force de coups, de patience et de temps, de parvenir ainsi à l'effiler, en brisant et pulvérisant, d'une manière insensible, les molécules de la surface. Plus on réfléchit sur tout ce qu'il devait en coûter de peines et de travaux pour transporter, pour tailler, pour planter ces effrayans monumens, presque toujours choisis parmi les matières les plus dures et les plus lourdes que fournissait la contrée, plus on est convaincu que les architectes de ces temps barbares se formaient à plaisir des difficultés, pour avoir l'honneur de les surmonter.

Piliers plantés par leur pointe.

C'était par le même motif sans doute, que quelquefois, au lieu d'enfoncer en terre le ménir par sa base, ils le plantaient par sa pointe; de sorte que sa partie la plus grosse s'élevait dans l'air à une assez grande hauteur, et paraissait portée seulement sur un pivot. Au moins, c'est ainsi que Lasauvagère nous représente les quatre mille qu'il avait comptés à Carnac; presque tous, dit-il, sont disposés de cette manière.

Il en existe dans la Bretagne beaucoup d'autres semblables. M. Latour-d'Auvergne-Coret, littérateur estimable, né Breton et auteur d'un ouvrage que j'aurai occasion de citer plus bas, m'a même dit en avoir vu, dans les cantons de

Dol et de Tréguier, plusieurs qui, avec un volume immense et une hauteur de plus de treize mètres (plus de quarante pieds), sont plantés de même par leur pointe. Pour moi qui, en réfléchissant sur ces faits, ai cherché vainement à m'en rendre compte, je ne trouve à en expliquer la bizarrerie qu'en les regardant comme un tour de force des entrepreneurs.

Roches mobiles.

On cite, en ce genre, d'autres prodiges bien plus étonnans encore : ceux-ci ne consistent point en plantation inverse de ménirs, mais en gros rochers arrondis par leur base, et posés sur d'autres rochers dans un tel équilibre que la moindre impulsion les fait vaciller. Deslandes dit en avoir vu, entre Lannion et Tréguier, un qui « paraît peser trente à quarante » quintaux, et qu'un homme d'une force mé= » diocre peut, en y touchant, mettre en mouve- » ment. » (1)

Les naturalistes, les voyageurs et les antiquaires, en ont cité beaucoup d'autres, tant en France que dans le reste de l'Europe ; car,

_____

(1) Recueil de Traités de physique, tom. 11, pag. 41.

sur ce fait, les témoignages sont si multipliés, qu'il est impossible de le révoquer en doute. Mais à quoi attribuer cet équilibre miraculeux, et quelle en est la cause? Dirons-nous, avec presque tous les écrivains qui en ont parlé, que c'est un ouvrage des hommes? Le regarderons-nous, avec la plupart des physiciens, comme un de ces effets du hasard, qui, dans l'arrangement respectif des rochers, a dû nécessairement avoir lieu quelquefois?

Pour moi, s'il m'est permis d'avoir en cette matière une opinion, je dirai que, bien qu'il soit dans l'ordre possible des choses qu'un rocher ait un hasard de position qui le rende mobile, il est également dans le calcul des probabilités que ce hasard soit excessivement rare, parce que de pareilles positions doivent l'être elles-mêmes infiniment. Cependant, rien de plus commun, dit-on, que les roches mobiles; et par conséquent rien de plus sujet à objections qu'un fait ordinaire, expliqué par des causes qui ne le sont point.

J'avouerai pourtant que la seconde explication me paraît offrir plus de difficultés encore. On ne peut nier que les Gaulois, sans connaître la théorie des forces mouvantes, n'aient su en faire, par pratique, un emploi qui étonne. On vient d'en voir la preuve dans leurs ménirs; on en verra ci-dessous des effets plus surprenans encore; mais enfin il est des bornes à tout. Or, supposer qu'ils pouvaient à volonté transporter des roches énormes; qu'ils savaient en tailler savamment la base et les placer sur d'autres rochers, de manière à ce qu'elles s'y balançassent comme un arbre sur sa tige : croire que partout ils se sont fait un jeu de ces prodiges ; que partout ils les ont multipliés sans aucun motif apparent, et toujours avec un succès égal : voilà, j'en conviens, ce qui est plus fait pour l'histoire des Titans, d'Hercule ou de Gargantua, que pour celle des Gaules.

Au reste, peu importe à mon sujet laquelle des deux opinions on embrassera; toutes les deux y sont également étrangères. Il ne serait point impossible qu'un Gaulois, par un motif quelconque de caprice ou de superstition, eût choisi pour lieu de sa sépulture le pied d'une roche tremblante ; mais je ne crois pas, malgré ce qu'en ont dit quelques auteurs, que les roches tremblantes désignent, comme les ménirs, des tombeaux, ou qu'elles aient servi comme eux d'ornement à des tombeaux ; et jusqu'à ce qu'un certain nombre de fouilles m'ait convaincu du contraire, je me croirai autorisé à penser ainsi.

Ménirs de Carnac.

Si les ménirs ont été véritablement des objets tumulaires, on ne sera point surpris d'en voir près des bourgs de Carnac et d'Ardéven, ainsi qu'il a été dit précédemment, des quantités considérables. Il suffit pour cela que ces lieux aient été jadis des dépôts de sépultures communes. Avec plus de temps encore, ou une plus longue durée du mode des ménirs, Carnac, au lieu de quatre mille, aurait pu en avoir le double et davantage ; mais ce qui rend les siens remarquables, c'est la régularité de leur arrangement. On peut en voir le plan et la vue dans Caylus (1), qui les a fait graver d'après les dessins et les instructions que lui avait fournis Lasauvagère.

Le monument, selon celui-ci, a quatorze cents quatre-vingt-dix toises de long, sur qua-

---

(1) Antiquités, tom. VI, pl. CXXI.

rante-sept de large; quoique, dans l'espace qu'il occupe, on voye aujourd'hui un moulin, un hameau, et quelques autres maisons éparses. Les pierres dont il est composé sont plantées à dix-huit, vingt et vingt-cinq pieds les unes des autres « et alignées entr'elles comme des
» rangées d'arbres, sur onze rangs parallèles,
» qui forment des intervalles comme des rues
» tirées au cordeau. Il y en a qui ne sont pas
» plus grosses que des bornes ordinaires; mais
» il s'en voit, surtout aux extrémités, qui sont
» d'une grosseur énorme, et hautes de seize,
» dix-huit et vingt pieds. On ne peut les con-
» sidérer sans être étonné. J'en ai cubé qui de-
» vaient peser plus de quatre-vingts milliers.
» Il est inconcevable de quelles machines on a
» pu se servir pour les mettre debout; et ce
» qui est encore extrêmement singulier, c'est
» qu'elles sont presque toutes plantées de fa-
» çon que le plus fort est en haut, et le moindre
» en bas, de sorte qu'il y en a plusieurs qui
» sont portées comme sur un pivot. Elles sont
» brutes, telles qu'on les a tirées de la terre.
» On a affecté, à celles qui sont plates ou qui
» ont quelques côtés applatis, de les faire re-

» tourner selon leurs alignemens, et de leur
» faire faire parement aux rues (1). »

Je sais que, parmi le peu de personnes que leurs connaissances mettent à portée d'avoir une opinion sur les ménirs, il en est qui ne les regardent point comme appartenant à des tombeaux, mais comme une sorte de trophée élevé en l'honneur de quelque personnage illustre, ou pour conserver la mémoire de certains événemens remarquables. Je citerai spécialement M. Cambri, qui, par des missions dont le gouvernement l'a chargé dans les départemens du Morbihan et du Finistère, a eu occasion d'y voir et d'y étudier avec attention nos monumens; lui-même m'a dit en avoir fait fouiller une trentaine et n'avoir rien trouvé dans aucun.

Je ne serais pas éloigné de croire que, parmi ces tombeaux du premier âge, beaucoup aujourd'hui se trouvent vides, parce qu'autrefois ils furent spoliés; et ils furent spoliés, non par l'avarice et la cupidité, comme ceux des âges subséquens qui renfermaient des richesses, mais par la haine et la vengeance. C'est le propre des peu-

---

(1) LASAUVAG., *Antiq. de la Gaul.* pag. 253.

ples sauvages d'être toujours en guerre avec les autres sauvages leurs voisins. Tels sont ceux d'Amérique, tels furent sans doute les Gaulois des premiers temps. Leurs dissentions étaient encore les mêmes à l'époque de César; et ce fut en profitant des discordes qui les divisaient, qu'il réussit à les soumettre (1). Dans leur état primitif, c'était spécialement sur les tombeaux que devait s'exercer la colère du vainqueur. Forcé malgré lui, d'épargner les ménirs qui lui eussent trop coûté à renverser ou à briser, il s'en vengeait sur les sépultures, qui, indiquées et signalées au-dehors par leurs piliers, semblaient appeler et défier sa fureur. Peu d'heures lui suffisaient pour les anéantir en entier; et d'ailleurs, en exhumant les morts, en détruisant les armes et les autres objets qu'on avait déposés près d'eux pour le second monde, il croyait, d'après ses préjugés, ou les empêcher d'y entrer, ou les réduire à n'y paraître que dans un état honteux de misère et de nudité.

---

(1) In Galliâ, non solùm in omnibus civitatibus atque pagis partibusque, sed penè etiam in singulis domibus, factiones sunt. Cæs. *de bell. gall.*, lib. vi.

Les tombeaux du premier âge avaient des ménirs; on ne peut en douter, celui de Cocherel l'a prouvé; et cette preuve, quoiqu'unique, doit suffire quand il s'agit de temps si reculés et pour lesquels on ne devrait pas même s'attendre à en avoir une. En vain l'on me citera des ménirs qu'on a fouillés, et qui ont été trouvés sans tombeaux; je dirai, même en supposant ces fouilles exemptes de tout reproche et faites par des ouvriers exercés et habiles, qu'ici, comme en justice, trente argumens négatifs ne valent pas une preuve positive. Admettez pendant un instant mon opinion; et supposez, avec moi, que Carnac a été un lieu consacré par la superstition à la sépulture des plus distingués d'entre les Vénètes : dès-lors plus de difficulté. Vous expliquez comment il se trouve là plus de quatre mille ménirs, comment il en est qui ne sont que des bornes ordinaires, tandis que d'autres, selon la qualité des personnages, ont une hauteur et un volume considérable. Vous voyez même pourquoi l'agrément du coup-d'œil leur a fait donner un alignement régulier et une distribution qui forme cinq rues. Supposez, au contraire, avec quelques-uns de nos écrivains, que les ménirs sont des monumens mémoratifs de victoires et d'événemens remarquables, vous allez rire vous-même de quatre mille monumens érigés dans un assez petit espace pour quatre mille victoires.

J'avouerai pourtant, si l'on veut, que, comme il y avait, dans le premier âge, des tombeaux à ménirs, on a pu avoir aussi des ménirs sans tombeaux : mais dans ce système, comment, je le répète, m'expliquera-t-on ceux de Carnac ?

Lasauvagère a prétendu que c'était un ouvrage des soldats de César, une fortification de campement ordonnée en ce lieu par le général, lorsqu'il faisait la guerre aux Vénètes. Caylus s'est donné la peine de réfuter cette opinion ; et, en vérité, c'était lui faire trop d'honneur (1).

Caylus, à son tour, a tenté une explication qui ne me paraît pas plus heureuse que celle qu'il réfute. Selon lui, les côtes maritimes de France sur l'une et l'autre mer, offrent des quantités immenses de ces monumens ; et de

---

(1) Antiquités, tom. vi, pag. 385.

là il conclut (quoiqu'il en existe un très-grand nombre dans l'intérieur de la France et que lui-même en cite quelques-uns) qu'ils sont dus à un peuple étranger qui, venu par mer s'établir dans nos contrées maritimes, les y a élevées.

Je ne m'arrêterai pas à combattre cette supposition gratuite de je ne sais quel peuple inconnu dans l'histoire, ou plutôt de deux peuples qui, sortis je ne sais d'où, occupent je ne sais comment et sans résistance, l'un l'espace immense de nos côtes sur la Manche et sur l'Océan, l'autre celles de la Méditerranée, et qui là s'amusent, je ne sais par quel motif, à y dresser des quantités innombrables de ménirs et à en accumuler quatre mille à Carnac. Dans cette fable invraisemblable, où, doublant sans raison les difficultés, Caylus attribue à des étrangers ce qui se trouve par milliers dans la Gaule, où il paraît croire, sans preuve, que les Gaulois n'en étaient point capables, je ne reconnais point l'homme qui a écrit sur les arts avec tant de sagacité, et qui, quand il s'agissait de la France, s'est toujours montré si jaloux de sa gloire.

Il est une autre explication encore ; et

celle-ci, plus brillante au premier coup-d'œil, appartient à M. Latour-d'Auvergne-Coret.

César dit que, tous les ans, il y avait, dans le pays des Carnutes, une assemblée générale des druides. Fondé sur la sorte de ressemblance qui existe entre les mots Carnac et Carnutes, M. Coret avance que c'est à Carnac que les druides tenaient leur grande assemblée ; que « l'*Armorique* fut toujours regardée comme la » terre privilégiée des druides ; » et qu'Ausone fait une mention honorable de ceux de cette contrée, quand il dit :

Stirpe satus druidum gentis aremoricæ.

M. Coret ajoute : « au centre du dernier rang » des pierres, on distingue une chaire gros- » sièrement taillée dans le vif d'un de ces » énormes blocs. Cette chaire servait-elle de » siège au pontife ou chef des druides, à celui » qui, suivant César, présidait leur assem- » blée (1) ? »

Je ne connais point d'auteur qui ait écrit que l'*Armorique* fut une *terre privilégiée des*

---

(1) Origines gauloises, pag. 21.

druides ; l'histoire nous apprend qu'il y avait dans la Gaule deux grands colléges de ces prêtres, l'un dans les provinces méridionales, l'autre dans le pays des Carnutes ; mais elle ne dit pas qu'il y en eût dans l'*Armorique*. Sans doute, parmi les druides, il s'en trouvait de cette province comme de toutes les autres ; et, sous ce rapport, Ausone a pu dire : *gentis armoricæ*, quoique cependant ce soit postérieurement à Ausone que la dénomination d'Armorique fut donnée spécialement à notre Bretagne (1), et qu'au temps de César on appelât ainsi toutes les provinces situées sur l'Océan (2).

Quant aux Carnutes, M. Coret qui a lu César et qui le cite, ne s'est pas rappelé, en parlant de leur pays, ce que dit de sa situation l'historien romain : « cette province est regardée » comme le centre de toute la Gaule. » (3).

---

(1) D'Anville, *Notice des Gaules*.

(2) Universis civitatibus quæ Oceanum attingunt, quæque, Gallorum consuetudine, Armoricæ appellantur. Cæs. *de bello gall*. lib. vii.

(3) Quæ regio totius Galliæ media habetur. *Ibid.*, lib. vi.

Cette région *s'étendait*, dit d'Anville, de la Seine à la Loire (1); et c'était probablement à raison de sa position centrale et de la fertilité de son sol qu'on y avait consacré un lieu destiné à la tenue du concile général (2). Un pays perdu, stérile, et situé à l'extrémité de la Gaule, tel que Carnac, n'eût-il pas eu, pour l'assemblée, des désavantages immenses ?

Je ne ferai aucune remarque sur cette chaire que M. Coret a cru voir taillée grossièrement dans un des ménirs, et que n'y a pas aperçue Lasauvagère qui les a dessinés. Mais la chaire fût-elle mieux formée encore, et presqu'une tribune aux harangues, je n'en aurai pas moins de répugnance à penser qu'elle eût cet usage, parce que jamais je ne pourrai croire qu'on ait choisi pour le rendez-vous général du corps qui seul exerçait à la fois dans toute la Gaule le sacerdoce, la magistrature et l'enseignement public, un terrain embarrassé par quatre mille gros piliers.

Le mode des piliers tumulaires dut s'abolir insensiblement, à mesure que celui des buttes

---

(1) *Ubi suprà*, au mot *Carnutes*.
(2) In loco consecrato. Cæs., *de bell. gall.* liv. VI.

prit faveur : cependant, soit que le caprice de quelques individus l'ait fait revivre de loin en loin, soit que l'habitude l'ait maintenu dans certains lieux, à travers la longue durée du double âge des collines, je trouve encore un ménir au siècle de César.

Ménir de Fontaine.

C'est celui qu'on voit près du village de Fontaine, à un myriamètre et demi de Joinville, et qui, dans le pays, est connu sous le nom de *Haute-Borne*. Moreau de Mautour en a parlé dans un Mémoire, dont ceux de l'académie des belles-lettres contiennent l'extrait (1). En 1750, un ingénieur, nommé Legendre, visita *la Haute-Borne*, et fit creuser au pied pour s'assurer si elle avait une base ou une assise. Il ne lui en trouva point, et vit qu'elle était enfoncée en terre, à nu, de deux à trois pieds environ, quoique dans un terrain sablonneux. Il envoya sur cet objet à l'académie, un Mémoire qui a été de même imprimé par elle en

---

(1) Mém. de l'Acad. des Belles-Lettres, tom. IX, pag. 170.

notice, avec un autre de Lebeuf (1). Enfin Caylus a fait graver le monument (2).

Selon Legendre, il est placé près d'une ancienne chaussée romaine ; il a vingt-quatre pieds de haut, et peut peser dix-neuf mille huit cents livres. Sa surface est, comme dans tous ceux de même espèce, inégale, raboteuse et brute ; mais elle en diffère en ce qu'elle porte une inscription latine en beaux caractères romains, dans laquelle on lit le nom de *Viromarus*. Cette terminaison latine, donnée au nom du Gaulois *Viromar*, prouve que ce personnage vécut au temps où les Romains dominaient dans la Gaule, et y avaient déjà introduit leur langue ; de même que la forme et la beauté des caractères de l'inscription indiquent qu'il mourut, comme je l'ai dit, dans le siècle de César ou d'Auguste. Ainsi, tandis qu'on avait conservé pour sa sépulture le mode du ménir gaulois, on avait donné à ce ménir une inscription latine ; et on l'avait placé, selon la coutume des Romains, près d'une grande route.

---

(1) Mem. de l'Académ., tom. xxv, *Hist.*, pag. 133.
(2) Recueil d'Antiquités, tom. III, pag. 425.

Les quatre auteurs que j'ai cités s'accordent à le regarder comme une pierre sépulcrale ; et par conséquent cette pierre annonce un tombeau. Cependant on n'a encore, sur l'existence de ce tombeau, que des probabilités, parce que l'essai de fouilles, tenté par Legendre, n'avait pour but, ainsi qu'on l'a vu, que de vérifier si le bloc portait sur une assise, ou s'il n'était simplement qu'enfoui. D'ailleurs, les habitans du lieu ont toujours témoigné beaucoup de répugnance à voir faire là des recherches : accoutumés, de temps immémorial et par tradition, à respecter le monument sans savoir le motif de leur respect, ils prétendent « qu'on n'y a jamais tenté une fouille qu'il » ne leur soit arrivé quelque malheur ;» et comme dans l'année qui suivit celle des travaux de Legendre, les récoltes du canton furent mauvaises, « ils les attribuèrent à sa curio-» sité (1). » Ainsi, le monument singulier de Viromarus n'est encore connu qu'en partie ; et le complément de sa découverte doit être compté parmi ces entreprises qui sont réser-

---

(1) Mém. de l'Acad. des Belles-Lettres, tom. xxv, pag. 135.

vées au zèle et aux lumières des administrations locales.

SECTION III.

Lécavènes.

C'était le faste qui avait imaginé d'orner d'un ménir les sépultures. Le faste ne crut pas qu'un seul suffisait ; il en éleva deux, comme à Cocherel ; souvent même il en mit trois. Quoi qu'en pareil cas, le nombre trois ne soit pas plus significatif que le nombre deux, cependant nos modernes ont cru y voir de l'intention et du mystère.

Selon d'Hancarville, ce n'était qu'un symbole imaginé pour représenter les trois actes par lesquels Dieu exerce sa souveraineté sur la terre : comme puissance qui crée, comme puissance qui conserve, comme puissance qui détruit (1). Voir tout cela dans trois piliers bruts, quoiqu'il n'y ait rien qui se rapporte à la destruction, c'est fort beau sans doute ;

---

(1) Recherch. sur l'Orig. des arts, préf.

mais n'est-ce pas prêter bien de l'esprit à des sauvages ?

Le même auteur prétend encore (et au reste il appuie cette nouvelle opinion sur des témoignages très-anciens) qu'en donnant aux piliers la forme pyramidale, on avait voulu figurer celle que prend la flamme en s'élevant, et présenter ainsi aux yeux un symbole mémoratif de l'astre, qui est le principe de la lumière et du feu.

Je n'examinerai point s'il est vraisemblable que, pour représenter le soleil qui est rond, des hommes ont pu raisonnablement choisir de préférence une pyramide ; mais en admettant comme vraie cette explication, en faveur de laquelle il est possible, je le répète, de citer de grandes autorités, je dirai que la première assertion de d'Hancarville me paraît contradictoire avec la seconde. L'une suppose l'idolâtrie, l'autre le déisme ; et je ne conçois pas comment un peuple, qui aurait reconnu un dieu unique, à la puissance duquel il eût exclusivement attribué tout ce qui se forme, tout ce qui se conserve ou se détruit, aurait pu en même temps honorer le soleil, s'en faire des images allégoriques, et lui rendre un culte.

D'ailleurs, est-il bien vrai qu'en élevant des piliers de forme pyramidale, les nations antiques aient eu réellement le projet de figurer la flamme, et par la flamme de représenter le soleil ? et quand même cette opinion se trouverait fondée pour quelques contrées, le serait-elle pour la Gaule ? Nulle part encore je ne me rappèle avoir lu que les Gaulois adorassent le soleil. A la vérité, César rapporte que, parmi leurs dieux, ils en avaient un qu'il appèle Apollon ; mais cet Apollon était pour eux le dieu de la médecine, et non le dieu du jour (1). Enfin, quand ils plantaient des milliers de ménirs pyramidaux, la pointe en bas, avaient-ils véritablement, comme on le suppose avec tant d'assurance, l'intention d'imiter la flamme ?

Quant aux ménirs qui se trouvent groupés par trois, il y en a une espèce qui est remarquable par une forme particulière très-extraordinaire. Deux des trois sont plantés verticalement à une médiocre distance l'un de

---

(1) Eam habent opinionem Apollinem morbos depellere. *De bello gallico*, lib. vi.

l'autre, et à une même hauteur ; tandis que le troisième est étendu horisontalement sur leur tête en forme d'architrave. Je suis étonné que ce ne ne soit point ceux-ci qu'ait choisi d'Hancarville pour y appliquer son explication d'un dieu créateur, conservateur et destructeur. En présentant le ménir horizontal comme l'image d'un corps étendu sans vie, n'y eût-il pas trouvé l'idée de la mort et de la destruction, plus vraisemblablement au moins que dans un ménir vertical ?

« Du côté d'Auray, dans une grande plaine, » dit Deslandes, on trouve cent cinquante » ou cent quatre-vingts pierres, arrangées trois » à trois, dont deux sont enfoncées perpen- » diculairement dans la terre, et la troisième » est mise par-dessus de travers ; ce qui forme » une véritable porte. Les gens du pays nom- » ment ces portes lichaven, ou leek-a-ven (1). »

Voilà encore une dénomination qui, tout âpre et toute rude qu'elle est, me devient nécessaire, puisque notre langue n'en a point de correspondante. Je m'en empare donc ; et, en

---

(1) Recueil de Traités de physique, tom. 11, pag. 42.

l'adoucissant un peu, j'appelerai *lécavènes* ces couples de colonnes brutes, surmontées d'une architrave rustique.

Deslandes prétend qu'elles sont l'effet d'un hasard dû à des tremblemens de terre et à des secousses du globe. Sans m'arrêter à réfuter cette ridicule physique, je dirai que les lécavènes sont très-communs en France, et que quand une fois on a commencé à les remarquer, ils se présentent en foule (1); mais, comme il en est qui diffèrent entre eux par la forme, et surtout par la grandeur, j'en ferai deux classes; l'une composée de ceux dont je viens de parler, et dont la hauteur indéterminée va quelquefois jusqu'à plus de sept à huit mètres (vingt à vingt-cinq pieds); l'autre, plus petite, et qui ordinairement n'a guère qu'un mètre d'élévation. Les premiers représentent une haute et immense porte, avec son chambranle et sa traverse; les seconds, une table gigantesque posée sur ses pieds.

---

(1) MONTFAUCON, *Antiq. expliq.*, suppl., tom. V, pag. 145.

SECTION IV.

Dolmines.

M. Coret, parlant d'une de ces tables que je ferai connaître bientôt, et qu'on voit à Locmariaker, dit qu'en bas-breton on l'appèle *dolmin*. Je saisis de nouveau cette expression, qui, comme les deux précédentes, m'est nécessaire. Dans un sujet totalement neuf, et dont par conséquent le vocabulaire n'existe pas, je suis forcé de m'en faire un; et quoique, par mon droit, je fusse autorisé à créer des mots, je préfère néanmoins d'adopter ceux que je trouve existans, surtout quand ils me donnent, comme le bas-breton, l'espoir de représenter les anciennes dénominations gauloises. J'adopte donc le mot de *dolmine*, et je vais l'employer pour désigner les tables dont je parle.

Les pieds du dolmine ne sont point, comme dans le *lécavéné*, deux piliers plantés debout, mais deux ou plusieurs grandes pierres plates, posées de champ parallèlement entr'elles, et sur lesquelles repose celle qui fait la table. On peut en voir, dans Caylus (1) et dans Montfaucon (2), plusieurs gravés. Lasauvagère, déjà nommé plusieurs fois, en cite un, situé à Geay, village près de Saintes, sur la route de cette ville à Rochefort (3). Sa table, dit-il, a de pourtour treize pieds : on le nomme dans le pays la *pierre levée* : dénomination dont il est aisé de deviner la raison. Il ajoute que la Basse-Bretagne, contrée qu'il avait été à portée de visiter, en a une très-grande quantité; et dans ce nombre, il en est trois dont il fait une mention particulière : l'un, près de Port-Louis; l'autre près d'Hennebon; le troisième près du bourg de Locmariaker. Il avait cubé la table de ce dernier, et il estime qu'elle doit peser soixante-quinze mille six cents livres.

M. Coret croit que ce fut un de ces autels sur lesquels les Gaulois juraient leurs traités, et où les druides égorgeaient des hommes (4).

---

(1) Recueil d'Antiquités, tom. VI.
(2) Antiquité expliquée, suppl., tom. V.
(3) Antiquités de la Gaule, pag. 79.
(4) Origines gauloises, pag. 24.

Je rapporte cette opinion, parce que mon devoir est de les faire connaître toutes. Mais puisque M. Coret cite encore ici pour son autorité César, je le prierai d'observer qu'à la vérité César nous apprend que les sacrifices humains étaient en usage chez les Gaulois; qu'il fait mention de grandes cages d'osier dans lesquelles les druides, en certaines occasions et pour appaiser leurs dieux, faisaient brûler des hommes, et spécialement des criminels; mais que nulle part il ne dit que ces hommes fussent égorgés sur de grandes pierres.

Il en est de même des témoignages de Strabon et de Diodore qu'allègue également en faveur de son opinion M. Coret (1); ils ne prouvent pas pour lui plus que César.

---

(1) Voici ce que je lis dans la traduction de ces deux auteurs :

Homines sacris devoti, gladium tergo ferientes, ex ejus palpitatione hariolabantur..... Quosdam in sacris sagittis configebant, aut in crucem agebant, ac fœni colosso exstructo, defixo ligno, pecudes et omnis generis bestias ac homines concremabant. STRAB., lib. IV.

Hominem immolatum, supra transvectum pectoris septem, ense feriunt. Quo cæso prolapsoque, tum è casu et convulsione membrorum, tum è cruoris fluxu, quid eventurum sit præsaiunt. DIOD. SIC., lib. V, cap. 31.

Nos deux Grécs ne sont pas ici d'accord avec César : ils ne s'accordent pas même entr'eux, puisque selon l'un, les victimes étaient frappées par devant; et selon l'autre, par derrière. Mais, de quelque manière qu'elles fussent immolées, il est évident qu'elles étaient debout, et non couchées sur un dolmine ; et la preuve en est dans ces présages que les sacrificateurs tiraient quand le malheureux était tombé (*quo prolapso*), et par la manière dont il était tombé (*è casu*). Quant à ceux qu'on perçait de flèches sacrées, que l'on crucifiait, ou que l'on brûlait vifs, M. Coret me dispensera lui-même d'observer qu'il prouve contre son assertion.

Près de Châtel-Archer, commune du département de la Vienne, sur la route de Chauvigny à Vivonne, on trouve beaucoup de dolmines. Mon confrère Garan de Coulon, qui les y a vus, m'a dit qu'ils sont épars çà et là dans la campagne comme au hasard.

Près de Poitiers, sur la gauche du chemin de Bourges, il en est un fort renommé dans le pays, et qui, comme celui de Geay et comme ceux que je viens d'indiquer, est connu sous le nom de pierre-levée : c'est un de ceux qu'a fait graver Caylus (1). Sa table, à laquelle Golnitz (2) donne vingt-cinq pieds de long, dix-sept de large et une épaisseur de trois, est posée sur cinq autres très-grosses pierres.

Selon Dreux du Radier, ce fut un monument de superstition, élevé par les Gaulois au temps où ils adoraient des pierres (3).

A en croire du Bouchet, le monument fut élevé là, dans le quinzième siècle, en mémoire d'une foire établie à Poitiers.

Lebeuf soupçonne que c'est le monument élevé par cette ville en l'honneur d'une célèbre héroïne gauloise-romaine, appelée Cluarénille, fille du consul Cluarenus (4).

Enfin, si l'on s'en rapporte à la tradition populaire, ce fut le fruit d'un miracle opéré par la sainte reine Radegonde, lorsqu'elle habitait cette ville, où elle avait fondé un couvent. La sainte, dit-on, prit dans son tablier les cinq grosses pierres d'appui; elle mit

---

(1) Recueil d'antiquités, tom. IV, pag. 371, pl. III.

(2) *Itinerar. belgic.-gall.*, pag. 293.

(3) Journal de Verdun, année 1752, Février, pag. 429.

(4) Dissertation sur l'histoire civile et ecclésiastique de Paris, tom. 1er, pag. 335.

sur sa tête celle qui fait la table, et porta ainsi le tout au lieu où on le voit aujourd'hui.

Rabelais donne à ce dolmine une origine burlesque, en l'attribuant à son héros Pantagruel. On dirait que, quand le caustique curé imagina cette fiction grotesque, il avait en vue la sotte tradition du pays, et qu'il a voulu tourner en ridicule un prétendu miracle, sans but comme sans utilité. « Pantagruel, dit-il,
» vint à Poictiers pour estudier; auquel lieu,
» voyant que les escholiers estoient aulcunes
» fois de loisir et ne sçavoient à quoy passer
» temps, en eust compassion. Et ung jour,
» print d'ung grand rochier une grosse roche
» ayant environ de douze toises en quarré, et
» d'espaisseur quatorze pans, et la mist sur
» quatre piliers au milieu d'un champ, bien à
» son aise, affin que lesdictz escholiers, quand
» ils ne sçauroient aultre chose faire, passas-
» sent temps à monter sus ladicte pierre, et
» là bancqueter, à force, flaccons, jambons et
» pastés, et escrire leurs noms dessus avecques
» ung cousteau; et de présent, l'appelle-on la
» pierre-levée (1) »

---

(1) Rabelais, tom. 2, pag. 33.

SECTION V.

Dolmines en galerie.

D'après la forme que donnaient aux dolmines leurs pierres latérales et leurs pierres supérieures, on voit qu'ils représentaient une petite chambre sépulcrale, avec ses murs et son toît : et que, pour agrandir l'espace, il ne fallait qu'écarter davantage les deux murs, prolonger la rangée des premières pierres et multiplier celles de couverture en les choisissant plus grandes.

L'idée était trop simple et d'une exécution trop facile, pour ne pas avoir lieu. On obtint ainsi une sorte de galerie couverte qu'on ferma par un bout et qu'on tint ouverte par l'autre : mais comme il n'eût pas été possible, à raison des difficultés de transports et de pose, d'employer pour plafond des pierres qui auraient excédé une certaine portée, la galerie devenait nécessairement bornée en largeur, et elle devait par conséquent être beaucoup plus longue que large.

En effet, c'est la forme qu'ont ceux de ces

monumens qui subsistent en divers endroits de la France, et surtout dans certains cantons, tels que les environs de Chinon, de Saumur et de l'île Bouchard. Cette contrée en a plusieurs très-remarquables, dont un, entr'autres, est près de Saumur et sur le chemin qui, de cette ville, conduit à Montreuil-Bellay, en passant par le Coudrai.

Celui-ci, haut de sept pieds, large de onze dans l'intérieur, en a cinquante de long. Il est composé de vingt-sept blocs de grès brut, dont treize pour plafond, un pour clôture du bout et treize pour murs. Ces derniers ont, de longueur, depuis neuf pieds jusqu'à dix-huit; de largeur, depuis dix jusqu'à quinze; et de dix jusqu'à quatorze pouces d'épaisseur (1).

J'appèle ces monumens *dolmines en galerie*.

J'en citerai un autre plus renommé que celui-ci, et qui, situé dans l'évêché de Rennes (2), sur les confins des paroisses de Teil d'Essé,

---

(1) CAYLUS, *Recueil d'antiquités*, tom. VI, pag. 368.

(2) CAYLUS dit qu'il est dans une ancienne forêt. Mon confrère M. Bigot de Préameneu qui l'a vu, m'assure qu'il est dans une lande.

est connu dans le pays sous le nom de *roche aux fées*.

Une pareille dénomination ne surprendra point ceux qui connaissent l'ignorance et la superstition du peuple. Une masse aussi imposante et d'une forme aussi étrange que ce dolmine à galerie, devait frapper singulièrement les hommes du canton, qui, tous les jours, l'avaient sous les yeux. Quand, par l'effet successif des siècles, ils eurent perdu la mémoire de sa destination primitive, ils durent, dans leur étonnement, lui chercher une origine. Nos romanciers du douzième et du treizième siècle avaient rendu la Bretagne célèbre, en y plaçant beaucoup d'aventures de chevalerie et de féerie, beaucoup de hauts faits d'Artus et des chevaliers de la table ronde (1). Les Bretons, imbus de ces fables, alors très-fameuses et devenues la littérature à la mode, auront attribué à des fées la construction du dolmine dont il s'agit ; ils auront cru que c'était là qu'elles s'assemblaient, et en conséquence ils l'auront nommée la *roche aux fées*. Les mots dont est composée

---

(1) *Fabliaux*, édit. in-12, tom. 1er, pag. 107.

cette dénomination annoncent un langage récent ; et ce serait se hasarder que de la faire remonter au-delà du treizième siècle.

Quoi qu'il en soit du nom, le monument est plus considérable que celui de Saumur, puisqu'il porte cinquante-cinq pieds de long, seize de large hors d'œuvre, et treize à quatorze en dedans. Son enceinte est formée de trente pierres et son plafond de dix. Celles-ci ont de quinze à dix-sept pieds en longueur, et en épaisseur de quatre à six. Il diffère encore de celui de Saumur, en ce que les pierres latérales présentent entr'elles des écartemens qui permettent d'y pénétrer par plusieurs endroits, tandis qu'à Saumur les murs sont pleins dans tout leur pourtour, et qu'on n'y voit qu'une seule entrée, celle de devant. A cette remarque peu importante, j'en ajouterai une autre qui l'est beaucoup plus, concernant le dolmine à galerie breton : c'est que, dans les environs, et même à une assez grande distance, on ne connaît aucune carrière qui fournisse une pierre de la nature des siennes ; de sorte qu'il a fallu les amener là de loin, comme si là, ainsi qu'ailleurs, on eût voulu multiplier à dessein les difficultés, pour avoir le plaisir de les surmonter.

SECTION VI.

Colonnades.

Dans tous les monumens dont j'ai parlé jusqu'à présent, ménirs, dolmines simples, dolmines à galerie, lécavènes, il semble qu'on ait affecté d'annoncer ouvertement ce projet hardi de difficultés à vaincre. Dans tous, on paraît avoir presque toujours employé de préférence des pierres d'un volume immense, et c'est ce qu'on voit spécialement dans un genre de monument que j'ai encore à décrire.

Pour donner de celui-ci une idée juste, je dois rappeler ce que je viens de dire précédemment de ces hautes colonnes accouplées qui forment une espèce de porte, et que nous sommes convenus de nommer, avec les Bretons, *lécavènes*. Eh bien! la construction dont je vais faire mention, est une colonnade, de forme quelquefois carrée, souvent ovale, ordinairement circulaire, mais entièrement composée de lécavènes mis les uns à la suite des autres. Si l'enceinte n'avait qu'une certaine étendue, on lui donnait pour toît une pierre plate, qu'on faisait poser horizontalement sur les têtes des piliers, et qu'on choisissait d'un volume assez considérable pour la couvrir en entier. Si l'espace était trop vaste, il n'y avait de toit que les traverses ou architraves particulières des lécavènes.

Quelque fabuleux que paraissent de pareils monumens, on sait que, dans toutes les parties de l'Europe, il en existe un très-grand nombre, et spécialement dans les régions habitées jadis par les Bataves, les Britons, les Scandinaves et les Germains. On sait que quelques-uns ont jusqu'à sept à huit mètres (vingt à vingt-cinq pieds) de hauteur, avec des piliers de cinquante six pieds de contour; que le plus fameux et le plus connu est dans les environs de Salisberg en Angleterre, qui, nommé par les gens du pays *stone-henge*, et par quelques auteurs anciens, *chorea gigantum*, a été décrit ou plutôt embelli par Jnigo Jones; que, dans l'évêché de Munster, il y en a un sous le toit duquel un troupeau de cent moutons peut, dit-on, se mettre à couvert; enfin, que partout leur construction est regardée comme un prodige si supérieur à l'art humain, que partout on l'attribue à des géans.

Par quelles ressources et avec quelles machines des barbares à qui nos sciences étaient inconnues, sont-ils donc parvenus à élever ces lourdes et inutiles masses qui paraissent destinées à braver les siècles, et dont l'idée et l'exécution sont réellement gigantesques ? Hélas ! malgré tout l'intérêt que nous aurions à le savoir, je suis forcé d'avouer que nous l'ignorons, et je ne sais même si on l'a véritablement bien cherché. Nous admirons, avec raison, ces prodiges de mécanique, auxquels on ne peut reprocher que leur emploi; et, quoiqu'avec toute notre théorie savante, il ne nous fût pas facile peut-être de les renouveler aujourd'hui, nous ne tentons pas de les deviner.

Tombeau de Théodoric.

Le dernier exemple que l'histoire rapporte de ces merveilles en transport, taille et pose de blocs énormes, est la calotte du tombeau qu'Amalasonte éleva dans Ravenne à son père Théodoric, tombeau que cette ville possède encore. L'architecte Soufflot le dessina et le mesura sur le lieu même; et il accompagna son dessin de notes qu'il envoya en France à Caylus, et que celui-ci fit insérer dans les

Mémoires de l'académie des belles-lettres (1); elles ont fait naître chez moi les réflexions suivantes.

Fronton de la colonnade du Louvre.

Parmi les beautés qu'au dix-septième siècle Paris admira dans la colonnade du Louvre, on compte spécialement les deux grandes pierres dont Perrault avait couvert les deux côtés du fronton. Elles portaient, chacune, selon lui, cinquante-deux pieds de long sur huit de large, et dix-huit pouces d'épaisseur, et pesaient ensemble plus de quatre-vingts milliers; il fut même si fier de leur transport et de leur pose, que, dans sa seconde édition de Vitruve, il a fait graver la machine qu'il employa, ainsi qu'une autre qu'il avait imaginée, et qui ne fut point mise en œuvre (2).

Ainsi donc, avoir élevé à quatre-vingts pieds de hauteur deux pierres dont chacune pesait quarante mille, et qui venaient des carrières de Meudon près de Paris; voilà ce dont se

---

(1) Tom. XXXI, pag. 38.
(2) Vitruve, pag. 339.

vante Perrault, aidé par Vitruve ; voilà ce qu'il a cru digne d'être transmis pour sa gloire à la postérité !

Maintenant veut-on savoir ce qu'ont exécuté des Goths ?

Le bloc dont est formé le dôme octogone et monolithe du tombeau de Théodoric, a été tiré des carrières de l'Istrie. Alors il avait, selon le calcul de Soufflot, trente-quatre pieds en carré, et pesait plus de deux millions deux cents quatre-vingts mille livres. Si, pour l'amener plus facilement à Ravenne, on entreprit de le dégrossir et de l'ébaucher sur le lieu autant qu'il était possible, il dut peser encore pour le moins neuf cents quatre-vingts mille livres. En cet état, il a fallu lui faire traverser obliquement l'Adriatique dans toute sa largeur, le voiturer près du tombeau, y achever de le tailler pour lui donner sa forme, et l'élever à quarante pieds de hauteur sur le mur d'enceinte, où il forme une calotte de trente-quatre pieds de diamètre hors d'œuvre.

Quelque piquant qu'il fût pour moi de rapprocher de ce résultat les travaux entrepris par les Égyptiens pour tailler, voiturer et élever leurs obélisques, ceux des Romains pour transporter chez eux plusieurs de ces monumens, ceux de Fontana pour les y relever, ceux de Pétersbourg pour conduire dans cette ville le roc qui sert de base à la statue du tzar Pierre, et autres de ce genre, je me renfermerai dans l'examen de nos tombeaux barbares. J'avouerai même qu'en présentant à la classe les observations qu'ils m'ont suggérées, mon intention n'est nullement de solliciter pour eux une admiration que moi-même je suis bien loin de leur accorder comme monumens. J'ai voulu montrer seulement que, sous certains rapports, ils méritent d'être, pour nos artistes, des objets d'instruction et d'étude. J'ai voulu surtout fixer l'attention du gouvernement sur ceux que possède la France.

Quoiqu'elle en ait encore une assez grande quantité, Montfaucon prétend néanmoins qu'ils y étaient autrefois beaucoup plus communs. Il se plaint qu'en beaucoup d'endroits, les habitans du voisinage les ont détruits et brisés, pour en employer à d'autres usages les matériaux : de sorte qu'il n'a guère échappé que ceux qui, par leur grandeur, par la nature de leur pierre, par leur éloignement des lieux habités, eussent trop coûté à détruire.

Ce laborieux et savant homme s'était proposé de donner l'état, la notice et la gravure de ceux qui subsistent encore, tant dans ce génre, que dans les trois précédens, quoiqu'il n'eût point su les classer et les distinguer les uns des autres. Il avait, pour ce travail, un avantage particulier, celui d'être membre d'une congrégation qui, étant répandue par toute la France, lui assurait partout des correspondans exacts et instruits. Il possédait, en outre, une tête assez forte pour embrasser ce vaste projet, et assez méthodique pour le bien diriger; mais le temps lui manqua, et il n'y a plus aujourd'hui, dans l'ordre actuel des choses, que le gouvernement qui puisse le mettre à exécution.

Plusieurs savans anglais, Strutt, Cambden, Gough, Sinclair, Barlase, etc., ont traité de ceux de ces monumens qui se trouvent dans leur patrie, et que le peuple y a nommé *cromlechs*. J'en dirai autant de ceux de beaucoup d'autres contrées, et spécialement de l'Allemagne et du Nord. Mais, quoique je sente tout ce qu'ajouteraient d'intérêt et de variété à mon travail les remarques et descriptions diverses de tous ces écrivains, la loi que je me suis faite de ne parler que de la France me les rend inutiles; et cependant il n'est aucune partie de mon Mémoire où j'aurais autant besoin de secours.

Qui le croira, que des objets exposés en pleine campagne à tous les yeux, faits par leur masse pour attirer et fixer la vue, sont cependant aussi inconnus que s'ils n'existaient pas? Pendant le seizième siècle, et même pendant une grande partie du dix-septième, nos savans, à l'exception d'un très-petit nombre, ne cherchaient en France que des antiquités romaines; ils ne prisaient, n'accueillaient que ce qui était romain. Ce n'est guère que depuis que Montfaucon et Caylus, ayant entrepris des traités généraux d'antiquités, furent obligés de s'occuper de celles des Gaulois, qu'on parut sentir combien devait nous intéresser tout ce qui tenait à l'histoire primitive de nos pères.

Cette émulation momentanée produisit cependant peu d'effet. On vit, à la vérité, quelques personnes, savans, ingénieurs ou gentilshommes, annoncer certains monumens dont ils avaient connaissance, et en publier, soit dans les Mémoires de l'académie des belles-lettres, soit dans des journaux ou dans des ouvrages particuliers, une notice plus ou moins bien faite. Mais comme tous ces travaux ne présentaient que des objets disparates, qu'il n'y avait ni un corps de doctrine, ni un système méthodique auxquels on pût les rapporter, système dans lequel ils se trouvassent classés d'avance, et s'expliquassent les uns par les autres, rien n'eut d'ensemble; et la science n'acquit ainsi que des descriptions détachées, sans suite et sans but, comme sans instruction réelle. Pour rendre intéressans nos différens genres de tombeaux gaulois, il fallait les considérer à la fois, et sous les rapports moraux, et sous ceux de l'art. Fruit d'une croyance à une autre vie fort étrange, ils nous représentent des opinions religieuses et des mœurs qu'il était utile de peindre, et dont on a oublié entièrement de s'occuper.

Du côté de l'art, on a moins négligé le genre de mérite qu'ils comportent; mais peut-être ne l'a-t-on point encore assez fait sentir. En effet, nos colonnades, par exemple, en ont un qu'on ne peut comparer à rien; on est obligé de les ranger dans une classe à part, où elles deviennent des objets singuliers très-remarquables, qui mériteraient d'être étudiés et auxquels il ne manque que d'être plus connus. Mais partout l'homme des villes, ainsi que celui des villages, ne les voit qu'avec indifférence ou dédain : le voyageur lui-même, si par hasard ses yeux en rencontrent quelques-uns, ne le regarde pas plus favorablement. Ce ne sont pour lui que des masses ridicules, sur l'extravagance desquelles il sourit de pitié; tandis que, plus instruit sur leur destination et leur haute antiquité, sur le prodige de leur construction et les motifs mêmes de leur bizarrerie, il s'empresserait de les chercher, et ne s'en approcherait qu'avec une curiosité respectueuse.

De là, qu'est-il arrivé? c'est que nous ne savons rien, absolument rien, concernant les monumens qui appartiennent de plus près à notre archéologie, à l'histoire primitive de notre nation, de notre pays et de nos arts.

Qu'étaient les colonnades brutes?

Les colonnades doivent-elles être regardées comme l'ouvrage du même peuple, qui, par la suite, imagina les tertres tumulaires, ou comme l'ouvrage d'un peuple antérieur et différent de celui-ci? Seraient-elles dues aux Gaulois primitifs et indigènes? et les tertres à une nation secondaire, établie postérieurement dans la Gaule, par conquête et par invasion ? Je l'ignore, et n'ose même, à ce sujet, hasarder un doute.

Ceux de nos savans qui prétendent que la Gaule, ainsi que le reste de l'Europe, a été peuplée par des Scythes, n'hésiteront pas à prononcer. Ils diront que les collines étant un usage scythique, ce sont les Scythes qui, quand ils vinrent habiter nos contrées, y introduisirent ce mode de sépulture qui leur était propre. Mais les Scythes ne brûlaient point leurs corps; et chez nous, pendant le premier des deux âges à collines, les morts, ainsi qu'on l'a vu précédemment, étaient brûlés.

Quant aux colonnades, à quelle fin furent-elles construites ? et quelle était leur destination ?

Si nous consultons d'Hancarville, il nous dira que ce furent les temples des nations primitives (1). En effet, leur pourtour et leur toit forment une enceinte qui paraît favoriser cette assertion. Mais il n'ignore pas que le mo-

---

(1) Recherches sur l'Origine des arts.

nument du *stone-henge* a été fouillé ; qu'on y a trouvé des urnes tumulaires, des ossemens brûlés, des armes, etc. ; et que, de ces objets, on peut conclure, comme l'a fait Keysler, que ce ne fut point un temple, mais un tombeau (1). D'ailleurs, si l'opinion de d'Hancarville pouvait être vraie pour certains peuples, elle ne le serait probablement pas pour les Gaulois. On sait que ceux-ci n'avaient point de temple, qu'ils adoraient la divinité dans leurs bois sacrés ou en pleine campagne, et qu'ils auraient cru la déshonorer de l'enfermer dans des murs.

Montfaucon regarde nos monumens comme des tombeaux ; et jusqu'ici, je me suis prononcé pour cette opinion, qui, d'après ce que j'ai dit sur les *ménirs* et les *lécavènes*, me paraît vraisemblable. Cependant je ne connais rien encore qui l'ait prouvé. Si réellement ce sont des tombeaux, ils doivent contenir divers objets enfouis ; et ces objets seront, pour le premier âge, des armes en cailloux et en os ;

---

(1) KEYSLER, *Antiq. septentr.*, § II, cap. 1, pag. 109, et § I, cap. 4.

et, pour les âges subséquens, des ornemens et des armes en cuivre, en fer, ou en argent et en or, selon les époques. Il était si aisé de s'en assurer par une fouille ! J'ignore néanmoins si on l'a tenté, et ne me rappèle pas même que, dans la destruction de ceux qui, en différens temps, ont été brisés, il y ait eu aucun fait, transmis par écrit, qui aujourd'hui nous mette à portée de prononcer.

Les tombeaux de l'âge que je viens de décrire, et qui est le premier des six dont j'ai entrepris d'esquisser l'histoire, ont de commun avec ceux de l'âge suivant, d'être indiqués, à l'extérieur et d'une manière apparente, par une masse plus ou moins considérable. Mais, dans le premier, toutes les diverses sortes de décorations qui eurent lieu, ménirs, dolmines simples, dolmines à galerie, lécavènes, colonnades, furent en pierre ; et dans le second, ou plutôt dans le second et dans le troisième, la masse différa, non seulement par sa hauteur et sa forme, mais encore par sa nature, puisqu'elle fut en terre.

A ces traits, on devine déjà que je vais parler de ces éminences ou collines factices qui, sous la forme de cône, élevées à mains d'hommes sur des morts, comme celles de Tatarie que j'ai citées plusieurs fois, furent dressées par les mêmes motifs et pour la même fin (1).

SECTION VII.

Buttes tumulaires en terres rapportées.

Des plateaux de la Scythie asiatique jusqu'à l'Océan, ce mode de sépulture fut en usage. On le trouve même très-fréquemment (ce qui est fort remarquable) jusque dans toutes les provinces qui composent les États-Unis de l'Amérique septentrionale ; et ce fait étrange, qui m'a été attesté par mon confrère Volney, et qu'en parcourant ce pays il y a vu partout, devient d'une grande importance dans le système de ceux qui croient que l'Amérique a été peuplée par l'est de l'Asie.

Le voyageur Bartram a reconnu, il y a peu d'années, les mêmes monumens chez les sauvages de la Floride orientale. « Je trouvai, » dit-il, la surface de la terre très-inégale et

---

(1) Sepulcrum cespes erigit. Tac. *De Moribus Germanorum*, cap. 15.

» parsemée de petites hauteurs ; c'était un an-
» cien lieu de sépulture, contenant les tom-
» beaux des Yamassées, qui, poussés vers cette
» pointe par les Creeks, avaient soutenu contre
» eux une bataille décisive, et avaient été tués
» presque jusqu'au dernier. Ces tombeaux oc-
» cupaient tout le bois, qui contenait deux ou
» trois acres de terre. Il y avait près de trente
» monticules, assez semblables les uns aux
» autres, de forme oblongue, ayant environ
» vingt pieds de long sur dix ou douze pieds
» de large, et trois à quatre pieds de haut. Le
» temps y avait fait croître des orangers, des
» chênes verds, des magnolias et d'autres
» arbres et arbustes qui les recouvraient d'une
» ombre épaisse et religieuse (1). »

Les anciennes nations d'Europe et d'Asie, chez lesquelles étaient usités les tertres tumulaires, mirent souvent de l'ostentation et de la magnificence à leur donner une masse et une hauteur qui les rendissent supérieurs à ceux des autres peuples. Tel fut celui que les Lydiens élevèrent sur le tombeau de leur roi Alyattes,

---

(1) Voyages dans les parties-sud de l'Amérique septentrionale, tom. 1ᵉʳ, pag. 245.

père de Crésus. « Il avait, dit Hérodote, plus de six stades de circonférence (1), c'est-à dire, plus d'un quart de lieue. » Celui de Tityus, dont Homère fait mention (2), et qui était situé dans la Phocide, où Pausanias dit l'avoir vu (3), était tel, que par la suite les peuples crurent qu'il n'y avait qu'un géant à qui l'on eût pu donner une sépulture semblable; et que Tityus passa pour un géant (4). Les Grecs ont vanté ceux de Laïus, de Lycus et de Tydée. Ninus en avait un si considérable et si élevé, que de loin on le prenait pour la citadelle de Ninive (5). Quand Virgile parle de ceux de Polidore et du roi Dercennus, il les représente comme très-grands (6).

---

(1). Hérod., lib. I.

(2) *Odyss.*, lib. XI.

(3) Pausan., lib. X.

(4) En Allemagne, on les appelle encore le lit des géans.

(5) Diod. Sic., lib. II.

(6) Ergo instauramus Polidoro funus, et ingens
Aggerit tumulo tellus.
(*Æneid.* lib. III, v. 62.)
Ingens, monte sub alto
Regis Dercenni terreno ex aggere bustum.
(*Ibid.* lib. XI, v. 849.)

Les royaumes du Nord en ont des quantités considérables. « Entre Copenhague et Rokshild (petite ville du voisinage), j'en ai compté jusqu'à trente, dit M. Chevalier (1), et ce nombre n'est rien en comparaison de ceux que renferment certains cantons de la Suède. » Dans les seuls environs d'Upsal, et sans s'éloigner de plus d'un mille (le mille de Suède a près de deux lieues), Rudbeck assure en avoir compté et sondé même plus de douze mille trois cents soixante dix (2).

On trouve également beaucoup de collines tumulaires le long du cours du Danube (3), dans les anciennes plaines de Mésie et de

---

(1) Voyage dans la Troade, 2e. édit., pag. 199.

(2) Majorum nostrorum colles sepulcrales, in quibus ossa ipsorum, partim urnis asservata, partim saxis circumdata, partim arenis puris condita et superinjectis molibus terrenis contumulata jacent.... Hujus autem generis colles Upsala nostra vetus undique oppido multos habet, quorum nos 12,370 saltem milliari proximo ab Upsala vetere quaquaversùm protenso, et numeravimus, et admoto ligone rimati sumus : adeò ut affirmare non vereamur, tantillo terræ spatio plura *vetustatis monumenta* *vix Upsiam gentium aut* locorum nunc superesse. OLAV. RUDB. *Atlant.*, tom. 1, pag. 142.

(3) *Cursus Danub.*, tom. 11, pag. 88.

Thrace, en Grèce, en Italie, en France, en Allemagne, dans les îles britanniques, en un mot, dans toutes les contrées européennes qui furent habitées par des barbares, ce qui veut dire toute l'Europe.

Le baron de Tott, lorsqu'il parle des Tatars-Noguais, dit en avoir vu chez eux un grand nombre; mais il prétend que ce ne sont que des jalons élevés par les peuples anciens, pour leur servir d'indication dans la marche des armées. Quant aux sépultures qu'elles contiennent, il n'en est point embarrassé; et il convient que, quand le général d'une armée en marche venait à mourir pendant la route, on érigeait une colline pour l'inhumer (1). Pourquoi l'auteur ne s'en est-il pas tenu à cette seconde explication, si sensée, si conforme aux faits et à l'histoire ? Si les collines furent réellement, comme il l'avance, des jalons de marche d'armées, ne trouvera-t-il pas que douze mille trois cents soixante-dix jalons autour d'Upsal, dans un diamètre d'environ quatre lieues, c'est beaucoup, et que les troupes qui

---

(1) Mémoires du baron de Tott, tom. II, pag. 76.

s'amusèrent à se tracer ainsi une route, n'étaient pas trop pressées d'avancer ?

Partout les collines sont rondes, et partout coniques, ou à cône tronqué : caractères bien remarquables, et qu'il ne faut pas oublier, parce qu'ils deviennent un signal distinctif auquel on ne peut manquer de les reconnaître.

Souvent elles ont à l'extérieur un fossé qui les enclot; souvent aussi leur pied, dans tout le pourtour de sa circonférence, est entouré de grosses et larges pierres, qui, sans doute, au moment où on les construisait, furent placées là pour contenir l'éboulement des terres, et faciliter leur tassement. Mais, presque partout, le temps a couvert d'herbe ce revêtement d'enceinte, ainsi que la masse entière du tertre; et ce n'est guère qu'en déchaussant le pied qu'on peut le reconnaître.

Pour ce qui regarde l'intérieur, quelquefois le mort y est couché sur un lit de cailloux, qui n'a en étendue que sa grandeur, et qui devient, pour ainsi dire, le noyau du monticule. Quelquefois au contraire, le sol entier de la base est couvert circulairement de grandes pierres. Au centre est le mort, et le pavé sert, en quelque sorte, de fondement au monticule.

Les Mémoires de l'académie de Bruxelles (1) en citent un du Brabant, rasé en 1507, et qui, haut de cinquante cinq pieds sur trois cent quatre-vingts de circonférence, était creusé, vers son centre, en forme de cave. Cette cavité portait un bâtiment voûté, dans lequel on trouva un cachet, une lampe et différens vases, dont l'un contenait des cendres ; l'académie a fait graver ces divers objets.

L'emplacement ordinaire des monticules était une prairie ou une plaine, près d'une rivière ou d'un grand chemin ; et le motif de ce choix de position n'est pas difficile à deviner. Ces monumens, chez les barbares, étaient une sépulture d'honneur, qu'ils donnaient par estime à *ceux de leurs chefs*, ou *à ceux des personnages illustres* parmi eux, dont ils voulaient rendre la mémoire immortelle. D'après cette intention, il était naturel qu'ils la plaçassent, soit dans une plaine où par son isolement elle attirerait tous les regards, soit dans le voisi-

---

(1) Tom. IV, pag. 459.

nage d'une grande route ou d'une rivière navigable, afin que journellement elle fût sous leurs yeux et sous ceux de leurs descendans.

C'est par cette raison vraisemblablement qu'en Danemark, où elles étaient très-multipliées, on leur avait donné le nom des héros et des rois qui s'y trouvaient inhumés. On ne pouvait nommer l'un sans rappeler l'autre ; et aujourd'hui encore ces noms subsistent (1).

Je ne doute nullement qu'il n'en fût de même chez les Gaulois. J'en vois au moins l'usage établi en Espagne ; et Tite-Live cite, près de Carthagène, une sépulture qu'on avait nommée *Mercure* (2).

Les renseignemens que je viens de donner suffiront, je pense, pour empêcher qu'en France on ne les confonde avec ces monceaux de pierrailles, de mauvaises herbes et de terres, qui sont le produit des défrichemens, des travaux de l'agriculture, et de l'épierrement des vignobles. Elles en diffèrent, non seulement par

---

(1) Mallet, *Hist. de Danem.*, pag. 199.

(2) Egressus Scipio in tumulum quem Mercurii vocant. Tit. Liv., lib. xxvi, cap. 44.

leur forme conique, leur situation isolée, leur couverture en gazon, mais spécialement par leur hauteur qui ordinairement va de dix-neuf à cinquante huit mètres (vingt, trente et quarante toises), avec une circonférence proportionnée, quoiqu'il y en ait de beaucoup plus petites.

Buttes en sable et en pierres.

Quand j'ai dit, dans ce qui précède, qu'elles étaient formées de terres rapportées, cette expression ne doit pas être prise à la rigueur. On sent que, près de la mer et des rivières, ou dans un terrain sablonneux, les constructeurs devaient y employer le gravier, le galet et le sable; que, dans un sol pierreux, ce devait être les pierres et les cailloux.

Le département du Morbihan en a plusieurs de cette dernière espèce. Quelques-unes y ont même une telle hauteur, que Deslandes les appèle des amas de pierres surprenans (1).

Lasauvagère en cite plusieurs faites de moel-

---

(1) Recueil de Traités de physique, tom. II, pag. 42.

lons, qu'on a entassés pêle-mêle sans mortier: l'une est à Port-Louis, dans la petite île de Saint-Michel; deux, dans la presqu'île de Ruys, où elles sont connues sous les noms de Grand-Mont et de Petit-Mont; enfin, deux encore, près de Locmariaker. L'une de celles-ci est appelée Butte-de-Heleu ; l'autre, qui, selon l'auteur, peut contenir trois mille quatre cents toises cubes, porte le nom de Butte-de-César (1). Ces deux dernières se trouvent gravées dans Caylus (2).

A Soing, village dont j'ai parlé ci-dessus, il y en a une en sable et en gravier. On voit même, dans le voisinage, l'endroit d'où ce sable fut tiré : et cette excavation est aujourd'hui un petit lac.

De cette différence de matériaux dans la confection des collines, il résultait que, dès les premières années, celles qui étaient en terre se trouvaient totalement parées de verdure, et quelquefois couvertes d'arbres, tandis que les autres restaient nues et arides, ou ne se re-

---

(1) Lasauvag., Antiq. de la Gaule. pag. 273.
(2) Recueil d'Antiquités, tom. VI.

vêtaient légèrement de gazon que dans quelques portions qui, avec le temps, se décomposaient et se changeaient en *humus*. Mais, après tout, peu importe pour nous, puisque, dans toutes, le résultat que nous cherchons est le même, et qu'il n'y a que leur enveloppe qui diffère.

Collines ouvertes fortuitement en divers temps.

La découverte de pareils monumens n'est point de ces faits qu'on doive s'attendre à voir mentionnés dans nos vieilles histoires ; les auteurs alors étaient trop ignorans pour en soupçonner seulement la nature. Une butte tumulaire était-elle, par une suite de travaux quelconques, ouverte et abattue, les tombeaux qu'on y trouvait étaient pillés, et l'on n'en parlait plus.

Cependant, j'en vois une citée par hasard chez un de nos écrivains du douzième siècle, Guybert, abbé de Nogent.

Il raconte que son église ayant nécessité des constructions nouvelles dans la plaine de cette ville, les démolitions y mirent à découvert beaucoup de cercueils, rangés circulairement autour d'un cercueil principal, *comme une ronde de danseurs*. On trouva plusieurs vases de forme antique, et un nombre considérable de cadavres, c'est l'expression de l'auteur : d'où il conclut que les sépultures étaient celles ou de gentils, ou de chrétiens primitifs ensevelis encore à la manière des gentils, et que par conséquent le lieu était habité depuis bien long-temps.

Moi, je tirerai de son récit deux autres conséquences. On a vu que le propre des collines tumulaires était d'être rondes, et dans la relation de Guybert, les caisses sépulcrales se trouvent rangées en cercle. Les collines étaient faites en terres rapportées ; et chez Guybert, ce n'est qu'en déblayant et en régalant le terrain qu'on met les cercueils à découvert. C'était donc une colline qu'il y avait dans la plaine de Nogent.

D'un autre côté, Guybert, pour désigner les morts qui occupaient les tombeaux, se sert du mot de cadavres, et non de celui d'ossemens. Les squelettes étaient donc entiers, les morts n'avaient donc pas été brûlés ; et par conséquent le tertre datait du troisième âge, que j'ai appelé l'âge des collines, à corps sans ustion (1).

Au dix-septième siècle, un événement semblable eut lieu encore dans la Marche du Limousin, et il ne produisit pas plus qu'à Nogent. Un seigneur de la terre de Dognon s'avisa de faire percer une avenue, qui, de son château, devait aboutir à la grande route. Sur son alignement, était un tertre à tombeaux, qu'il lui fallut abattre ; mais, en le rasant, on y trouva plusieurs étages de cercueils en pierre, des vases de matières différentes, et quelques petits chaînons en or (2). Au moins, c'est ce qu'avoua le seigneur châtelain.

Mais j'ai peine à concevoir que des tombeaux qui avaient des chaînes en or, ne continssent pas d'autres objets précieux; et j'avoue

---

(1) Circa ipsam, et ipsa basilica tantam sarcophagorum copiam conjunxit antiquitas, ut multam loci famositatem tantoperè expetiti, cadaverum inibi congestorum commendet infinitas. Quia enim non in morem nostrorum ordo disponitur sepulcrorum ; sed circulatim, in modum choraulæ, sepulcrum unius multa ambiunt, quædam reperiuntur vasa, quorum causam nesciunt christiana tempora. Non possumus aliud credere, nisi quòd fuerunt gentilium, aut antiquissima christianorum, sed facta gentili more. GUYB., *de Novig. de vitâ suâ*, lib. 11, cap. 1.

(2) LEBEUF, *Dissert. sur l'Hist. de Paris*, pag. 225.

franchement que de tous les aveux de ce genre, il n'en est pas un dont je ne me défie. Ouvriers et propriétaires, tous également cachent la vérité, parce que tous ont un égal intérêt à la cacher. A les entendre, les choses qu'ils ont recueillies sont de nulle valeur : ou si parfois la crainte d'être soupçonnés de mensonge leur arrache une apparence de déclaration, ils font, il est vrai, un aveu feint de quelques objets en or; mais cette trouvaille est toujours, selon eux, si pauvre et si mesquine, qu'il faudrait presque les plaindre de s'être donné tant de peines pour si peu de profit.

Quoi qu'il en soit de la déclaration vraie ou fausse du seigneur de Dognon, sa découverte pouvait du moins produire un grand avantage: celui de faire soupçonner que les tertres de même espèce contenaient de même des tombeaux. Elle devait surtout inspirer l'envie d'en fouiller d'autres, et faire présumer qu'ils seraient plus riches peut-être. Les circonstances étaient même là d'autant plus favorables, qu'il y avait dans le voisinage quatre autres buttes semblables, dont deux n'étaient distantes l'une de l'autre que d'un peu plus de dix-neuf mètres (dix toises).

Cependant personne ne s'en avisa. Lebeuf en fit la proposition il y a près d'un siècle (1); et Lebeuf ne fut pas plus heureux. Il désirait au moins que les curieux qui habitaient un canton où il existerait quelques-uns de ces monumens, et qui eussent craint de les exploiter à leurs frais, en envoyassent une note à l'intendant de leur généralité, pour que celui-ci ordonnât les travaux; il invitait surtout les voyageurs qui en découvriraient sur leur route, à en prévenir de même ce magistrat : mais il n'obtint pas plus des habitans que des voyageurs. D'ailleurs, quand les uns et les autres auraient envoyé des mémoires à l'intendant, qu'eût produit leur zèle ? Des entreprises du genre de celles que proposait Lebeuf, n'étaient nullement dans l'esprit de l'administration d'alors.

Quand le gouvernement s'en occupera, ne nous flattons pas encore de trouver partout les buttes pleines et intactes. Souvent il a suffi qu'en certains endroits la tradition apprit qu'elles contenaient des richesses, pour que les habitans du voisinage soient venus les ouvrir et les piller.

---

(1) LEBEUF, *Dissert. sur l'Hist. de Paris.*

Noms de patois que portent les collines.

J'ignore les noms locaux et particuliers qu'elles portent dans les patois poitevin, auvergnat, gascon, dauphinois, languedocien, provençal, et autres de nos départemens méridionaux ; et sûrement elles doivent y en avoir plusieurs. Je ne connais point même, à beaucoup près, tous ceux qu'on leur a donnés dans cette autre partie de la France, où se parle exclusivement la langue française. Je sais seulement qu'en certains endroits où la tradition a conservé le souvenir de leur destination véritable et originelle, on les a nommées *tombels* ou *tombes* ; et que dans d'autres où leur nature est inconnue, on les appèle, à raison de leur forme, *mottes*, *aiguilles*, *donges* ou *donjons*. Peut-être même pourrions-nous mettre dans ce nombre quelques-uns de ceux qu'on nomme *mont-joie*. La connaissance de ces noms locaux paraît, au premier coup-d'œil, une chose indifférente ; et cependant elle peut avoir une grande utilité : si, par exemple, les associés de l'institut, ou d'autres savans, entreprenaient un travail sur ceux qui peuvent exister dans le canton qu'ils habitent, ou si le ministre demandait aux administrations quelques renseignemens sur cet objet.

Collines indiquées dans nos départemens.

La France possède un nombre immense de ces monticules funéraires ; peut-être même ne parviendrons-nous jamais à les connaître tous, parce qu'il en est qui, par des raisons particulières que nous ne pouvons deviner, ont été placés dans des solitudes écartées, où probablement ils resteront pour toujours inaccessibles à nos recherches.

Lebeuf en cite vingt-deux, dont quinze se trouvent compris seulement dans trois des départemens situés au nord de Paris ; et cependant Lebeuf n'en avait point fait une étude particulière. Voulons-nous avoir une idée de la quantité de ceux que renferme le reste de la France ? consultons un Mémoire qu'a publié un habitant d'Abbeville, M. Traullé (1). Nous y verrons que, dans les seuls environs de

---

(1) Magas. encycl., an IV, pag. 329.

cette ville, l'auteur en comptait plus de quarante (1).

---

(1) Voici la liste de ceux qu'il fait connaître. J'y joindrai celle qu'a donnée Lebeuf, et l'indication de quelques autres que j'ai trouvés désignés ailleurs.

Collines tumulaires d'Abbeville et de ses environs.

Trois dans les faubourgs de la ville, savoir : une hors le faubourg de Maulort, entre ce village et Cambron, à droite du chemin en allant à Saint-Valery ; les deux autres dans le faubourg du bois : sur l'une est placé le moulin Mabille ; sur l'autre était la Croix-Jean-Quénelon.

Trois entre Port et Noyelle ; une près de Bonnelle ; une sur le village de Vron, à droite du chemin ; cinq dans l'intérieur des bois de Vironchaux et Vron ; huit au moins dans la forêt de Crécy ; une à Commartin ; une à Waben, dite de Here (tombe très-belle et très-aisée à fouiller.) ; une près de la chapelle de Muriaménil ; une à Douleger ; une à Barnaville ; une à Doncœur ; une derrière le bois de la Ferté-Riquier, dite l'Isembard ; une à Ville ; une à Nielle, canton de Pont-Remy ; une à Drucat, canton dit des Tombes ; une, entre le Wattebois et la Fosse-Girold, terroir de Saint-Nicolas-des-Assarts ; une entre le Plessier et Blanc-Abye, au sud-est de la Grande-Fosse ; une à Tofflet, dite Langlèche ; cinq ou six, et peut-être plus dans l'intervalle qui sépare Abbeville de la forêt de Crécy, intervalle autrefois couvert de bois ; une à Liarcourt, canton des Tombes ; une à Ménières ; une à Brimont ; une à Wattiechert, près Cayeux.

Nota. Beaucoup de ces tombes ont été défrichées, et n'ont été découvertes qu'à la faveur des titres anciens.

Je laisse à examiner à d'autres, s'il ne serait pas possible que nos tertres existassent avant

Collines tumulaires indiquées par Lebeuf.

« Près de la Tour-d'Austrille, en la Marche du Limousin, deux, dont la plus grande est de dix à douze toises de circuit et de vingt-cinq de hauteur ; elles ne sont éloignées l'une de l'autre que de huit ou dix toises. Deux semblables dans la chatellenie de Droulles, à trois lieues de Guéret, en un pré, et couvertes d'herbe ; mais dans des lieux fort déserts. Une sur le chemin de Lyon à Vienne, à une lieue de cette dernière ville ; les paysans l'appèlent la Motte. Deux dans la paroisse de Sublaine, à quatre lieues de la Loire et trois de Loches. Cinq ou six dans le diocèse de Noyon ; savoir : deux auprès du bourg de Vermand, une du côté de l'orient appelée la Motte-Pontru ; l'autre entre le midi et le couchant, dite la Motte-d'Estrilles ; une troisième proche du village de Voué, à une demi-lieue de Condrain ; une proche de Noyon, au village de Neuf-Lieu, proche Chauni, on l'appelle le Tombe. Dans le pays Liégeois, une au-delà du village de Jupelle ; une au-delà du village de Villers-Saint-Siméon, sur le chemin de Liége à Tongres ; une autre très-considérable sur la chaussée qui, de France traverse la comté de Namur, et aboutit à Orey ; elle est à une petite lieue du village de Boneff, dans la comté de Namur, en tirant vers Liége. Cinq autres sur la même chaussée, proche du village d'Aumal, et distantes l'une de l'autre d'environ cent toises. Deux, proche la ville de Tirlemont, à cinquante pas des remparts, et à trois ou quatre toises l'une de l'autre. Une en Condros, sur le chemin de France, près du village d'Avin, un peu plus haut que le village de Terwagne. »

Caylus en cite deux situées au nord de Châlons-sur-Marne,

les pyramides égyptiennes, et surtout si, par l'effet du temps, qui, en consolidant les terres

---

près du village de la Chappe, et nommées dans le pays Tombels. Il en a fait graver la vue. (*Recueil d'antiquités*. t. IV, p. 395.)

Près de Bordeaux, au lieu appelé le Bouchon-du-Luc, il y en a une d'environ cent pas géométriques de contour (*Dissertation sur un temple octogone*, par l'abbé Jaubert.)

Autre, fort haute, dans la petite île de Courcourie, que forment la Seugne et la Charente, à un demi-myriamètre au-dessous de Saintes. On la nomme le Mont-des-Fées. (LASAUVAGÈRE, *Antiquit. des Gaules*, pag. 79.)

Plusieurs de différentes grandeurs dans le département du Morbihan. (*Ibid.* pag. 257.)

M. Noël, président du jury d'instruction publique à Rouen, dans une lettre qu'il m'a écrite, m'en a indiqué deux, près de l'ancienne chaussée romaine qui traversait la partie maritime du pays de Caux, et trois autres qui en sont peu éloignées.

Trois près de Tongres; savoir : une en cône tronqué, haute de soixante pieds; la plate-forme de son sommet en a vingt-huit de circonférence, et sa base, quatre cents cinquante-huit. La seconde diffère peu de la première, et toutes deux sont très-bien conservées. La troisième, plus petite, est en outre dégradée, parce qu'elle a été fouillée, on ne sait à quelle époque.

Entre Liége et Tongres, une autre fort belle, à une lieue du grand chemin.

A Warem, du côté de Saint-Tron, cinq qui sont voisines les unes des autres; une sur le chemin de Warem à Liége, trois à la porte de Tirlemont. (Lebeuf, ci-dessus, n'en a compté que deux.) La notice de ces treize dernières collines m'a été donnée par mon confrère Leblond.

dont ils sont composés, n'en a fait, pour ainsi dire, qu'une seule masse, ils ne seraient pas de nature à durer plus long-temps ? Moi, je dirai qu'ils sont aujourd'hui pour la France ce que sont pour l'Égypte ses pyramides, c'est-à-dire, un monument de superstition fort extraordinaire, mais recommandable cependant par sa haute antiquité, imposant par sa grandeur et sa forme, et spécialement curieux comme produit d'une industrie nationale qui visait au grand et travaillait pour l'immortalité. J'ajouterai même que, si, sous le rapport de productions de l'art, ils ne peuvent être mis en parallèle avec les étonnantes constructions de Memphis : au moins ils l'emportent sur elles, en ce qu'on peut conclure, de leur immense quantité, qu'ils furent un ouvrage libre et volontaire, et non, comme elles, la tâche d'un esclave exigée par un tyran.

M. François (de Neufchâteau), alors ministre de l'intérieur, et de même mon confrère d'institut, m'a fait également passer une notice, où il parle des trois monticules de Tirlemont. Il ajoute que près de Seltz (département du Bas-Rhin), lieu qu'il a habité quelque temps comme plénipotentiaire de la république française, on en connaît plusieurs ; et il regrette de n'avoir pas eu le temps de les faire fouiller.

J'avoue pourtant que, quand je réfléchis à tout ce qu'il a fallu de siècles pour les multiplier aussi considérablement sur le sol de la Gaule, je sens mon cœur s'attrister, parce que, dans ce grand nombre, je crois voir le nombre des siècles pendant lesquels nos aïeux sont restés barbares.

Que serait-ce donc si j'entreprenais d'expliquer ces cercueils de la colline de Nogent, rangés en cercle autour d'un sarcophage principal, et si mes conjectures n'aboutissaient qu'à y voir des serviteurs et des esclaves sacrifiés auprès d'un roi mort, pour l'accompagner dans le lieu de bonheur où il était supposé se rendre !

Parmi les nations d'Europe aujourd'hui policées, il n'en est aucune qui n'ait le malheur et la honte d'avoir, dans les premiers temps de son origine, sacrifié des hommes. Les Gaulois en immolaient, par religion, lors des calamités publiques. A l'époque du renouvellement des bûchers, ils en immolaient près de leurs morts. Cet affreux usage n'aurait-il pas existé déjà dans l'âge des collines ? Et ne serait-ce pas comme subsistant, qu'on l'aurait maintenu et conservé au temps des bûchers ! Hélas ? tout semble rendre probable cette conjecture; mais puisqu'elle n'est pas prouvée, aimons encore à en douter.

On doit sentir que, dans une matière aussi totalement neuve que celle-ci, et sur laquelle je n'ai pour données que le fait de quelques découvertes de tertres assez insignifiantes, je ne puis guère proposer que des conjectures, et raisonner que sur des probabilités. Attendons qu'on ait ouvert quelques monticules nouveaux, et que des yeux habiles soient venus les observer. Alors nous aurons probablement une masse de faits qui, par la différence de leurs détails, nous serviront peut-être à expliquer celle que le rang, l'âge, le sexe, la profession, le genre de mort, etc., ont pu mettre, tant dans le mode d'inhumation et les objets propres aux tombeaux, que dans la structure intérieure du tertre même.

Jusqu'à présent, tout ce que je sais se réduit à dire qu'il est des buttes *monotaphes*, lesquelles ne contiennent qu'un seul cercueil, tandis qu'il en est (et j'appèle celles-ci *polytaphes*) qui ont un nombre de cercueils plus ou moins considérable; qu'elles sont ordinairement, si je puis m'exprimer ainsi, seules et isolées ; mais que quelquefois aussi on en trouve de petits groupes de deux et plus, à très-peu de distance les unes des autres. J'ai cité ci-dessus des exemples de ces dernières, et même un peloton de cinq qui ne sont séparées entr'elles que par un espace d'environ six mètres (trois toises).

Il est très-vraisemblable que les monotaphes furent, comme je l'ai déjà dit, le tombeau d'un roi, d'un général, d'un chef de peuplade, d'un grand druide, ou de quelque autre illustre personnage qu'on voulait honorer ; et j'en dirai autant de celles d'entre les polytaphes qui, ainsi que le tertre de Nogent, contiendraient plusieurs cercueils destinés visiblement au cortége et au faste d'un maître.

Cependant, si ces tombeaux n'étaient pas, comme à Nogent, placés autour d'un tombeau central ; s'ils offraient, de même qu'à Dognon, plusieurs étages les uns sur les autres, ou un arrangement quelconque différent de ceux-là, alors ils annonceraient une destination particulière. Dans ce cas, je serais porté à croire que le tertre fut, ou une sorte de cimetière commun à tous les habitans d'un lieu, ou un dépôt de morts pour un corps d'armée pendant un long campement, ou enfin une inhumation en masse pour des soldats tués dans une bataille. Ces honneurs rendus après la victoire par les vainqueurs à leurs camarades morts au champ d'honneur, expliqueraient très-bien comment il peut se trouver dans un même lieu plusieurs collines réunies et formant groupe. Il est évident que, si le nombre des morts a été considérable, une seule ne put suffire, et qu'on dut se faire un devoir de ne point séparer des braves qui avaient péri ensemble.

La même chose eut lieu sans doute, quoique d'une manière différente, pour celles qui étaient, comme cimetière, destinées à des sépultures communes. J'imagine qu'à mesure qu'on y apportait des cercueils, ils étaient rangés d'après la forme ronde de la butte et recouverts de terre; que, quand le nombre s'en était assez accru pour que leurs étages s'élevassent à une certaine hauteur, on achevait de la couvrir en entier, et que l'on en recommençait près de là une nouvelle.

Les inhumations après une bataille devaient cependant avoir un caractère particulier. Comme il était bien difficile que, dans ces cas-là, on trouvât tout-à-coup une quantité de cercueils suffisante pour tant de morts, je soupçonne qu'ils étaient ensevelis dans l'état où ils se trouvaient, avec leurs habillemens, leur armure de corps, les colliers, les bracelets et autres ornemens militaires, qui alors étaient d'un usage assez commun, même chez le soldat. Peut-être y joignait-on, comme dépouilles et trophées qui leur appartenaient, de belles armes et des ornemens pris sur les morts ennemis. Les fouilles nous donneront sur tout cela les renseignemens qui nous manquent.

Depuis long-temps, les savans se plaignent avec raison de n'avoir, sur l'histoire primitive de notre nation et de notre pays, d'autres Mémoires que ceux qui, depuis son asservisseet sa conquête, nous ont été laissés par des Romains ou des Grecs, souvent peu d'accord entre eux. Voici des monumens authentiques, des monumens irrécusables; et je suis convaincu que, si l'on veut ou si l'on sait y lire, on y trouvera des notions curieuses, à l'aide desquelles nos archéologues pourront écrire, sur nos premiers temps, quelques pages neuves et intéressantes. Je tiens, par exemple, pour indubitable, que, si, dans les communes de Chartres et de Dreux, ou dans quelqu'autre lieu de l'ancien pays des Carnutes, un hasard heureux faisait découvrir la sépulture d'un grand prêtre des druides, laquelle datât du troisième âge, nous y apprendrions, sur cette classe d'hommes, dépositaires du pouvoir et des sciences, beaucoup de choses que nous ignorons, et qui peut-être contrediraient ce qu'on nous a laissé sur eux.

J'ai dit qu'il fallait que le tombeau fût du troisième âge. En effet, à cette époque, la nation était civilisée, puisqu'on trouve, dans les sépultures, des ornemens d'or et d'argent. D'ailleurs, les morts alors n'étant pas brûlés, les objets inhumés avec eux doivent aujourd'hui se retrouver entiers presque tous.

SECTION VIII.

Constructions de divers genres sur les tombeaux.

Dans le premier âge, les sépultures avaient été ornées extérieurement par des décorations lapidaires de diverses formes. Au second et au troisième, elles le furent par des collines. Au quatrième et au cinquième, plus d'ornemens quelconques: les cercueils, enfouis assez profondément dans la terre, n'offrirent au-dehors aucun signe apparent qui les indiquât; ou s'il y eut quelques exemples contraires, tel que celui dont j'ai parlé, ce tombeau de Viromarus avec ménir et inscription latine, ce ne fut qu'un caprice particulier qui fait exception à la règle.

Chapelles.

Il paraît cependant, par le code salique, qu'il fut un temps où les Francs faisaient construire sur leur sépulture, ou une chapelle, ou une sorte de bâtiment quelconque, puisqu'il y a des peines prononcées par la loi contre celui qui pillerait ou détruirait ces édifices (1): mais cette double coutume n'eut lieu pour les Francs que postérieurement à Clovis, et lorsqu'ils furent chrétiens. On la trouve dans la

___

(1) Si quis basilicam super hominem mortuum expoliaverit. . . . . si quis, silave, quod est porticulus, super hominem mortuum dejecerit. . . . . *Coll. des Hist. de France*, tom. IV, tit. 58, pag. 154.

nouvelle version du code, publiée par Childebert et Clotaire, fils de ce prince. Il n'en est fait nulle mention dans le texte primitif, antérieur à cette version, et qui, comme je le prouverai bientôt ailleurs (1), est celui qu'Eccard a fait imprimer d'après un manuscrit de Wolfenbuttel.

Epitaphes.

C'est aussi dans les deux âges dont il est ici mention, qu'on décora les tombeaux d'épitaphes ou d'inscriptions tumulaires. J'ai parlé précédemment de ce genre d'ornement, que les Gaulois adoptèrent des Romains, et que le christianisme multiplia, comme je l'ai dit, dans les églises et les monastères.

Tombes.

J'ai dit également qu'au douzième siècle, on employa les tombes, et que par leur matière elles devinrent un objet de luxe. A cette époque, on fit dans Saint-Denis un tombeau pour

---

(1) Mémoire sur l'ancienne Législation de France.

Charles-le-Chauve ; et ce tombeau fut couvert d'une tombe en cuivre, qui représentait cet empereur en demi-relief. Au siècle suivant, elles devinrent très-communes. Je me contenterai de citer celle d'Ingerburge femme de Philippe-Auguste, à Saint-Jean-en-l'Ile, près de Corbeil; de Blanche femme de Louis VIII, à Maubuisson; de Marguerite femme de saint Louis, et de Blanche leur fille, à Saint-Denis. Le prince Louis, fils de ce même monarque, mort très-jeune et inhumé dans cette dernière église, en eut une en cuivre émaillé.

On en fit même de plus riches. Les tombeaux de Louis VIII et de Louis IX furent décorés d'une tombe d'argent doré, sur laquelle étaient ciselées des figures. Enfin, sur celui d'Alfonse de Brienne, comte d'Eu, on en plaça une en cuivre doré, enrichi d'émaux. Mais l'inconvénient qu'avaient ces dernières matières d'éveiller la cupidité des voleurs, fit qu'on n'employa plus que les tombes en cuivre. Les autres devinrent excessivement rares; et en effet, aucune de celles que je viens de citer, ou dorées, ou en argent, ne nous est parvenue.

Ce fut probablement pendant l'un ou l'autre de ces deux siècles, que l'abbaye de Saint-Germain en plaça une ornée de mosaïques et de filigranes en cuivre sur le tombeau de Frédégonde; car, malgré ce qu'en ont dit les bénédictins, malgré même les autorités de Mabillon et de Montfaucon, je ne la crois pas plus du temps de cette reine que les statues de leur portail.

Ces statues, qu'ils ont rendues fameuses, et qu'ils regardent comme faites au siècle des rois francs qu'elles représentent, étaient, selon eux, le plus ancien monument de ce genre qu'eût la France. Pour moi, j'ai peine à concevoir que les Normands, qui par trois fois brûlèrent et détruisirent l'église, aient eu par trois fois la complaisance de laisser subsister au portail ces objets qui, à leurs yeux, n'étaient qu'odieux ou ridicules, et qu'il leur était si facile de briser. Mais ce n'est pas ici le lieu de discuter ces opinions. On peut d'ailleurs consulter ce qu'ont dit à ce sujet Lebeuf (1) et D. Plancher; D. Plancher, qui, bien que bénédictin, n'est point de l'avis de ses confrères, et qui prétend que les statues sont du temps du roi Robert (2).

---

(1) Hist. du diocèse de Paris, tom. 1er, part. 2e, pag. 430.
(2) Hist. de Bourgogn., tom. 1er.

SECTION IX.

Mausolées.

Il n'est pas aisé de fixer, soit par l'histoire, soit par des monumens bien authentiques, l'époque précise où l'on a commencé à placer des statues sur les tombeaux. On en trouve dès le commencement du douzième siècle; et par conséquent, c'est au moins au douzième siècle que remonte l'usage des mausolées. Philippe 1er, mort en 1108, et inhumé à Saint-Benoît-sur-Loire, y fut représenté sur son tombeau par une statue couchée, vêtu des habits royaux, la couronne en tête, et tenant en main un gand de fauconnerie (1). Quand Suger, abbé de Saint-Denis, entreprit d'orner cette église, il y fit ériger un cénotaphe pour Dagobert, le fondateur de l'abbaye, prince dont le tombeau avait été précédemment pillé par les Normands; et le monument fut décoré aussi d'une statue. Louis-le-Jeune en eut une

---

(1) Monum. de la Monarch. franç., tom. 1er, pl. LV.

dans l'église de Barbeau, ainsi que la reine Constance sa seconde femme.

Je pourrais, pour le treizième siècle, citer un grand nombre d'exemples semblables; Montfaucon en a rapporté plusieurs, tant de princes et princesses, que de grands seigneurs. Saint Louis, à l'imitation de Suger, et pour honorer la mémoire de plusieurs rois ses prédécesseurs, leur fit ériger, dans Saint-Denis, des cénotaphes avec effigies.

Tombeaux en marbre.

Toutes ces statues des premiers temps furent en pierres. Enfin, vers le déclin du treizième siècle, on employa pour la famille de Louis IX, une matière plus précieuse. Philippe-le-Hardi, et Pierre comte d'Alençon, ses enfans; Charles d'Anjou son frère, Isabeau femme de Philippe, etc., eurent des tombeaux en marbre avec effigies pareilles.

Ces tombeaux devinrent très-communs au siècle suivant; mais, par leur magnificence et leur haut prix, ils ne purent l'être que pour certaines familles et certains personnages. Ceux de pierre ne cessèrent point d'être en usage, et l'on continua de les employer comme auparavant.

Une innovation aussi propre que les mausolées à flatter l'orgueil des castes distinguées, ne pouvait manquer d'être accueillie avec transport. Princes, nobles, prélats, abbés, tous, à l'exemple des rois, en ambitionnèrent un. On en vit jusque dans des églises de village, et presque partout ils portèrent l'effigie du mort : mais presque partout aussi ils éveillèrent les arts libéraux ; et jamais, en effet, mode n'avait été si favorable aux arts. Décoration des temples, dessin, sculpture, tous les talens purent se développer à la fois ; et la statuaire surtout, la statuaire qui alors était si importante pour la religion du peuple, et qui depuis si long-temps n'avait presque su produire encore que ces risibles figures de saints, en gaine, plaquées avec raideur contre les portails gothiques de nos églises.

Statues couchées.

Elle avait déjà fait un pas, et placé des effigies sur les mausolées. Il ne fallait plus qu'en varier les attitudes, leur donner de l'âme, de la vie et de l'action ; mais le mauvais goût, qui depuis si long-temps régnait seul sur la France, gâta tout. Tyran des arts comme de la littérature, il fit, de ces figures, des morts couchés sur le dos, les mains jointes, les pieds collés, la tête sur un oreiller ; et le marbre, fait pour les chefs-d'œuvres, ou destiné du moins exclusivement au beau, ne représenta, d'une extrémité de la France à l'autre, que de froids mannequins posés tous de la même manière, dans une attitude monacale, sans autre différence quelconque que le costume par lequel fut désignée chaque condition.

Costume des effigies.

Les caractères généraux de ce costume furent, pour les rois et les princes souverains, une couronne et un manteau : pour les chevaliers, l'armure, l'épée, les éperons de la chevalerie, souvent la cotte d'armes et un écu blasonné de leurs armes ; pour les gentils-hommes, non chevaliers, un écu semblable, sous les pieds un ou deux chiens de chasse (1), sur le poing

---

(1) Quelquefois on y plaçait, au lieu de chiens, un lion, symbole de la force et du courage.

un oiseau de fauconnerie, ou dans la main le gant qui servait à le tenir; c'est-à-dire, les emblêmes de ce droit de chasse, qui, appartenant exclusivement à la noblesse, en devinrent le signe distinctif.

Il en fut ainsi pour les femmes, pour les gens de robe, pour le clergé tant séculier que régulier. Tous eurent l'habillement propre à leur état; et ce costume, dans les commencemens, fut fidèle : mais, par la suite, il cessa quelquefois de l'être. Les sculpteurs, accoutumés à leur routine, ne s'astreignirent pas toujours aux variations de la mode : souvent il leur arriva de représenter une femme de tel siècle avec les habillemens qui étaient d'usage dans les siècles antérieurs et qui ne subsistaient plus dans le sien. On peut en voir des preuves multipliées dans les gravures des *Monumens de la monarchie française*, qu'a publiés Montfaucon ; et ceux de nos artistes qui, sans précaution et sans examen, iraient là prendre au hasard un costume, courraient par fois risque de se tromper.

Il y a même des conditions desquelles on peut dire, généralement parlant, qu'en dépit des changemens de la mode, leurs statues ont gardé long-temps leur costume primitif. C'est ainsi, par exemple, que, pendant plusieurs siècles, je vois presque constamment représenter les rois avec ce manteau sans grâce, rond comme les nôtres, et comme les nôtres agraffé ou retenu par devant. C'est ainsi que je vois, jusques sous Henri II, des effigies de chevaliers avec le haubert et le heaume de l'ancienne chevalerie, quoique depuis long-temps, on ne portât plus ni heaume ni haubert.

Ne nous fions donc pas toujours au costume des statues tumulaires, que nous trouvons gravées dans nos différens auteurs. Mais ce n'est pas assez : défions-nous encore de la pose et des attitudes qu'ils leur ont données. Oserai-je le dire? défions-nous spécialement, sur ce dernier objet, de Montfaucon (1).

Plusieurs fois, dans le cours de cet écrit, j'ai rendu justice à la vaste érudition de cet auteur, celui de tous, sans contredit, à qui la science de nos monumens nationaux doit le plus. J'avouerai même que personne n'a su apprécier aussi bien que lui, et avec la même

---

(1) Monumens de la Monarchie française.

justesse d'esprit, le vrai degré de mérite de ceux dont je traite : mais peut-être n'a-t-il pas surveillé assez l'exactitude de ses dessinateurs; et telles sont trop malheureusement en ce genre les préventions de la plupart des artistes, qu'exiger d'eux une imitation rigoureuse, c'est faire une demande impossible.

Trop peu instruits la plupart pour savoir ce que valent de pareils objets, accoutumés à ce qu'ils appèlent le beau, ils veulent tout ramener à leurs idées, et croiraient déshonorer leur talent, en le consacrant à des formes qui diffèrent des leurs. En vain vous leur direz que ce n'est point leur ouvrage que vous désirez connaître, mais celui du douzième ou du treizième siècle, et que, pour vous faire une juste idée de ce qu'était l'art dans ces temps-là, il faut qu'on vous le montre avec tous ses défauts; votre demande, toute sensée qu'elle sera, leur paraîtra gothique. Ils dénatureront l'objet; ils voudront corriger ses imperfections, changer ses attitudes, le poser à leur manière, lui prêter de la grâce, etc.; et voilà ce qu'ils ont fait pour l'ouvrage de Montfaucon. Examinez avec tatention, dans cet ouvrage, quelques-uns de leurs dessins; allez ensuite au musée des monumens français voir les originaux sur lesquels ils ont travaillé ; et je garantis, d'après mon expérience, qu'il vous sera impossible de les reconnaître. Sur les tombeaux, ces originaux sont tous couchés, les pieds collés, et dans l'état de mort : eux, ils en ont fait des statues en pied, d'hommes vivans. Presque toujours les effigies ont les pieds posés sur un chien ou sur un lion, les mains jointes, et au-dessus de la tête une sorte de dais en architecture gothique : chez eux, chien, lion, architecture, ornemens accessoires, sarcophages, tout est supprimé. Leurs draperies sont bien jetées ; le visage de leur figure, agréable ; les bras, libres, et dans des attitudes variées. Enfin, ils ont poussé l'affectation, le mauvais goût et l'ignorance, jusqu'à donner à du Guesclin une tête charmante.

Mausolées ornés de figures accessoires.

Ordinairement le mausolée était nu, sans ornemens, et ne portait qu'une effigie. Quelquefois cependant on voulut le décorer de figures accessoires. Ces objets furent taillés en relief dans le marbre ou la pierre, et distribués autour du massif ; mais ils se ressentirent de l'esprit du temps, et représentèrent tantôt dieu, la vierge ou des saints : tantôt quelque aventure de l'un ou de l'autre testament; tantôt des vertus personnifiées; quelquefois enfin des pleureuses, ou la famille du défunt, ainsi qu'on le voit dans Lille, au tombeau célèbre de Philippe de Marle, autour duquel sont sculptés les princes et princesses de la seconde maison de Bourgogne. Celui de Philippe-le-Hardi, à Narbonne, représentait un convoi funéraire.

Mausolées ornés d'anges.

Dans le quatorzième siècle, les sculpteurs ajoutèrent au lit sur lequel le mort était couché, une sorte de dossier ou de dais; et là ils mirent deux anges qui, les ailes éployées, tenaient un voile étendu, sur lequel ils enlevaient une petite figure nue et debout. C'était l'âme du défunt, qu'ils étaient supposés monter et porter au ciel.

Quelque risible que soit cette fiction, au moins elle était pieuse; elle était le fruit des opinions religieuses du temps, et l'on ne peut lui reprocher que le ridicule de son exécution. Mais il en est une qui, très-fréquemment employée pour la noblesse, et souvent même pour le clergé, révolte par l'orgueil et la sottise qu'elle annonce.

Dans celle-ci, les anges, au lieu d'un drap pour enlever l'âme du mort, avaient en main un encensoir pour l'encenser; et cet usage remonte au douzième siècle. On en voit un exemple à Neuilly-sur-Marne, au tombeau d'un ancien curé de ce village, Foulques, prédicateur célèbre dans son temps, mort vers 1200. Le tombeau est en pierre, et il porte une effigie de Foulques, avec deux anges qui l'encensent (1).

Et remarquez que ces honneurs scandaleux, ce n'était point seulement à tel ou tel membre du clergé qu'on les prodiguait parce qu'on le croyait mort saintement; c'était à des laïques nobles, et même à des femmes. Tel est entre beaucoup d'autres que je pourrais citer, cette dame d'Atteinville, inhumée en 1285 au village de ce nom, avec un mausolée semblable (2).

---

(1) LEBEUF, *Hist. du dioc. de Paris.*, tom. VI, pag. 20.
(2) *Ibid.*, tom. IV, pag. 362.

Souvent les sculpteurs, au lieu d'employer les anges à encenser un mort, leur faisaient soutenir son casque ou son écusson : souvent ils leur faisaient porter la queue de son manteau, ou tenir à genoux son livre de prières ouvert devant lui. Pendant sa vie, il n'avait eu pour valets que des hommes; mort, on lui donnait pour valets des anges. C'était dans les églises mêmes, dans les lieux où ces puissances célestes étaient l'objet du culte public, qu'on les abaissait à ce vil ministère; et tandis que là tout le monde était à genoux devant elles, la bassesse de l'adulation les y mettait à genoux devant lui.

Voilà ce que fut le premier âge des mausolées; voilà ce que, pendant le cours de plus d'un siècle et demi, la sculpture imagina de plus ingénieux et plus magnifique.

Quant au marbre, celui qu'elle employait pour les statues fut constamment le blanc, que, par cette raison, les artistes ont nommé *statuaire*.

Mélange du marbre noir et du blanc.

Néanmoins elle eut l'art d'y joindre adroitement le marbre noir, en formant avec celui-ci, ou la table ou le massif du tombeau. L'opposition tranchante des deux couleurs les faisait valoir l'une par l'autre, et ajoutait à l'agrément des deux.

Ce fut avec un tombeau en marbre noir et une effigie en marbre blanc, qu'on forma le monument de Philippe-le-Hardi, l'un des premiers que nous connaissions. Ce genre mélangé acquit même tout-à-coup une telle faveur, que la plus grande partie des mausolées qui eurent lieu par la suite, et spécialement pendant le quatorzième siècle, furent construits ainsi. Tels sont ceux de Philippe-le-Long, des six rois ses successeurs, de plusieurs princes et princesses de la maison royale, de Chanac évêque de Paris ; des connétables du Guesclin et Sancerre, etc.

Décorations gothiques.

Celui de Marguerite de Flandre, fille de Philippe-le-Long, fut orné, en outre, d'une sorte de décoration d'architecture gothique travaillée à jour.

Les ornemens de ce genre étaient fort usités. Dans le nombre des cénotaphes qu'avait fait construire saint Louis, il y en avait deux (ceux de Clovis II et de Charles-Martel) dont les statues portaient des décorations semblables. Elles représentaient la partie supérieure d'une voûte en ogive. Par la suite, on en mit de pareilles à presque toutes les effigies, et spécialement à celles de marbre. C'était une sorte de dais d'honneur, tendu au-dessus des morts ; et quoiqu'ils fussent couchés, on le plaçait sur leur tête, comme s'ils eussent été debout ou assis.

Statues en albâtre.

Cependant les mausolées ne furent pas tous en marbre, il y en eut beaucoup en pierre dure. Il y en eut à statues d'albâtre, tels que ceux de Charles VII et de sa femme ; ou totalement en albâtre, comme celui de Déponchier, érigé à Paris en 1521 dans Saint-Germain-l'Auxerrois. On en vit même dont l'effigie avait les mains et la tête ou le masque en marbre ou en albâtre, tandis que le reste du corps était en pierre. Mais si quelquefois il y eut de la différence dans les ornemens, ou dans la matière du monument, il n'y en eut point dans l'attitude du mort. Toujours ce fut une figure, en costume militaire ou civil, couchée sur une sorte de lit, dont la décoration, quand il en eut, consista ordinairement en personnages de dévotion.

Statues agenouillées.

Il n'en fut point ainsi pour les vitraux des chapelles sépulcrales d'églises. Les morts y furent représentés en état de vie, à genoux, les mains jointes, et dans la posture de quelqu'un qui prie Dieu. On peut en voir, dans Montfaucon, un grand nombre d'exemples, du treizième et du quatorzième siècles, pris sur des vitraux de Chartres, d'Évreux et d'autres lieux (1). Au quinzième, cette attitude fut adoptée pour les tombeaux. Les statues de Jean-Juvénal des Ursins mort en 1431, de sa femme morte en 1456, de Charles VIII mort en 1498, furent

----

(1) *Monumens de la Monarchie française*, tom. II et III. — WILLEMIN, *Monum. franç. inéd.* — LENOIR, *Hist. des Arts en France.*

agenouillées; et ce changement me paraît devoir former, pour les mausolées, un second âge.

SECTION X.

Mausolées du seizième siècle.

Bientôt les arts, appelés d'Italie par François 1er, vinrent se naturaliser en France. Près d'eux naquit l'étude de l'antique, l'amour et la connaissance du beau, l'enthousiasme du grand. Le roi lui-même, dont la tête exaltée dès sa jeunesse par son fanatisme pour l'ancienne chevalerie, fut, pendant tout le temps qu'il vécut, un peu romanesque; le roi ne contribua pas moins à leurs progrès par les ouvrages hardis qu'il voulut leur faire exécuter, que par les faveurs dont il les combla. Tel fut, entr'autres, le projet qu'il avait conçu d'élever dans Paris une statue colossale d'Hercule, qui aurait eu cinquante-deux pieds de haut. La mort l'empêcha de réaliser cette idée gigantesque, par laquelle il se flattait de faire oublier les colosses célèbres de l'antiquité : mais le modèle de son Hercule fut exécuté, et il resta même long-temps exposé à l'admiration publique dans l'hôtel de Nesle.

Mausolée de Louis XII et de la reine Anne.

A peine monté sur le trône, François 1er annonça ce goût vif, cet amour éclairé des arts, qu'il conserva toute sa vie, et qui, dans notre histoire, le distingue spécialement de tous les autres rois. Pour honorer la mémoire de son prédécesseur, il ordonna qu'il lui fût élevé un mausolée magnifique, différent de ce qu'on avait fait jusqu'alors; et ce bel ouvrage, qui, en France, allait ouvrir au goût et au génie une carrière nouvelle, il en confia, dit-on, l'exécution au florentin Paul Ponce, artiste récemment établi à Paris, et auquel les Parisiens donnèrent le nom de maître Ponce, sous lequel il est connu aujourd'hui; de même qu'ils donnèrent au Rosso, que le roi y attira, le nom de maître Roux.

Quel est son auteur ?

Personne n'est plus empressé que moi de rendre justice aux étrangers, lorsqu'ils ont des titres à notre reconnaissance; mais aussi, quand je n'aurai point de preuves qu'un ouvrage fait chez nous leur appartient, je me garderai bien de leur en faire gratuitement honneur à nos dépens. En vain j'ai consulté sur ce Ponce beaucoup d'auteurs, tant italiens que français : tout ce que j'ai pu en apprendre, c'est qu'il se fit connaître à Paris vers 1540, et qu'il y mourut en 1562.

La date de 1540 ne me paraît pas juste. Je citerai bientôt un mausolée fait par lui, en 1535, pour un prince italien mort dans cette ville quatre ans auparavant. Mais fît-on remonter jusqu'en 1530 son arrivée à Paris, ses droits au mausolée de Louis XII n'en seraient pas plus assurés. Ce tombeau fut achevé en 1518, trois ans après la mort du roi; la date s'y trouve gravée : et l'homme qui arrive en 1530, n'a pu, quinze ans auparavant, être chargé, par le monarque nouveau, de l'ouvrage le plus magnifique qu'allait avoir la France.

D'ailleurs, à ce doute raisonnable je puis ajouter une preuve positive; c'est le témoignage d'un auteur contemporain, Jean Brèche, avocat de Tours, qui, comme le porte le privilège de son livre, écrivait en 1553 (1), et qui

---

(1) Sepulcra monimentis ornata, hodiè visuntur passim

attribue le tombeau de Louis XII à *Jean Juste*, *statuaire très-distingué*.

Brèche saisit cette occasion pour faire l'éloge de sa ville, qu'il représente comme recommandable par différens genres d'industrie et de talens. Il parle de ses belles étoffes en soie et en or, de ses tapisseries au point et au métier, que Jean Duval et ses enfans avaient rendues célèbres. Il cite un Michel Colombe, qui avait été le sculpteur le plus fameux de son temps, et sept peintres renommés, Jean Fouquet et ses deux fils Louis et François, Jean d'Amboise, Bernard et Jean Déposé (1), et Jean Poyet, le plus habile de tous dans l'entente de la perspective.

Ce Juste, au reste, n'est pas un personnage

---

in nostrâ Galliâ summorum regum et magnatum, qualia potissimùm sunt in æde B. Dionysio sacra, ad Luthetiam : ubi, inter alia, videas monimentum marmoreum Ludovico XII dicatum, miro et eleganti artificio factum in præclarissimâ civitate nostrâ Turonensi, à Joanne Justo, statuario elegantissimo. *De verb. et rer. signif.*, pag. 410.

(2) Il y a, dans le texte, *Bernardus et Joannes deposoeus*. La signification de ce mot *deposoeus* ne m'étant pas connue, je l'ai pris pour un nom propre, quoiqu'il soit écrit par un *d* minuscule.

inconnu dans l'histoire des arts : il avait alors de la réputation pour les tombeaux, et il ornait les siens de niches et d'arcades, dans lesquelles il plaçait des statues de saints et autres semblables. Parmi ceux du temps, on lui en attribue en ce genre un assez grand nombre; mais comme il n'y a pas mis son nom, on ne peut alléguer en sa faveur que des traditions vagues et sans preuves.

Quant à ce que Brèche dit de lui, qu'il fit dans Tours celui de Louis XII, peut-être croira-t-on devoir ne pas prendre à la rigueur cette expression. Peut-être paraîtra-t-il invraisemblable que des pièces d'un travail délicat, et par conséquent fragiles dans le transport, aient été finies à vingt-six myriamètres du lieu où elles devaient être placées; tandis qu'elles pouvaient se travailler à Paris ou à Saint-Denis même. Mais rappelons-nous que le mausolée du maréchal de Saxe fut fait à Paris par Pigale, et transporté ainsi à Strasbourg; distance à peu près la même que celle qu'avait à parcourir le mausolée de Juste.

Celui-ci, long d'environ vingt pieds sur neuf de large et dix de haut, est un monument d'architecture, à jour de tous côtés, composé de douze arcades, orné de pilastres à base attique, et d'un socle qui représente en bas-reliefs les victoires de Louis XII en Italie. Aux quatre coins sont les vertus cardinales, plus fortes que nature; dans les arcades, les statues des douze apôtres; sur le haut du monument, celle du roi et de la reine, en habit d'appareil, de grandeur naturelle, et à genoux devant un prie-dieu; enfin, dans l'intérieur, deux autres statues des mêmes personnages, en état de mort, et couchés sur un tombeau, mais représentés nus.

Statues nues.

Cet état de nudité est à remarquer, et il fait époque dans les annales de notre sculpture : jusque-là, elle n'avait produit que des effigies armées ou vêtues.

Devenue plus hardie à mesure qu'elle devenait plus savante, elle se piqua de subjuguer l'admiration, en exposant sous ses yeux les effets pittoresques de la nature morte; de même que, dans les statues ordinaires, elle lui présentait les beautés de la nature vivante.

Je ne doute nullement que les deux statues

couchées du roi et de son épouse n'aient été dessinées fidèlement sur le nu, d'après les deux morts; et que, pour leur tête, on n'ait pris sur leur visage un moule en plâtre, selon les procédés dont j'ai parlé ci-dessus, à l'article des embaumemens. Pour s'en convaincre, il suffit de regarder la gorge affaissée de la reine, la bouche ouverte du roi, et ses traits hideusement décomposés, leur ventre recousu à tous deux, après avoir été ouvert pour l'opération de l'embaumement. La sculpture alors se faisait une loi de rendre dans toute leur vérité les détails de ce genre, quelque désagréables qu'ils fussent; et quand Juste présentait ainsi son roi et sa reine, c'est que réellement il les avait trouvés tels.

Les statues nues et couchées furent employées postérieurement encore pour deux autres mausolées royaux dont je ferai mention bientôt, celui de François 1er et celui des Valois : mais la coutume s'arrêta aux Valois. Quant aux familles particulières, elles ne l'adoptèrent pas; soit que l'opinion publique se fût accordée à la trouver rébutante; soit que les études anatomiques qu'elle exigeait, et qu'alors il devait être si difficile de pousser un peu loin, supposassent un talent très-rare, qu'il n'appartenait qu'à des souverains d'employer ; soit enfin par des motifs d'économie, et pour épargner une dépense qui devenait double.

En effet, on ne devine pas quel motif détermina les sculpteurs à placer sur un mausolée deux statues du même personnage, l'une nue et couchée, l'autre vêtue avec magnificence et agenouillée. Probablement ce fut chez Juste un effet du mauvais goût qui subsistait encore de son temps. Dans le premier âge des mausolées, ses prédécesseurs avaient couché leurs statues mortuaires ; dans le second, ils les avaient placées à genoux, quoique cependant plusieurs d'entr'eux continuassent encore à les coucher. Lui, il employa tout à la fois les deux genres de pose. Mais comme alors on avait l'usage d'être au lit nu et sans chemise, et que par conséquent il était contre le costume de représenter complètement habillés des hommes morts de maladie ; il crut sans doute devoir leur laisser cet état de nudité dans lequel les avait frappés la mort; et cette innovation était même d'autant plus faite pour lui plaire, qu'indépendamment du mérite de sa nouveauté, elle lui procurait encore celui de pouvoir développer les connaissances profondes qu'il avait en anatomie.

Squelettes en sculpture.

Le succès de cette innovation nuisit à l'art ; et tel est l'effet ordinaire du mauvais goût chez les peuples qui ne sont pas assez éclairés encore pour savoir que ce qui a le mérite de la vérité n'est pas toujours le beau. Dans les siècles précédens, on avait vu les sculpteurs, les peintres, les enlumineurs de manuscrits, représenter la mort sous la figure hideuse d'un squelette, qu'ordinairement ils armaient d'une faux. La réputation qu'acquirent les effigies mortes de Juste, tourna les têtes : on voulut enchérir sur lui. Les squelettes se multiplièrent ; on en fit en pierre, en albâtre, en marbre ; et plusieurs furent même renommés par la délicatesse de leur travail. Enfin la dévotion en plaça partout ; et telle est l'origine de ceux qu'on plaça dans l'enceinte du cimetière des Innocens, aux murs extérieurs de Saint-André-des-Arts, et dans d'autres lieux dont font mention les auteurs qui nous ont donné des histoires de Paris.

Ce n'est point à moi, c'est aux artistes qu'il appartient de prononcer sur les beautés et les défauts du monument élevé par Juste. Cependant, quand on songera que cet ouvrage, malgré les justes reproches qu'ils pourront lui faire, est une grande et vaste conception ; quand on se rappèlera que, bien supérieur à tout ce qu'avaient offert jusqu'alors les sépultures, il n'avait point eu de modèle, et qu'il fut le premier de son genre, n'avouera-t-on pas qu'il est le premier aussi auquel on puisse appliquer avec raison le nom de mausolée ?

Juste, par le grand caractère qu'il avait su lui imprimer, et par le genre d'ornement qu'il y avait employé, venait d'investir l'architecture du droit d'élever et d'embellir ces monumens. La sculpture, qui jusqu'alors les avait seule ordonnés, ne devait plus désormais y être admise que comme auxiliaire et comme décoratrice.

Mausolée de François Ier.

Tels furent en effet les mausolées de François Ier et de Henri II, érigés, l'un en 1550, l'autre dix ou onze ans plus tard. Chacun de ceux-ci, comme je l'ai déja remarqué, avait de commun avec celui de Louis XII, de représenter au-dessus de son entablement, le roi et son épouse revêtus des ornemens royaux, et priant Dieu à genoux ; tandis que, dans l'intérieur, les mêmes personnages étaient nus, et en état de mort. J'ajouterai que, dans les deux derniers monumens, ainsi que dans le premier, les statues couchées sont bien supérieures aux autres. Celles de François et de sa femme sont de magnifiques études anatomiques. On admire leur exécution ; et l'art n'a rien encore, en effigies funéraires, de plus beau que la tête du roi. L'artiste s'y est même montré, pour le goût, bien supérieur à Juste. Il n'a eu garde de présenter, comme celui-ci, un visage démonté par les convulsions de la mort, une bouche entr'ouverte d'une manière effrayante. Le prince vient de mourir, sa tête est renversée en arrière ; mais elle n'a encore rien perdu de son grand caractère : il en est de même pour la reine ; le sein, le visage, rien chez elle n'a eu le temps de se défigurer, de se déformer ; rien n'y est altéré.

Mausolée de Henri II, ou des Valois.

L'auteur des statues semblables de Henri II et de Médicis, paraît avoir senti ce genre de mérite, et cherché à le pousser plus loin encore. Le roi vient de mourir; et sa tête, comme celle de son père, est déjà renversée : mais la reine dort; la tranquilité de son repos semble annoncer le calme de son âme. Le spectateur sent avec plaisir ce doux sentiment passer dans la sienne; et il oublie, en regardant, que la femme qu'il voit est Médicis.

Ainsi marchent, ainsi se perfectionnent les arts.

Ce dernier monument est connu sous le nom de Tombeau des Valois, parce qu'en effet Henri II et sa femme y furent inhumés avec leurs huit enfans. Ce fut la reine qui, peu après la mort de son époux (en 1559), l'ordonna. Elle avait l'ambition de le rendre un des plus magnifiques qui existassent; et réellement, à en juger par les dessins gravés qui nous en sont parvenus, il serait devenu tel pour son temps, si les circonstances eussent permis de l'achever.

Mausolée de Montmorenci.

Après tous ces riches mausolées commandés au génie par l'orgueil, et qui, sous l'apparence de la reconnaissance et de la tendresse, n'annonçaient réellement que le faste et n'honoraient que les arts; il restait à désirer, pour l'honneur de la vertu, qu'enfin le véritable amour conjugal élevât le sien; et c'est ce qu'on dut à une femme estimable, qui toujours avait su se conserver telle au sein d'une cour excessivement corrompue, à Madeleine de Savoie, veuve du fameux connétable Anne de Montmorenci, mort en 1567. Elle en commanda un pour son mari et pour elle dans la petite ville de ce nom, et en confia l'exécution à Jean Bullant, artiste fort renommé.

Bullant, séduit par la réputation éclatante dont jouissaient les auteurs des trois grands mausolées que je viens de citer, n'osa point s'écarter, pour le sien, des formes qu'ils avaient adoptées pour les leurs. Comme eux, il en fit un monument d'architecture, orné de colonnes et couvert d'un demi-cintre; comme eux enfin, il y plaça quatre statues, deux couchées et deux à genoux. Mais il s'est éloigné d'eux, en ce qu'au lieu de représenter nues ces deux effigies couchées, il les a faites vêtues, et qu'il a donné à la connétable les habits qui alors étaient d'usage pour son rang, et au mari une armure complète, avec les cordons des ordres dont il était décoré.

Ce changement est à remarquer encore pour l'histoire de l'art. Bullant, en l'employant, ne fit-il que déférer à l'opinion publique? Fut-ce chez lui l'effet de la réflexion et du goût? ou n'agit-il que d'après les ordres de la veuve? Ce qui me ferait soupçonner que ce fut celle-ci en effet qui ordonna la réforme, c'est qu'elle ne mourut qu'en 1589, onze ans après Bullant; que les deux effigies qui la représentaient durent, par conséquent, être faites pendant sa vie, quoiqu'on ne les ait placées sur le tombeau qu'après sa mort; et qu'une femme aussi vertueuse, ne pouvait manquer de trouver indécent l'état de nudité dans lequel on exposait son sexe, et dans lequel on allait, de son vivant, l'exposer elle-même.

Les artistes ont remarqué dans le mausolée quelques imperfections, parce que Bullant mourut avant d'y avoir mis la dernière main.

D'ailleurs les protestans, pendant les guerres de la ligue, le mutilèrent en haine du connétable, qui, pendant sa vie, leur avait fait beaucoup de mal. Enfin, il a été maltraité de nouveau dans le cours de la révolution. On répara dans le temps les dommages qu'y avaient faits les protestans. Sans doute la commune de Montmorenci s'empressera également, pour l'honneur des arts et pour le sien, de faire oublier ceux dont un moment d'égarement la rendit coupable.

On n'attend point de moi que je fasse connaître, par des détails qui seraient ici déplacés, ce monument, dont on peut trouver ailleurs la description (1). J'en dirai autant pour les trois tombeaux de Louis XII, de François Ier et des Valois. Transportés tous trois à Paris depuis la révolution, ils y ont été placés tous trois dans le musée des monumens français; et c'est là qu'on peut les connaître et les voir, à moins

---

(1) *Merc. de France*, année 1740, pag. 1540. — LELAB., *Add. aux Mém. de Casteln.*, tom. II, pag. 506. — LEBEUF, *Hist. de la banl. eccl. de Paris*, pag. 381. — LENOIR, *Hist. des Arts en France*.

qu'on ne veuille se contenter de la notice et de la gravure qu'en a données Félibien (2).

Celui de François 1er fut fait, dit-on, d'après les dessins du Primatice, l'un de ces artistes que le roi attira d'Italie, et qu'il combla de pensions, de dignités et de bénéfices. On attribue les statues à Paul Ponce, et certaines parties d'ornement à Gougeon, l'homme réputé jusqu'à présent le plus habile dans l'art du bas-relief.

La même incertitude règne sur le mausolée des Valois. Les dessins en sont attribués à Philibert de Lorme, et l'exécution à Germain Pilon.

Non nostrûm... tantas componere lites:

Mais n'est-ce pas un fait bien singulier que celui de ces trois mausolées, regardés dans leur temps comme la merveille du siècle, et sur les

―――――――――――――――――――

(1) *Hist. de l'abb. de S.-Denis*, pag. 562.

Les mausolées de Louis XII, de François 1er et des Valois, ont été reportés à S.-Denis, depuis la destruction du musée des monumens français. M. F. Imbard a publié la description des deux premiers tombeaux; il y a joint les plans, coupes, élévations, profils et détails. *(Note de l'Editeur.)*

auteurs desquels nous n'avons pourtant aujourd'hui que des notions vagues?

Statues en bronze.

On n'avait employé, pour les deux premiers, que du marbre statuaire: tout y était marbre. Dans celui des Valois, les deux statues agenouillées de Henri et de sa femme, ainsi que celles des quatre Vertus cardinales qu'on y a placées pour ornement, sont en bronze; et il en est de même pour les deux effigies à genoux du tombeau de Montmorenci.

Cet usage n'était pas nouveau; Saint-Denis en offrait déjà plusieurs exemples. Le tombeau de Barbazan, mort en 1432, y était tout en bronze. Celui de Charles VIII avait également en bronze la statue de ce prince, et celles de quatre anges, dont chacun était représenté portant son écusson. Enfin Paul Ponce, en 1535, dans l'église des cordeliers de Paris, avait orné d'une effigie semblable le mausolée d'Albert Pio de Savoie, prince de Carpi.

Statues en diverses attitudes.

Cette statue de Pio offre une singularité remarquable; c'est qu'au lieu d'être, ou couchée, ou à genoux, comme toutes l'avaient été jusque-là, elle représente le prince assis, entouré de livres, et occupé à lire. Quelques années plus tard, Cousin représenta l'amiral Chabot à demi-couché, le coude appuyé sur son casque. En 1556, le même Ponce varia encore ces attitudes pour Maigné, capitaine des gardes-de-la-porte de Henri II. Il avait assis Pio au milieu de ses livres, et en avait fait un savant: il fit de Maigné un guerrier armé, l'assit sur un piédestal armorié, le coude sur un coussin, la tête penchée et appuyée sur la main, comme un homme qui vient de s'endormir.

Ces tentatives heureuses annonçaient les efforts du génie luttant contre les entraves de la routine. Il sentait combien était insipide et rebutante la monotonie des deux attitudes employées pour les effigies, et cherchait à leur en substituer d'autres, plus variées, plus agréables, et telles que dans l'image de la mort elles nous retraçassent encore celle de la vie.

Colonnes.

Il imagina même d'employer, pour la décoration des sépultures, une autre sorte de monument imité de l'antique, et qui ne ressemblait en rien aux précédens; c'était des colonnes plus ou moins embellies. Telle fut celle de François II, chargée de flammes, ornée de génies qu'on attribue à Ponce, et surmontée d'un vase en bronze dans lequel était le cœur du monarque. Telles furent celles du connétable Anne de Montmorenci, qui est torse et décorée de lauriers et de feuilles de vigne, et qui portait de même son cœur; celle de Timoléon de Cossé érigée en 1572, et ornée de chiffres et de couronnes; celle du cardinal de Bourbon, roi de la ligue, surmontée de sa statue, etc. etc.

Figures groupées.

Tel fut enfin le groupe des trois Grâces, destiné à porter de même le cœur de Henri II, et qu'on regarde comme le chef-d'œuvre de Germain Pilon.

Ces divers essais méritaient d'être accueillis; ils ne le furent point. A la vérité les effigies nues eurent un règne fort court; elles avaient été employées pour trois de nos rois, et ne le furent que pour eux.

Les statues couchées, finirent également vers le milieu du seizième siècle, au moins pour la capitale.

L'usage des statues agenouillées dura plus long-temps. Elles sont intéressantes, il est vrai, par la variété des costumes qu'elles présentent; mais elles ne diffèrent guère entr'elles et ne pouvaient même guères différer que par les figures accessoires qu'elles ont ou n'ont pas. Colbert, à qui tous les arts devaient tant, ne fut représenté qu'à genoux et les mains jointes. Ce mauvais goût s'est même propagé jusque dans le dix-huitième siècle; et l'on a vu encore à l'église des Blancs-Manteaux, en 1710, un lieutenant-civil dans cette posture, tandis qu'un ange agenouillé devant cet obscur magistrat, lui tenait ouvert son livre de prières.

La sculpture enfin secoua ce dernier joug de la routine, comme elle avait déjà secoué les autres. Pour la pose, la draperie, l'action de ses personnages, elle n'écouta plus que le goût et le génie; mais il y eut des entraves que, malgré tous ses efforts, elle ne put briser. Astreinte par l'usage à placer exclusivement dans les églises les tombeaux qu'on lui demandait, elle continua de se voir obligée à les rendre propres pour des églises.

Je viens de tracer une esquisse historique de nos anciennes sépultures nationales. J'ai décrit les changemens qu'elles ont subis dans leurs formes, dans leurs divers genres de décorations extérieures, et dans leurs différens modes successifs. Mais, quoique ce travail ait peut-être l'avantage d'offrir quelques vues et quelques recherches nouvelles, néanmoins il lui manquerait le genre de mérite qu'il peut et doit avoir encore, si je ne tâchais de le rendre utile en l'employant à enrichir nos cabinets d'antiquités.

La découverte d'un tombeau antique est un de ces effets du hasard qui, par leur rareté, deviennent presque un phénomène, et sur lesquels, par conséquent, il faut peu compter pour les progrès de nos connaissances archéologiques. Mais, comme elle est toujours due à des travaux ou des remuemens de terre qui ont un tout autre motif, et que ceux qui la font sont ordinairement des agriculteurs ou des ouvriers, le sort ordinaire du tombeau est d'être pillé. Les objets qu'ils y trouvent ne consistent-ils qu'en antiquités? ils les gaspillent ou les détruisent. Sont-ce des objets précieux? ils les dérobent. Encore, si ces hommes ignares et avides réfléchissaient assez pour soupçonner qu'en allant porter leur bonne fortune chez un antiquaire instruit, ils en auraient de lui bien au-delà de sa valeur réelle! Mais ils ne savent que courir furtivement chez un orfèvre; et trop souvent il arrive que celui-ci, après avoir eu la mauvaise foi d'abuser de leur crainte pour acheter à bas prix leur butin, a encore l'ineptie de mettre tout au creuset, parce qu'il n'y voit que de l'or ou de l'argent à fondre.

Ainsi, tout est perdu pour la science. L'événement même reste presque toujours inconnu. A peine, lorsque le hasard en fait percer quelque chose, en parle-t-on à un ou deux myriamètres à la ronde; et si, par bonne fortune, un vent favorable en porte la nouvelle aux oreilles d'un homme de lettres, il ne trouve à consigner, sur les circonstances et les produits de la découverte, que quelques bruits vagues et très-probablement erronés, parce que les voleurs et les complices avaient intérêt à tout taire et à tout déguiser.

Moi même je l'ai éprouvé, quand j'ai visité l'Auvergne. En 1782, on avait trouvé, dans les environs de Clermont, un tombeau; et en 1784, un autre. Arrivé sur le lieu peu d'années après, en 1788 et 1789, j'ai tout fait pour connaître les détails de l'événement. Eh bien! malgré mes soins, mes questions et mes recherches, tout ce que j'ai pu en savoir (encore fut-ce par le propriétaire du local), tout ce que j'ai pu en dire dans le *Voyage* que j'ai publié, c'est que l'un des monumens offrit sept squelettes avec des chaînes; et l'autre plusieurs morts, avec des médailles, des urnes et des vases de différentes formes.

N'espérons donc rien des chances du hasard, et ne comptons sur d'autres succès que ceux que nous devrons à nos recherches, à nos travaux et à nos soins. L'histoire, par exemple, nous apprend que Paris possédait, dans son enceinte actuelle, plusieurs tombeaux des rois de la première race; et elle en désigne d'une manière précise l'emplacement. Nos départemens ont en abondance toutes les espèces que j'ai décrites. Voilà ce qui, en apparence, promet à nos vœux quelque espoir ; mais cet espoir est-il fondé ? et jusqu'où peut-il s'étendre ? Voilà en même temps ce que je me propose d'examiner.

SECONDE PARTIE.

Tombeaux des rois dans l'église de Saint-Germain-des-Prés.

Deux des fils et des successeurs de Clovis avaient porté la guerre en Espagne ; et Childebert, l'un d'eux, assiégeait Saragosse. Les habitans, pour l'appaiser, lui livrent quelques reliques, et spécialement une stole ou tunique, qu'ils disaient avoir été celle du diacre martyr saint Vincent.

Plus fier de cette conquête que de celle de toute l'Espagne entière, le roi franc revient dans ses états ; et, pour placer sa tunique, il fonde, l'an 558, en l'honneur du saint, une riche et magnifique abbaye qui, après en avoir pendant près de deux siècles porté le nom, prit enfin, par les raisons que personne n'ignore, celui de Saint-Germain-des-Prés.

Doit-on en croire nos vieux auteurs, lorsqu'ils parlent de l'église de ce couvent? Sa somptuosité, à les entendre, était une merveille. Voûte ornée de lambris dorés, murs embellis de peintures à fond d'or, colonnes de marbre, pavés en mosaïques : rien, selon eux, n'y était épargné. Aussi le peuple lui donna-t-il par la suite le surnom de *dorée*. Quoi qu'il en soit de ces récits plus ou moins exagérés, on ne peut douter que, pour le temps, sa magnificence ne fût fort grande, puisqu'environ quatre-vingts ans plus tard, Dagobert, piqué d'émulation, voulut aussi, à l'exemple de Childebert, fonder une abbaye opulente. Celle-ci, devenue bientôt plus célèbre que l'autre, porta le nom de Saint-Denis; et, comme s'il eût eu le projet d'effacer en gloire d'institution monastique le faste de Childebert, il combla la sienne de richesses, « non seule- » ment en or et en pierreries, mais encore en » terres et en possessions,(1). »

Childebert à sa mort fut inhumé dans le couvent qu'il avait fondé; et après lui, trois fils de rois, quatre rois ses successeurs, et

_____

(1) Montfauc., *Monum. de la Monarch. franç.* t. 1er, p. 157.

quatre reines, parmi lesquelles on compte son épouse, y eurent, ainsi que lui, leur sépulture.

Le même motif fit inhumer Dagobert à Saint-Denis; mais cette innovation devint funeste à Saint-Vincent. Ce ne fut plus dans cette dernière église qu'eurent lieu désormais les sépultures royales. La mode passa pour toujours à Saint-Denis; et Saint-Denis, depuis cette époque, reçut cinq rois de la première race, six de la seconde, sans compter presque tous ceux de la troisième, ainsi qu'un très-grand nombre de reines, de princes et princesses, et autres personnages plus ou moins illustres.

D'après cette brillante énumération, il semblerait que c'est vers Saint-Denis que devraient se diriger les fouilles que je propose, et l'on se tromperait. Ce monastère a successivement et si cruellement été pillé par les Normands, par les Armagnacs, les huguenots et les frondeurs, qu'il ne laisse à nos pures et pacifiques recherches aucun espoir.

Déjà, dès le douzième siècle, il n'avait plus de tombeaux antiques. Suger alors commença, comme je l'ai déjà remarqué, d'y substituer quelques cénotaphes. J'ai dit aussi que saint

Louis, dans le treizième, en ajouta plusieurs autres; de sorte que, dès-lors même, on ne possédait plus pour ces tombeaux-là que de simples noms et des inscriptions.

Il en est un pourtant de la première race pour lequel tout espoir ne serait pas interdit encore, c'est celui d'un frère de la reine Nanthilde. Celui-ci a probablement échappé aux pillages; au moins il n'existe aucune preuve écrite qu'il ait été spolié, dit l'historien de l'abbaye, D. Félibien (1) : mais aussi l'on n'a sur son emplacement aucun renseignement; et puisqu'il faudrait, pour le trouver, remuer le sol entier de l'église, nous devons le regarder comme perdu pour nous (2).

J'en dirai autant de ceux de la famille de Clovis qui se trouvent à Sainte-Geneviève;

---

(1) Hist. de l'abb. de St.-Denis, pag. 550.

(2) Outre ce tombeau du frère de Nanthilde, Félibien en place, dans S.-Denis, un autre qu'il dit également intact, celui d'un fils de Frédégonde, mort très-jeune. L'auteur s'est trompé. L'abbaye, au temps de Frédégonde, n'existait point encore; elle ne fut fondée que plus d'un demi-siècle après la mort de cette reine. De son vivant, les rois et leurs familles étaient inhumés à S.-Vincent; et Frédégonde elle-même y eut sa sépulture.

entreprendrons-nous de les chercher, quand rien ne nous dit où ils sont? C'est donc vers Saint-Germain qu'il faut tourner nos vœux; et, en conséquence, c'est de Saint-Germain que je vais parler.

Quoique, jusqu'ici, je n'aie fait mention que de ces tombeaux de rois, on ne peut douter qu'il n'en ait eu d'autres, et que, pendant les quatre-vingts années où la mode fut, pour les souverains du royaume de Paris et pour leur famille, de s'y faire inhumer, beaucoup d'officiers de leur maison, beaucoup de grands seigneurs, et même d'autres personnages moins distingués, n'y aient choisi également leur sépulture; et pour n'en citer qu'un exemple, nous lisons dans la vie de saint Germain, que son père et sa mère y eurent la leur.

D'ailleurs, l'histoire de l'abbaye nous apprend qu'en 1643, des travaux particuliers ayant nécessité des fouilles dans le préau du cloître, on y trouva deux tombeaux; et très-certainement il doit en recéler d'autres. Ce lieu est du nombre de ceux qui, en style de rit ecclésiastique, sont réputés *terre sainte*; et par conséquent, des chrétiens purent y être ensevelis, de même que dans l'église.

Les deux cercueils contenaient chacun un corps; mais l'un ne renfermait rien autre chose, et l'autre n'avait qu'une très-petite lampe et un petit crucifix en cuivre, avec une double inscription qui annonçait que le mort se nommait *Hilpéric*.

Probablement tous deux avaient été dépouillés au temps des Normands. Ces pirates pendant leurs quatre-vingts années de brigandages, brûlèrent par trois fois le monastère et l'église: mais c'était particulièrement aux sépultures qu'ils en voulaient. Sûrs qu'elles renfermaient des trésors, ils brisaient et dépouillaient toutes celles qu'ils pouvaient découvrir. Ce qu'ils trouvaient dans l'une, n'était pour leur cupidité qu'un espoir et un motif d'en chercher d'autres. Mais les voleurs craignent la peine; tout long travail les rebute. Pressés d'acquérir beaucoup en peu de temps, ceux-ci devaient se dégoûter promptement de remuemens de terres aussi pénibles dans leur exécution qu'incertains dans leurs succès. Ils ne pouvaient manquer d'y renoncer bientôt pour courir à des entreprises d'un autre genre, plus faciles et plus sures encore, ainsi que plus productives; et c'est cette impatience d'avarice et d'avidité qui nous a conservé quelques uns des tombeaux ; car quelques uns leur échappèrent : on va en voir les preuves.

Tombeaux découverts et dépouillés.

En 1645, les religieux firent reconstruire leur chœur, et ces travaux exigèrent de grands remuemèns de terre. Mais, par une négligence impardonnable, quoiqu'ils ne dussent pas ignorer que ce sol contenait plusieurs tombeaux antiques, ils négligèrent de faire surveiller les travailleurs. A peu de profondeur, des sépultures furent mises à découvert, et entre autres, celles de Childéric II, de la reine Bilihilde son épouse, et du jeune Dagobert leur fils. Elles furent pillées, puis recouvertes de terre pour cacher le vol ; et en effet, il resta ignoré jusqu'à l'année 1656, où le hasard le fit connaître. Cependant, avant cette époque, un des spoliateurs se décéla lui-même en s'accusant ; et cet homme, qui l'aurait cru ! était un des religieux.

En 1631, la réforme avait été introduite dans l'abbaye. On y avait mis des moines réformés de la congrégation de Saint-Maur. Quant aux moines anciens, ils s'opposèrent long-temps au changement; et il fallut, pour les soumettre, employer l'autorité des tribunaux et du souverain. Ceux d'entre eux qui ne voulurent pas s'assujétir à la règle nouvelle, furent obligés de sortir. Ceux qui préférèrent de rester, s'accommodèrent comme ils purent, aux circonstances; et c'était un de ces derniers qui, en 1645, avait volé les tombeaux ou qui du moins avait été un des spoliateurs.

D'abord, il changea en espèces courantes les objets précieux qu'il trouva. Mais quelques années après, étant tombé malade, il confessa publiquement sa faute, et remit entre les mains de son supérieur 13,000 francs qui lui restaient encore, et qui, en 1664, furent employés à la construction de cet orgue que, pendant long-temps, on a regardé comme des plus renommés de Paris.

Cette anecdote nous a été transmise en 1729, par un homme dont le témoignage est irrécusable : c'est Montfaucon, religieux du même couvent, mais religieux de la congrégation de Saint-Maur, et qui, par une suite de ces petites dissensions haineuses si ordinaires dans le cœur humain, et qui ne l'étaient que trop dans les monastères, ne craigait point d'inculper une branche proscrite de son ordre, que, comme réformé, il ne devait point aimer.

Quoi qu'il en soit de son motif, il dit avoir, dans sa jeunesse, appris le fait de quelques vieillards qui en avaient été témoins, et dont alors plusieurs vivaient encore.

Il est très-probable que Mabillon, qui, au commencement de notre siècle, parlait du vol, dans un Mémoire lu à l'académie des belles-lettres dont il était membre, connaissait, aussi bien que son confrère Montfaucon, l'anecdote du moine; il est plus que probable que Bouillard, qui, en 1724, publia l'histoire de ce couvent, la connaissait également : cependant, aucun des deux ne la cite. Moins vrais, moins sincères que Montfaucon, ils ont craint sans doute qu'il n'en rejaillît quelque honte sur leur ordre; et tous deux ont rejeté entièrement le vol sur les ouvriers.

Ce larcin fut, comme je viens de le dire, constaté onze ans après, en 1656. Alors les religieux, qui venaient de faire reconstruire à neuf leur chœur, voulurent y placer des stalles nouvelles, dignes de l'édifice. Il fallut donc de nouveau creuser la terre; mais, en fouillant, on fut fort étonné de trouver une suite de bières en pierre. Elles se prolongeaient depuis l'emplacement des stalles jusqu'à l'autel, et n'avaient, pour la plupart, ni inscription, ni indication quelconque.

A peine eut-on commencé à les ouvrir, qu'on s'aperçut qu'elles avaient été dépouillées. Les ossemens étaient même déplacés dans la plupart. Cependant il y en eut dans le nombre plusieurs dont les corps se trouvèrent intacts, parce qu'apparemment les voleurs avaient pu dépouiller le mort sans le déranger ; et parmi celles-ci, quelques-unes offrirent des vestiges de bottines en cuir, qui prouvaient que les corps qu'elles renfermaient, avaient été ensevelis habillés, tandis que dans d'autres, ils étaient enveloppés de suaires en toile, en soie ou en étoffes précieuses.

On ne trouva dans le tombeau de Childeric II, qu'une épée rouillée, un grand vase de verre qui contenait encore quelques parfums, avec un long bâton de coudrier et une sorte de canne ou de sceptre antique, qui avaient chacun vingt-deux décimètres (six pieds neuf pouces); ce qui était la longueur de l'intérieur du cercueil. On se doute bien que ces objets avaient été dédaignés par les voleurs. Cependant à force de chercher, on en aperçut quelques autres, plus précieux, qui avaient échappé à la précipitation de leur enlèvement. C'était une boucle de baudrier en or, pesant huit onces, et quelques petites plaques minces et quarrées en argent, lesquelles avaient servi d'ornement au baudrier, et qui portaient une figure de serpent à deux têtes.

A ces preuves de spoliation et de vol, on ne manqua pas de jeter des soupçons sur les ouvriers qui, onze ans auparavant, avaient travaillé là. Probablement, le moine, en s'accusant, ne s'était pas cru obligé de les dénoncer. On les fit donc venir; et quoiqu'on ne dût attendre d'eux que déguisemens et mensonges, on les interrogea.

Ils avouèrent qu'en ouvrant le cercueil de Childéric, ils avaient vu sur le visage du prince une toile d'or qui le lui couvrait (1); et sur sa

---

(1) Je trouve qu'au xie siècle, les Normands établis en Italie avaient conservé la coutume de couvrir le visage des morts ; mais les Normands employaient pour cet usage un voile enduit de cire.

Impositus feretro ; pannusque obducere cerâ
Illitus, hunc facie jussus latitante fuisset :
Ut Nortmannorum velare cadavera mos est. GUILL. APUL.

tête un grand passement d'or en forme de diadême; qu'il avait des éperons et une ceinture enrichie d'ornemens en argent; enfin, que Bélihilde, son épouse, était parée de ses habits royaux, et qu'elle avait sous la tête, en forme de coussin, un faisceau d'herbes aromatiques. En effet, le cercueil contenait encore quelques parcelles éparses de ces herbes, avec un bâton de coudrier rompu en deux. Quant au tombeau du jeune Dagobert, il ne firent aucune déclaration.

Tout imparfaits qu'étaient ces aveux, tout infidèles même qu'ils paraissaient être, ils suffisaient cependant pour mettre en accusation les coupables; mais on ne pouvait les inculper, sans compromettre la mémoire du moine mort, et avec lui l'abbaye et l'ordre entier. On préféra donc d'assoupir l'affaire : il n'y eut ni dénonciations, ni poursuites; et c'était le parti le plus sage qu'on pût prendre.

Cependant je ferai sur ce moine une réflexion. Cet homme assurément ne fut pas celui qui fit la découverte des tombeaux, puisqu'il n'avait été, ni n'avait pu être un des travailleurs. Sans doute il se trouvait là par désœuvrement, quand elle eut lieu. Probablement encore les ouvriers, pour avoir le droit de voler impunément sans être dénoncés, lui proposèrent de l'associer à leur butin, et probablement il accepta la proposition : mais, dans ce cas, il n'eut que sa part.

Maintenant, voulons-nous avoir une idée de ce que valait cette part? songeons que nécessairement cet homme dut, comme tous les filous, aller furtivement la porter chez un changeur ou chez un orfèvre, et qu'il ne put s'en défaire et la vendre qu'en la cédant à un prix très-bas. N'oublions pas que, pendant plusieurs années, toutes ses dépenses et ses fantaisies furent prises sur l'argent qu'elle lui avait procuré, et que certainement il ne dut, pendant ce temps, se rien refuser. Enfin, rappelons-nous qu'après cette longue suite de prodigalités, qui ne lui coutaient aucune peine, il se trouva néanmoins posséder encore en mourant, treize mille francs, qui aujourd'hui en feraient plus du double de notre monnaie(1). A la somme considérable que lui produisit sa

---

(1) Selon Leblanc, le marc d'argent fin valait, en 1642, 26 liv. 10 s.; selon Dupré-de-S.-Maur, il valait 28 liv. 13 s. 8 den. Aujourd'hui il vaut 52 fr.

part, ajoutons maintenant, par la pensée, celles que valurent toutes les différentes parts des ouvriers; et jugeons de ce que les tombeaux contenaient de richesses!

J'ai dit précédemment que, parmi les sépultures de l'église, il en est qui sont indiquées par l'histoire, telles que celles des rois et des princes de leur sang; mais qu'il en est d'autres aussi de personnages considérables du temps, dont elle ne fait pas mention. Le fait que je viens de rapporter des sépulcres spoliés en fournit la preuve, puisque, dans le nombre de ces monumens, il ne s'en trouva que trois de connus.

Quant à ceux de famille royale, il en est neuf qu'il ne faut pas faire entrer dans notre projet. Ce sont ceux de Childebert Ier et de son épouse Ultroghote; de Chilpéric Ier et de Frédégonde sa femme; de Clotaire II et de la reine Bertrude; enfin de Childéric II, de Bilihilde et de leur fils Dagobert. Ceux-là ont été ouverts en différens temps. Les ossemens en ont été levés et déposés ailleurs; et par conséquent, nos collections d'antiquités n'y trouveraient rien à recueillir que les cercueils.

A la vérité, il en est d'autres, tels, par

exemple, que ceux des deux princesses Chrodesinde et Crotberge, filles de Childebert, qui, bien connus, bien indiqués par les annales du temps, sont intacts encore. Au moins aucun auteur, aucun écrit quelconque ne nous dit qu'ils aient été fouillés ni par les Normands, ni postérieurement à eux; et comme tout fait croire qu'ils sont entiers, tout fait présumer aussi que, parmi les antiquités de toutes espèces qu'ils renferment, rien ne manquera que ce que le temps en aura détruit. Mais l'emplacement de ceux-ci est inconnu: faute d'indications précises, nous n'aurions, pour les trouver, que les chances d'une fouille faite au hasard; et malgré toute la valeur des acquisitions qu'ils nous laissent entrevoir, je dirai, comme je l'ai dit précédemment des deux de Saint-Denis, qu'ils sont pour nous comme n'existant pas.

C'est donc un autre projet que je proposerai au gouvernement, un autre où je puis, pour ainsi dire, lui montrer du doigt le lieu précis des travaux, qui n'exigera de lui qu'une dépense très-bornée, et dont le succès peut au moins, quel qu'il soit, être vérifié dans un jour. Voici ce dont il s'agit.

En 1704, les religieux, jaloux d'exposer aux yeux du public la châsse de leur second patron, l'évêque Germain, firent démolir l'ancien autel pour en construire un nouveau. En creusant les fondemens de celui-ci, on trouva à plus de deux mètres (six ou sept pieds) de profondeur, plusieurs cercueils en pierre, dont un, plus grand et plus orné que les autres, avait son couvercle fait en dos d'âne, et sculpté en écailles (1).

Montfaucon était, avec cinq ou six de ses confrères, présent à cette découverte; et assurément elle ne pouvait être faite devant un témoin plus capable d'en rendre un compte savant. A la position particulière et distinguée qu'occupait la bière antique qui en était l'objet, à sa grandeur et à ses ornemens, il ne lui fut pas difficile de deviner qu'elle appartenait à quelque roi de la race de Clovis. Il soupçonna même que c'était celle de Caribert, jusqu'alors connue et non trouvée; et il annonça que, bien qu'elle ne portât rien au-dehors qui indiquât le nom du prince,

_____

(1) Monum. de la Monarch. franç., tom. 1er, pag. 159.

on trouverait probablement ce nom peint ou gravé dans l'intérieur, selon l'usage du temps.

En conséquence, il proposa d'en faire l'ouverture à l'instant même ; et ses confrères, dont l'imagination, déjà échauffée par ses discours, s'exaltait encore par l'attente de ce qu'allait leur offrir de rare le monument, appuyèrent fortement son avis.

Mais il y avait là aussi un assistant du général ; et celui-ci, sous prétexte qu'en 1645 les tombeaux dont j'ai parlé plus haut avaient été pillés, blâma la proposition. En vain on lui représenta que les spoliations de 1645 avaient été faites clandestinement, et qu'en sa présence, ainsi que devant tant de religieux, rien de semblable n'était à craindre ; on ne put rien gagner sur cet homme opiniâtre et borné, il persista obstinément dans son avis ; et en vertu de l'obéissance qu'on lui devait comme supérieur, il défendit l'ouverture.

On laissa donc le cercueil à sa place, et il fut recouvert de terre comme auparavant.

Bouillart est encore ici, comme il l'a été précédemment, moins fidèle et moins véridique que son confrère Montfaucon. Il ne dit rien de l'anecdote de l'assistant : mais il nous apprend (1) que, sur le tombeau recouvert, on construisit un cintre en maçonnerie ; et ce cintre est pour nous un renseignement très-utile.

Au reste, quoiqu'on ne puisse entendre, sans de vifs regrets, conter l'acte d'autorité de ce supérieur, nous devons nous en applaudir aujourd'hui, puisque ses ordres contrarians ont ainsi conservé pour nous une découverte que nous ne connaîtrions que par récit.

Eh bien ! mettons à profit ses scrupules. Arrachons à la terre et montrons à la lumière ces trésors qu'il a voulu, autant qu'il était en lui, perdre à jamais, et auxquels personne n'a songé depuis. Je dis ces trésors, puisque, selon Montfaucon, il y avait plusieurs monumens.

..... Primo avulso, non deficit alter
Aureus.

Nota. Des fouilles ont eu lieu, ainsi que je l'avais demandé. On a trouvé un sarcophage

---

(1) *Hist. de l'Abb. de Saint-Germain*, par D. Bouillart, p. 311.

en pierre, dont le couvercle en dos d'âne était sculpté en écailles, de même que celui qu'a indiqué Montfaucon. Cependant, comme il ne portait point le cintre en maçonnerie qui, selon Bouillart, fut ajouté à celui-ci, peut-être ne peut-on pas assurer positivement encore que c'est le même.

Quoi qu'il en soit de l'identité, il s'est trouvé spolié. Les voleurs avaient même été obligés, pour l'ouvrir, de casser son couvercle; et par dérision, ils avaient placé, en guise d'oreiller, sous la tête du mort, le fragment cassé; mais ils n'avaient laissé à ce mort que ses habillemens, avec un sceptre ou bâton pastoral en bois, dont la tête, terminée en T, est travaillée à jour assez délicatement. M. Leblond, membre de l'institut, a dressé sur cette fouille un procès-verbal qu'il a remis au ministre; et M. Lenoir, conservateur du musée des monumens français, en a fait un dessin qu'il m'a communiqué, et dont je regrette de ne pas joindre ici la copie.

TROISIÈME PARTIE.

Fouilles à faire dans les départemens.

Ce que je viens de dire dans l'article précédent ne concerne que la ville de Paris. La mine nouvelle dont il me reste à parler, embrasse le sol entier de tous nos départemens. Immense dans son étendue, elle a encore l'avantage d'être extrêmement importante par la quantité, ainsi que par la variété des objets qu'elle renferme; mais, avant de l'entreprendre, il faut la connaître.

Renseignemens sur les diverses sortes de tombeaux.

J'ai divisé précédemment les sépultures nationales en trois classes : *sépultures gauloises*; *sépultures romaines*; *sépultures des barbares*, Francs, Visigoths et Bourguignons, établis dans la Gaule.

J'ai dit en quoi les sépultures romaines différaient des autres; et j'en ai fait connaître quelques-unes remarquables par le bon goût et la beauté de leurs ornemens extérieurs.

Celles des barbares ne datent que du cinquième siècle de l'ère chrétienne. Elles consistent en cercueils de pierre, et quelquefois, surtout avant l'époque du christianisme de ces peuples, en caveaux de maçonnerie.

Les caveaux et les cercueils renferment beaucoup de choses précieuses, qui deviendraient pour nous des antiquités curieuses; telles qu'armures du temps, étriers, colliers, armilles, ornemens militaires, brides et harnois de cheval, médailles, urnes, joyaux, vases remplis de parfums, et d'autres objets peut-être dont nous n'avons pas d'idée, et dont ces barbares eux-mêmes ne connaissaient pas l'usage, mais qu'ils avaient pris, parce que la matière ou la forme avait tenté leur cupidité.

Malheureusement ces deux espèces de tombeaux n'offrant à l'extérieur aucune décoration qui les indique, il n'y a que le hasard qui puisse nous les faire découvrir. Mais elles promettent en même temps un avantage, c'est que les corps n'y sont point brûlés. Ceux même des Gaulois ne l'étaient plus à cette époque ; et par conséquent, tout ce qu'elles contiennent s'y retrouvera, ou n'aura éprouvé que les altérations qui sont l'effet du temps.

Les sépultures gauloises des trois premiers âges portent un caractère distinctif qui ne permet pas de les méconnaître. Pour le second et le troisième, ce sont des collines ; pour le premier, ce sont des décorations lapidaires, telles que ménirs, dolmines, dolmines à galerie, lécavènes et colonnades rustiques. Dans le quatrième et le cinquième, elles n'ont plus d'ornemens, et ne consistent (comme toutes celles que j'ai décrites) qu'en cercueils de pierre et en caveaux. Ces cercueils., après avoir été long-temps employés dans les divers modes de sépultures, en devinrent, pendant bien des siècles, le mode unique pour toute la nation. Elle n'eut plus que des inhumations dans des sarcophages en pierre : témoins les six à sept mille qu'on voit à Civaux, qui cependant ne fut qu'un village ou un bourg ; témoins ces magasins qui s'en trouvent encore aujourd'hui à Quarrée-les-Tombes, et dans certains autres endroits que j'ai cités.

Les Gaulois furent sauvages long-temps ;

c'est ce que prouvent les tombeaux de leurs deux premiers âges. Aussi doit-on s'attendre à ne trouver, dans ces tombeaux, que des objets plus curieux par leur antiquité et par les mœurs qu'ils représentent, que précieux par leur matière.

D'ailleurs, tout, ainsi que dans ceux du quatrième âge, y portera les vestiges du feu; et l'on n'y retrouvera que ce qui, par sa nature, a pu résister aux flammes, comme les ossemens, les armes en cailloux, les métaux; ou ce qu'après la combustion du mort, on déposa près de lui, tels que les vases funéraires en verre ou en argile, remplis de charbon, de cendres et de fragmens d'os brûlés. Ces urnes en terre cuite ou en verre avaient l'avantage de couter peu; et par conséquent elles devaient être employées de préférence par le peuple. Aussi les trouve-t-on en très-grand nombre par toute la France. J'aurai bientôt occasion d'en dire quelques mots.

Enfin, je rappelerai qu'il est des tombeaux qui appartiennent exclusivement aux campagnes, que d'autres se trouvent seulement dans les villes, tandis qu'il y en a qui sont propres également et aux villes et aux campagnes.

Les premiers rois francs étaient, ainsi que les autres chefs des nations barbares, inhumés en plein champ ; et ainsi le fut Childéric. Depuis qu'établis dans la Gaule, ils y eurent embrassé le christianisme, le lieu de leur sépulture fut une église ou un monastère. Clovis lui-même, Clovis le premier d'entr'eux, eut la sienne dans l'église de Saint-Pierre et de Saint-Paul, depuis nommée Sainte-Geneviève ; et la plupart de ses descendans eurent la leur à Saint-Vincent ou à Saint-Denis. Mais remarquons que les églises de Saint-Pierre et de Saint-Vincent étaient alors hors de l'enceinte de Paris, que Saint-Denis en était à plus de distance encore, et que par conséquent l'ancien usage d'inhumer les rois en pleine campagne, continua de subsister pendant quelque temps.

Tombeaux dans les villes.

Cependant il y eut aussi des exemples contraires. Gontran fut enseveli à Châlons-sur-Saône ; Clotaire 1er et Sigebert son fils, à Soissons. Sous la seconde race, Charlemagne le fut à Aix-la-Chapelle ; Louis-le-Débonnaire à Metz ; Louis-d'outre-Mer à Reims, etc.

Pour les principaux personnages d'entre les Francs, ils dûrent l'être de même et selon leur choix, soit dans les campagnes, soit dans les villes, châteaux et forteresses qui faisaient partie de leurs domaines, et qu'ils possédèrent comme terres saliques, ou à raison de leurs titres de duc, de comte, de maire, etc. Que de milliers de riches tombeaux sont ainsi épars dans les anciens royaumes d'Orléans, de Neustrie, d'Austrasie et de Soissons! Quelle immense quantité d'autres dans ceux de Bourgogne et de Gothie! Combien, dans ce nombre incalculable, ont dû échapper aux pillages des différens siècles, et principalement à ceux qu'éprouvèrent, par exemple, pendant les invasions des Normands, les tombeaux de Clotaire, de Sigebert et de Charlemagne! et quelle riche moisson d'antiquités à y recueillir, si nous avions un moyen de les deviner!

Inhumations dans l'enceinte des villes.

C'est au christianisme qu'est due la coutume d'inhumer dans l'enceinte des lieux habités. Les Romains avaient une loi qui le défendait; et tant qu'ils dominèrent chez nous, ils l'y maintinrent. Après eux, elle s'y conserva par habitude, et y subsista même longtems encore : mais enfin l'abus naquit ; il commença par les églises ; et fut un effet de la dévotion des mourans, qui, selon le langage mystique de la religion, voulaient participer encore après leur mort aux prières des fidèles et aux saints mystères.

Cependant l'usage n'eût pas d'abord les inconvéniens qu'on put lui reprocher par la suite. Les églises où l'on inhuma, étaient du nombre de celles qui se trouvaient situées hors de l'enceinte des villes. J'en ai déjà fait l'observation ; et si l'on peut citer quelques exemples contraires, tels que celui de Saint-Vast dans le sixième siècle, ou ceux que j'ai rapportés précédemment, concernant quelques uns de nos rois de la première race ; ce furent des exceptions à la règle et une faveur particulière.

C'est le propre des exceptions de propager et de multiplier les abus ; et c'est ce que l'on vit pour celui-ci. Les moines et les ecclésiastiques dont les églises se trouvaient enfermées dans les villes, voulurent jouir du privilège qu'avaient celles qui en étaient éloignées. D'abord, la faveur fut pour les évêques, les abbés et les principaux membres de l'un et de l'autre ordre; mais bientôt tous la réclamèrent, et tous regardèrent comme un droit d'être inhumés, sinon dans l'église même, au moins dans le porche, dans le cloître, ou dans quelque autre portion de l'enceinte.

Quant aux laïques, ils durent se montrer d'autant plus jaloux de cet honneur, que le clergé se l'était réservé exclusivement, et qu'il ne l'accordait que pour des cas extraordinaires, à ses bienfaiteurs, aux fondateurs du lieu, ou à des personnes du premier rang. Aussi, à l'époque du régime féodal, quand les grands, devenus indépendans, secouèrent le joug de l'autorité royale et usurpèrent tous ses droits, les vit-on s'attribuer à l'envi, pour eux et pour leur famille, celui de sépulture dans les églises et les monastères. Déjà, au dixième siècle, ces inhumations privilégiées étaient fort communes; et avec les années, elles le devinrent encore plus. Elles n'ont pas même cessé, jusqu'au moment de la révolution, d'être une distinction honorifique.

Néanmoins la caste noble fut la seule, entre les diverses classes des laïques, qui en jouît; toutes les autres s'en virent privées. Mais bientôt le clergé sut satisfaire aux vœux de celles-ci, en imaginant pour elle une prérogative qui devint distinctive aussi. Ce fut de leur assigner, dans le voisinage de l'église, un terrain particulier, qu'il bénit, et qui, dès-lors réputé saint et sacré, fut censé le témoignage et la récompense d'une mort chrétienne. Il attacha même aux inhumations, dans cette portion de terre bénite par lui, un tel honneur d'opinion, qu'en exclure un mort était la peine la plus terrible qu'il pût imposer ; et c'était celle à laquelle il condamnait les malheureux qu'il désignait sous le nom d'*excommuniés*, c'est-à-dire, qui, infracteurs de quelqu'une de ses lois, mouraient sans l'avoir satisfait.

Du moment où les cimetières des villes furent placés, par la religion du temps, dans les villes mêmes, elles devinrent des charniers et des foyers de peste. La superstition cimenta l'abus. Les prêtres le fortifièrent de tout leur pouvoir, parce qu'ils s'en firent une source de revenu ; et en effet, nous l'avons vu se maintenir jusqu'à nos jours. En vain, pendant de longues années, une foule d'excellens esprits réunirent leurs efforts pour l'attaquer : que peut la raison contre la superstition ! Malgré les écrits des médecins, des philosophes, et de Voltaire lui même, malgré le cri de l'opinion publique, il subsistait sans être ébranlé; et il a fallu, pour l'abattre, toute la puissance réunie de l'autorité royale et du parlement.

Pendant que la police romaine subsista dans la Gaule et y fut maintenue, les habitans des villes, forcés d'avoir leurs sépultures hors de l'enceinte des murailles, la placèrent, à la vérité, *extrà muros*, mais aux environs. Par la suite, la plupart des villes se sont agrandies. En s'étendant, elles ont englobé, dans leur nouvelle enceinte, les terrains où étaient ces tombeaux; de sorte que ceux-ci, après en avoir été séparés, s'y trouvent aujourd'hui enclos.

C'est ainsi que les caveaux en maçonnerie dont j'ai parlé plus haut d'après Sauval, et qui, au dernier siècle, furent découverts à Paris, dans le clos des Carmélites et aux environs de Notre-Dame-des-Champs, avaient originairement existé hors de Paris. Il en est de même de onze autres qu'en 1538, on trouva sur les bords de la Seine (1); et si je ne craignais de rappeler en-

---

(1) SAUVAL, *Antiquit. de Paris*, tom. 11, pag. 336.

core celui de Chilpéric, déjà cité plusieurs fois, je dirais que, quoique les Francs eussent, pour placer les leurs en pleine campagne, un autre motif que les Gaulois, celui-ci cependant était encore, à l'époque de sa découverte, hors de Tournay.

Voilà donc deux sortes de sépultures, caveaux et sarcophages en pierre, qui se trouvent également et dans les villes et dans les campagnes. Jusqu'à présent, ce sont celles de toutes qui ont montré le plus de richesses enfouies : mais pour nos recherches, elles ont, comme je l'ai dit, un désavantage immense : celui d'être cachées dans les entrailles de la terre, de ne nous offrir au dehors aucun signe apparent qui les indique ou qui les fasse au moins soupçonner, et de devenir ainsi pour nous des trésors perdus, si l'histoire ou la tradition du pays n'aident à les deviner, ou plutôt si quelque hasard inespéré ne nous révèle inopinément leur existence.

Il n'en est point ainsi des différentes espèces qui appartiennent exclusivement aux campagnes. Toutes sont placées à la surface de la terre ; et toutes, à l'exception d'une seule, portent des signes caractéristiques qui les distinguent.

Tombeaux creusés dans les rochers.

Celle-ci consiste en excavations faites dans des rochers. Un simple particulier, pendant le cours des époques où les collines et les décorations lapidaires furent d'usage, ne pouvait guère prétendre à ces honneurs : une entreprise si difficile et si dispendieuse était réservée aux rois et aux personnages les plus considérables. S'il voulait pour lui et pour sa famille un sépulcre, et si le lieu qu'il habitait avait une roche, il la creusait et se formait ainsi un tombeau. Cette coutume a eu lieu chez tous les peuples de la terre ; et elle est si simple, qu'on ne sera pas surpris de la voir subsister encore chez nous, jusques dans le cinquième âge.

La roche était-elle d'une forme à exiger qu'on la creusât perpendiculairement par le haut, alors on donnait pour couvercle au sépulcre, une ou deux pierres qui lui formaient un toit ; et tel fut celui des environs de Clermont, dont j'ai parlé dans mon voyage (1).

---

(1) Voyage d'Auvergne, tom. 1er, pag. 33.

L'excavation était-elle horisontale? on en bouchait l'entrée avec une pierre de même nature; et de ce nombre fut celui dont les Mémoires de l'académie des belles-lettres donnent la description et la gravure (1). Il fut découvert, en 1741, sur une montagne près de Cherbourg; et l'on y trouva une ceinture d'or et deux cents médailles enfermées dans un vase, sans compter beaucoup d'autres éparses, qu'on ramassa. Les médailles étant des empereurs Antonin, Marc-Aurèle et Commode, il s'ensuit qu'il ne datait que de la fin du second siècle. Celui d'Auvergne contenait sept cadavres enchaînés; et par conséquent il remontait à une antiquité bien plus reculée, à ces temps où les Gaulois immolaient des hommes avec les morts.

La grandeur qu'il avait fallu lui donner à raison de la quantité des corps qu'il renfermait, avait forcé d'employer plusieurs pierres à le couvrir. Mais le couvercle se trouvait caché sous une couche de terre assez épaisse pour avoir nourri quelques arbustes; soit qu'elle eût été portée là par les vents, soit plu-

---

(1) Voyage d'Auvergne, tom. XVI, pag. 131.

tôt que les propriétaires du tombeau aient eu le dessein de le dérober ainsi aux dangers du pillage et de la destruction. Ce dernier motif, s'il avait eu lieu ailleurs, comme tout le fait présumer, deviendrait nuisible à nos projets de recherches. Qui de nous ira soupçonner une sépulture gauloise sous une roche couverte d'arbres ?

Peut-être peut-on appliquer la même réflexion aux tombeaux à momie, quoiqu'il ne soit pas trop prudent de hasarder une opinion sur un fait, qui, jusqu'à ce jour, est unique encore. Mais on se rappèlera que le tombeau qui renfermait la momie des Martres, avait sept pieds de haut, et que néanmoins il était caché sous un pied de terre. Cette terre, j'avais soupçonné d'abord qu'elle avait été portée-là par les alluvions du ruisseau de l'Artier, qui, ayant changé de cours, s'était jeté vers ce lieu ; mais n'est-il pas plus probable qu'elle y fut originairement déposée à dessein par la famille, pour cacher le monument ? Certainement, un corps à la conservation duquel on attachait tant d'importance, et qu'on avait fait préparer avec tant de soins, méritait bien une pareille attention. Au reste, si la *prairie des Martres* recèle, comme nous avons quelque motif de l'espérer, d'autres momies semblables, au moins la terre qui les couvre n'est pas un obstacle à leur découverte, puisque, le lieu étant peu étendu, on peut, comme je l'ai dit, employer à peu de frais la sonde, pour s'assurer s'il n'en renferme pas quelques autres encore.

Les deux dernières sortes de sépultures, sur lesquelles il me reste à parler, diffèrent en tout des précédentes. Placées ostensiblement à la surface de la terre, elles y présentent une masse qui, par sa nature, par sa hauteur et sa forme, se décèle elle-même, et ne peut manquer de fixer les yeux les plus inattentifs. Ce sont celles qui portent, ou des buttes en terres rapportées, ou des décorations en pierres brutes; quoique pourtant je sois bien loin de croire que partout où l'on trouvera colline, ménir, lécavène, colonnade ou dolmine, on trouvera un tombeau.

Cette différence dans la nature des deux genres de monumens, en mettra une dans l'effet et le résultat de nos fouilles. Nous pourrons, sans altérer en rien à l'extérieur les décorations lapidaires de ceux-ci, chercher et nous approprier les objets qui furent enfouis à leur pied. Leurs pierres resteront debout, comme auparavant; et l'œil n'y distinguera aucun changement sensible.

Fouilles pour les Collines.

Il n'en sera pas ainsi des collines. On ne peut, à moins de grandes dépenses, les fouiller sans les détruire; et comme elles offrent un coup-d'œil plus agréable, une masse plus imposante, un goût meilleur et qui sent moins le barbare et le sauvage, je ne verrais qu'avec peine, j'en conviens, qu'on abusât de mon projet pour n'en plus laisser subsister.

Si la *classe* approuvait cette réflexion, ne trouverait-elle pas raisonnable de demander au ministre, que dans les départemens où l'on ne connaîtrait que deux ou trois collines tumulaires (supposé qu'il y en ait de telles), elles y fussent conservées comme monumens et objets d'antiquités; et que dans ceux qui en posséderaient un grand nombre, il ordonnât d'en réserver également quelques-unes entre celles qui, par leur hauteur, leur diamètre et leur belle forme, mériteraient cette distinction?

A la vérité, il est à présumer que si celles-ci sont plus considérables, c'est parce qu'elles furent élevées pour des personnages d'un plus haut rang ; et que par conséquent elles contiendront, et des objets plus précieux que les autres, et des objets précieux en plus grand nombre.

D'après cette considération qui me paraît fondée, on pourrait, avant de prononcer sur la conservation d'une haute et belle colline, la sonder par quelques percées latérales, et s'assurer ainsi de sa valeur réelle et du sort qu'elle doit subir.

Méthode de travaux pour l'entreprise des fouilles.

De pareils ordres de la part du ministre supposent des renseignemens demandés et obtenus. Or, ces renseignemens, il lui serait facile de se les faire fournir promptement, par une circulaire adressée aux administrations départementales.

Dans cet écrit, on donnerait aux administrateurs quelques éclaircissemens de détail sur les deux classes de tombeaux antiques dont a traité ce Mémoire, et qui appartiennent, l'une aux villes, l'autre aux campagnes. En conséquence, ils seraient invités à faire passer au ministre, des notes sur chacun des deux objets.

Leur première notice serait consacrée à indiquer les tombeaux, tant connus que présumés, qui sont dans les communes de leur arrondissement, à donner l'extrait de ce qu'en apprennent l'histoire et la tradition du pays, à dire si la ville fut pillée, soit par les Normands, soit postérieurement à eux, etc. On recommanderait surtout ce travail à celles des villes qui, comme Chartres, Dreux, etc. étaient habitées par des druides, ou qui, au temps de César, avaient déjà quelque ancienneté, telles que Bourges, Marseille, Autun, Lyon, Vienne, Toulouse, etc.

Il en serait de même pour les tombeaux des campagnes, tant ceux qui forment tertre, que ceux qui ont des ornemens lapidaires.

Quand le ministre aurait décidé en quels lieux il croirait pouvoir permettre une fouille, il ferait passer aux administrateurs une instruction détaillée à laquelle ils seraient tenus de se conformer rigoureusement, à moins qu'à raison de l'importance de l'objet, il ne crût convenable d'y envoyer en son nom un ou deux commissaires pour inspecter et diriger l'entreprise.

Les commissaires et les administrateurs ne manqueront sûrement pas, dès le moment où ils auront ordonné les fouilles, de prendre toutes les précautions nécessaires pour que les ouvriers s'y trouvent toujours gardés à vue, pour que les curieux en soient sévèrement écartés, et le lieu gardé pendant la nuit, si les travaux exigent plus d'un jour. Les richesses des sépultures, et surtout celles du cinquième âge, ne se trouvent pas toujours renfermées exclusivement dans le cercueil ou le caveau : quelquefois il s'en rencontre de disséminées dans la terre qui le couvre ou qui l'environne. A Tournay, les trois cents médailles que procura le tombeau de Childéric, se trouvèrent au dehors du sépulcre, dans un sac de cuir. Un fait pareil eut lieu à Saint-Denis, lorsqu'on y apporta le corps du roi Jean, mort prisonnier en Angleterre. En creusant, on trouva des anneaux ornés de pierreries, et une couronne d'or, de grande valeur ; et néanmoins il n'y avait là ni tombeau, ni ossemens (1).

---

(1) FELIBIEN ; *Hist. de l'abb. de Saint-Denis*, pag. 282.

Dès l'instant où les ouvriers auront, en fouillant, mis à découvert une sépulture, les commissaires en consigneront les détails dans leur procès-verbal. Si c'est, par exemple, un cercueil en pierre, ils indiqueront sa position vers tel ou tel point de l'horizon, sa forme, ses dimensions extérieures, la nature de sa pierre, etc., etc.; puis ils en feront lever le couvercle, afin de s'assurer s'il a été spolié ou non.

Dans le cas de spoliation, il serait enlevé, pour être conservé comme une antique.

Dans le cas où il se trouverait intact et contiendrait des objets précieux, les commissaires examineraient si, en dedans ou au dehors de son couvercle, il n'existerait pas quelque inscription qui pût donner des renseignemens sur le personnage qu'il renferme. Ils s'assureraient également si le mort a les bras étendus le long du corps, à la manière antique; ou croisés sur la poitrine, comme les chrétiens des bas siècles; ou croisés sur l'abdomen, comme les femmes : position qu'il ne serait peut-être plus possible de constater, quand on le portera ailleurs, et que le mouvement du transport aura pu en déplacer les parties.

Du reste, on ne toucherait à rien de ce que

renfermerait le cercueil, rien n'y serait déplacé ; mais quand l'inspection provisoire serait finie, on le recouvrirait de son couvercle ; on y apposerait un sceau ; et en cet état, il serait transporté soigneusement dans un local particulier.

Là, le jour que les administrateurs auraient fixé pour la levée des scellés, on procéderait légalement à l'inventaire des objets. Si le mort portait une armure, s'il avait un habillement dont le temps n'eût pas encore tout-à-fait détruit la forme, un des professeurs de dessin de l'école locale serait chargé de les dessiner.

Les objets renfermés dans le cercueil en seraient tirés avec la plus grande précaution, les uns après les autres ; puis inventoriés sommairement, placés sous verre, et scellés.

S'il y avait un embaumement quelconque, ou des vases qui continssent des parfums, la matière en serait livrée à un chimiste, qui, en la soumettant à l'analyse, nous en révélerait la composition, et nous apprendrait où en était alors dans les Gaules cet art qui précédemment y avait été poussé si loin.

Enfin, les anatomistes viendraient visiter les derniers restes d'un corps échappé à une destruction de plusieurs siècles ; et ils pourraient faire, tant sur l'altération respective qu'auraient éprouvées, dans un degré plus ou moins considérable, ses diverses parties, que sur les résidus qu'auraient laissé les autres substances totalement détruites, des observations d'autant plus curieuses que la fortune leur en présente rarement de semblables.

J'ai dit, en parlant de l'inventaire qui aurait lieu au moment de l'ouverture, que ce ne serait qu'un aperçu, un état provisoire ; et l'on conçoit qu'il ne sera guère possible, au premier coup-d'œil, de le faire meilleur. Mais l'administration chargerait un de ses professeurs, instruit dans les antiquités, d'en faire un, détaillé, raisonné. On mettrait à sa disposition les objets ; et quand il aurait achevé son Mémoire, il en ferait lecture dans une séance publique.

Ces objets alors seraient déposés au cabinet des écoles locales, pour y être exposés à la curiosité du public et servir à son instruction ; et l'on aurait soin surtout, s'il se trouvait quelques parties d'armure ou d'ornement bien conservées, telles que cuirasse, épée, ceinture, javelot, éperons, couronne, etc., de dresser un mannequin sur lequel elles seraient placées et disposées, comme elles l'étaient sur le vivant.

Ici cependant, pour l'instruction de ceux des administrateurs qui pourraient être chargés par le ministre de conduire et surveiller les fouilles, je me permettrai de faire quelques observations que je crois utiles.

Plusieurs fois, dans le cours de ce Mémoire, j'ai parlé de tombeaux où l'on a trouvé des vases de différentes formes, en verre et en terre, dont les uns contenaient des parfums, les autres des charbons, d'autres enfin des ossemens ou des cendres. Cet usage, au moins pour ce qui concerne les ossemens et les charbons, fut propre au temps où l'on brûlait les morts: mais il ne cessa point avec cette époque; le christianisme le conserva. Eh! combien d'autres, pris également chez les païens, ne pourrions-nous pas retrouver dans le christianisme.

On continua donc, dans la Gaule devenue chrétienne, de déposer près des morts des vases funéraires : seulement il y eut quelques-uns de ces vases à qui l'on donna une destination différente. Ainsi, par exemple, il n'était plus possible d'y enfermer des ossemens et des cendres humaines, puisqu'on avait renoncé à l'ustion des corps : eh bien ! le clergé y mit de l'eau bénite. Les parfums n'offraient rien qui dût les lui faire proscrire : néanmoins il y substitua de l'encens, substance qui, employée par lui dans la plupart des cérémonies, était réputée sainte. Aux temps précédens de l'ustion, les charbons qu'on recueillait étaient de ceux qu'après l'extinction des bûchers on retrouvait éteints à l'endroit où les morts avaient été consumés : lui, il n'employa que des charbons allumés, et c'était probablement pour brûler l'encens dont je viens de parler.

Au reste, ce rit nouveau était encore en vigueur au treizième siècle, puisqu'il est prescrit encore, et indiqué comme d'usage, dans un rituel de ce temps, dont l'auteur est un certain docteur nommé Beleth (1). Beleth, après avoir traité des différentes cérémonies ecclésiastiques qui ont lieu pour l'inhumation d'un mort, dit : « on le place dans le sépulcre, on y apporte l'eau bénite et des charbons allumés avec l'encens (2). »

---

(1) *Divini officii explicatio*, imprimé à la suite du *Rationale*, de Durand, édit. 1572.

(2) . . . . Ponitur in sepulcrum; et istic aqua apponitur benedicta et prunæ cum thure. BELETH, cap. 161, pag. 567.

C'était le propre des écrivains de ces siècles d'ignorance de chercher partout des allégories, de donner à tout un sens mystique et spirituel. C'est ce que firent, pour les écrits liturgiques, Rupert, Hugues de Saint-Victor, Pierre de Chartres, Guillaume d'Auxerre, Durand de Mende, Guybert de Tournai, etc.; et Beleth n'y a point manqué : à l'entendre, si l'on plaçait près des morts de l'eau bénite, c'était pour chasser loin d'eux les démons; si l'on y mettait de l'encens, c'était pour leur donner un odeur agréable; si l'on y mettait des charbons, c'est que le charbon étant une substance qui dans la terre devient inaltérable, elle annonçait que le lieu d'inhumation étant consacré à des chrétiens, il ne pouvait plus avoir aucune autre destination. Cette dernière raison était détestable; et il était difficile, je l'avoue, d'en donner une meilleure. Mais telles sont celles de la superstition, on aurait tort de lui en demander d'autres.

La *classe* a remarqué sans doute que Beleth, au lieu de se servir du mot *carbones*, a employé celui de *prunæ*; ce qui suppose que les charbons qu'on mettait dans le tombeau étaient allumés. Je m'étonne après cela comment il ne lui est pas venu dans l'esprit de dire que ces braises ardentes figuraient le feu de l'amour divin dont devait être enflammé le défunt. Toute ridicule qu'eût été cette interprétation, on l'aurait alors trouvée admirable, et nous en connaissons mille autres qui ne la valent pas.

Au reste, le texte du docteur paraît avoir besoin de quelques mots de commentaire. Clair pour ses contemporains, auxquels il parlait d'un usage qu'ils connaissaient tous, il est devenu pour nous un peu obscur. Voici ce que je crois y voir.

Dès que le cercueil était descendu dans sa fosse, on l'ouvrait pour y placer deux vases, l'un plein d'eau bénite, l'autre de charbons allumés. On jetait sur celui-ci de l'encens; après quoi on remettait le couvercle du cercueil pour empêcher la vapeur odorante de se dissiper. Enfin on comblait de terre la fosse, ce qui achevait d'étouffer le charbon, et ce qui fait qu'aujourd'hui nous le retrouvons encore.

Ainsi donc, quand, dans un tombeau, nous verrons des charbons et des vases, il ne faut pas, comme je viens de le dire, toujours en conclure qu'il date du temps où l'on brûlait les morts. Si les squelettes qu'il contient sont entiers et ne portent aucun vestige de feu, si ses vases sont vides, ou ne présentent que du charbon sans ossemens calcinés : alors il est incontestablement des bas siècles, et postérieur au christianisme.

Je ne m'arrêterai pas ici à décrire les différentes formes et grandeurs des vases à tombeaux. On se doute bien qu'elles ont dû, selon les temps et les lieux, varier infiniment. Cependant, parmi les espèces qu'on y découvrira, il en est une qui m'a paru mériter une attention particulière : c'est celle qui à la fois était d'usage dans les repas, telle que plats, écuelles, coupes ; et spécialement pots et bouteilles propres à contenir des liquides. Citons un exemple : il suffira pour me faire entendre.

Le ministre, marquis d'Argenson, possesseur d'une belle maison de campagne sur le bord de la Seine, au village d'Anières, y faisait, en 1752, creuser et applanir un terrain pour se procurer une avenue, qui, de sa maison, conduisît à la rivière. Parvenus au rivage, les ouvriers mirent à découvert beaucoup de squelettes inhumés à nu dans le gravier, sans cercueil, et dans toutes les positions, mais dont la plupart avaient à leur côté une bouteille avec une écuelle en terre sigillée. Les bouteilles étaient toutes en terre ou en verre, et elles contenaient depuis une chopine jusqu'à quatre pintes (1).

Lebeuf, averti de la découverte, courut au village la vérifier. Il trouva, sur l'un des squelettes, une fibule en cuivre jaune, qui avait servi d'agraffe, et qui portait d'un côté, cette inscription latine, gravée en caractères romains : *Domine, Marti vivas* ; et de l'autre, celle-ci : *utere felix*.

L'antiquaire jugea les caractères du quatrième siècle. Le mot *Mars* qu'ils contiennent prouve certainement que les morts étaient païens ; mais ce qui me paraît aussi certain encore, c'est que les assiettes et les bouteilles qu'on trouva près d'eux, y avaient été placées pleines d'alimens et de boissons.

Après tout ce que j'ai dit jusqu'ici, cette assertion n'a rien qui doive étonner. Un peuple qui croyait à un autre monde, où il retrouverait tout ce qu'il y envoyait de celui-ci, argent, chevaux, esclaves ; billets de débiteurs, etc. ; un tel peuple devait nécessairement s'assurer des vivres pour la route. Cette précaution tenait

---

(1) Lebeuf, *Hist. du diocèse de Paris*, tom. VII, pag. 92.

à sa croyance; l'une était la suite de l'autre (1).

Schœpflin fait mention de vingt sarcophages en pierre, trouvés à Strasbourg, dans lesquels et autour desquels il y avait beaucoup de ces vases en terre ou en verre, et spécialement des bouteilles, dont plusieurs contenaient encore de l'eau ; et deux, de l'eau avec de l'huile qui surnageait (2).

A l'appui de ces faits, je puis en citer un plus positif encore, celui d'un tombeau découvert en 1725 à Saint-Seurin-lès-Bordeaux. Ce tombeau renfermait un cercueil en plomb, qui lui-même en avait cinq autres plus petits, avec une bouteille de vin placée à la tête du mort (3).

On ne peut douter que ce ne fût là la sépulture d'un père qui, ayant perdu ses enfans en bas âge, avait voulu être inhumé avec eux.

---

1 Ex sepulcris aliisque locis in Alsatia certatim effodiuntur vasa sacra, sepulcralia, culinaria, œconomica, diversæ formæ atque figuræ, urnæ, ollæ, cineraria, gutti, pateræ, phiolæ, etc. Schoepfl., *Alsatia illustrata*, 1751, pag. 319.

(2) Ut mortuus nutrimenti quid afferret, variis lagenis et phiolis aquam, lac, vinum, mulsum, oleum, opobalsamum, mel et unguenta immiserunt. *Ibid.*, pag. 509.

(3) Merc. de Fr., mars 1725, pag. 434.

Mais probablement ce père aimait le vin de Bordeaux, car on lui en avait mis une bouteille dans son cercueil; et pour qu'elle fût plus à sa portée, on l'avait placée près de sa bouche.

En 1625, on trouva dans l'Artois un tombeau semblable, dont a fait mention Gilles Boucher; et celui-ci offrit non-seulement un flacon de vin, mais un plat où l'on avait mis des viandes avec du sel pour les manger (1).

Je n'insisterai pas davantage sur cette opinion, parce que mon confrère Leblond, dans un Mémoire qu'il a lu à sa *classe*, et qui fait partie de ceux que l'Institut vient de publier, l'a énoncée avant moi, m'a-t-on dit; et que les preuves dont sans doute il n'aura pas manqué de la fortifier, me dispensent de m'exposer, sans le savoir, à répéter ce qu'il aura dit mieux que moi.

---

(1) Inerant ternæ majores urnæ, ex crystallo prisco ferè cæruleo, quarum una vinum continebat, coloris nondùm, sed saporis prorsùs evanidi; altera cineres, et ossium adustorum reliquias; tertia nescio quid aliud. Inerat et lanx una testacea, velut carnibus, vetustate absumptis, adhuc imbuta, cujus fundo medio insculptum legebatur: VIRTUTI SYLVINI. Junctum erat salinum. *Belg. Rom.*, lib. 1, cap. 2, pag. 25.

Peut-être au reste M. Leblond, dont je ne connais point le travail, n'aura-t-il examiné cette coutume que chez les Grecs et les Romains; car elle a eu lieu aussi chez ces deux peuples. Tous deux portaient aux tombeaux de leurs morts du vin, du lait et des alimens; ils y égorgeaient des victimes, ils y faisaient des libations; et néanmoins, quoiqu'en apparence tout ici ressemble à la coutume gauloise, il n'y avait de semblable que l'apparence.

Dans la religion des Romains et des Grecs, l'homme, après son trépas, laissait ce qu'ils appelaient *ombre* ou *mânes*; c'est-à-dire un je ne sais quoi dont eux-mêmes ils n'avaient pas une idée trop nette, puisqu'après avoir supposé que cette portion du mort restait sur la terre, néanmoins ils le croyaient, lui, intégralement, ou heureux dans l'Élysée, ou tourmenté dans le Tartare.

Quoi qu'il en soit de cette théologie confuse, la substance corporelle, émanée du corps, à laquelle ils donnaient le nom d'*ombre*, était censée errer autour du tombeau que ce corps occupait, ou l'habiter avec lui; et c'est parce qu'on la croyait résider là, qu'on venait de temps en temps appaiser sa faim et sa soif par des alimens, des libations et des sacrifices (1).

Il n'en était pas ainsi dans la religion des druides et d'Odin. Là, point d'ombres, point de mânes. Dès l'instant que l'homme était déposé en un cercueil, il en sortait pour aller dans le palais céleste de son Dieu commencer sa vie nouvelle. Rien ne restait, ou n'était censé rester au sépulcre. Armes, habits, esclaves, chevaux et argent, tout ce qu'on y mettait pour lui le suivait; et il devait en être de même pour les vivres placés là au moment de son départ. Nécessaires comme provisions de voyage, il les emportait avec lui; mais il ne pouvait en emporter que ce jour-là. Ceux qu'on lui aurait apportés par la suite, comme dans la religion grecque et romaine, lui seraient devenus inutiles, puisqu'il était réputé absent; et certainement on devait se garder d'une pareille contradiction. En un mot, dans la mythologie grecque, un mort était (pour me servir d'une expression populaire, qui rend très-bien ma pensée), un mort était une âme en peine, qu'on pouvait et

---

(1) Inferimus tepido spumantia cymbia lacte,
Sanguinis et sacri pateras. *Æneid.*, lib. III, v. 66.

qu'on venait en effet soulager de temps en temps. Dans la religion des Gaulois, bien plus douce, bien plus consolante, c'était un voyageur qui se rendait vers une terre de délices, qu'il allait avoir le bonheur d'habiter pour toujours, et auquel il ne fallait que fournir une seule fois ce qui pouvait favoriser son voyage, et l'aider à former son établissement.

Ces observations m'ont paru de nature à être de quelque utilité, quand, par la suite, le hasard ou des fouilles ordonnées feront connaître un tombeau à vases funéraires. Ces vases, par les usages divers auxquels ils y furent employés, désignent ordinairement des époques fort différentes entr'elles; et par là ils peuvent devenir, pour les personnes qui donneront une notice de la découverte, l'un des caractères principaux qui leur serviront à fixer l'âge du monument.

Quoique je me sois permis d'indiquer aux administrations quelques-unes des mesures que je crois les plus propres à utiliser les fouilles qu'elles tenteront, je sais que de pareils projets doivent être ajournés à la paix (1). Mais il

---

(1) Ceci fut écrit avant le régime consulaire. (*Note de l'éditeur.*)

est une entreprise préliminaire, indépendante des fouilles, et qui peut commencer à l'instant même. Celle-ci, dont le résultat est assuré, aurait, sans frais ni dépenses, l'avantage de préparer d'avance le succès de l'autre. Elle consisterait dans ces notices accompagnées de dessins dont j'ai parlé précédemment, et que le ministre pourrait, par une circulaire, demander aux administrations, sur les diverses sortes de monumens tumulaires qui existent dans leur arrondissement.

Les Mémoires rédigés à Paris par un homme de lettres qui aurait de l'érudition et du goût, fourniraient seuls un beau travail, intéressant et neuf : les dessins gravés par des mains habiles ajouteraient au texte ce luxe brillant et utile, qui donne tant de prix aux productions de ce genre. Les premiers enrichiraient notre histoire nationale d'une branche nouvelle, d'où on verrait éclore tout-à-coup une foule de faits ignorés : les seconds donneraient de la valeur et du nom à des monumens jusqu'à présent dédaignés ou inconnus, et dont le mérite, mieux apprécié, entrerait pour quelque chose dans la célébrité des départemens qui les possèdent. Enfin, par la réunion des mémoires et des dessins, nos bibliothèques acquéreraient un recueil très-précieux sur nos antiquités nationales, en attendant que les fouilles pussent ajouter à nos cabinets une nouvelle collection d'antiques.

Projet pour le Musée des Monumens français.

Avant de finir cet article sur les départemens, j'y proposerai, en faveur de Paris, un projet auquel je me flatte qu'ils applaudiront tous. Peut-être même, et j'en ai l'espoir, s'empresseront-ils de contribuer à en assurer le succès, parce qu'ils n'ignorent pas qu'augmenter la lumière du foyer, c'est éclairer tous les rayons du cercle.

Parmi les hommes à qui, depuis la révolution, les arts doivent de la reconnaissance, il en est un qui, par son activité, son zèle et ses soins, leur a conservé beaucoup de monumens que, sans lui, la barbarie et l'ignorance eussent détruits. Ces objets, dont plusieurs sont précieux par eux-mêmes, et qui tous deviennent tels par leur ensemble et leur réunion, ont été déposés dans un vaste local, ci-devant *couvent des Petits-Augustins,* aujourd'hui *Mu-*

sée *des monumens français;* et le gouvernement en a confié la surveillance et la garde à celui qui les a sauvés de la hache.

J'y ai vu, avec beaucoup de satisfaction, une collection précieuse de tombeaux et de statues tumulaires, dont quelques-uns sont du douzième siècle, et un assez grand nombre du troisième. J'ai en même temps applaudi au goût avec lequel le conservateur de ce dépôt a su rendre vraiment pittoresque la réunion de ces derniers, en les plaçant dans une salle basse, faiblement éclairée, dont la décoration annonce l'intention de rappeler l'architecture et l'art de ce temps-là. D'autres, d'un temps postérieur, sont groupés agréablement dans un petit jardin, orné d'arbres et de gazon. Enfin, on y a destiné au même usage un second jardin, beaucoup plus vaste, et garni d'un bouquet d'arbres; et déjà même quelques mausolées y sont placés.

Je ne me dissimule pas que, dans la classe des gens instruits, et même dans celle des artistes, il en est beaucoup qui ne verront qu'avec indifférence ou dédain ces monumens grossiers de notre bas-âge; dans un moment surtout où Paris, enrichi par les acquisitions inestimables en tous genres qu'ont faites depuis quelques années ses dépôts littéraires et ses différens musées, va devenir pour l'Europe entière la métropole des arts et des sciences. Mais quel est l'homme, quelque passion qu'il ait pour les arts, qui, instruit de leur histoire, exigera d'eux toujours du beau ? Quel est le Français qui ne sera jaloux de connaître ce qu'ils étaient il y a cinq ou six siècles, principalement quand il y retrouve à la fois, et l'empreinte des préjugés religieux de ses pères, et le dessin fidèle de leur costume militaire et civil ?

Pour moi, qui regarde comme précieux non-seulement ce qui est beau, mais encore ce qui est instructif, j'avouerai pourtant qu'en vain j'ai parcouru le musée pour y chercher des monumens antérieurs à l'époque que je viens d'indiquer. De tous ceux que doivent fournir les six âges que j'ai décrits précédemment, je n'y en ai vu que du dernier.

Je demande donc que tous s'y trouvent, et spécialement ceux des temps primitifs. J'y veux ménirs, lécavènes, dolmines, dolmines en galerie, colonnades. Essayons dans Paris cette décoration sauvage, la première de son genre qu'on y aura vue encore. Cherchons même à rendre son effet plus frappant et son impression plus forte, en donnant à tous ces détails, de la vérité, c'est-à-dire, en la composant de tombeaux véritables, qu'on choisira parmi les plus beaux des départemens voisins, et qui, transportés au jardin du musée, y seront placés scrupuleusement comme ils l'étaient auparavant. Quant à ceux dont le déplacement et le transport deviendraient trop pénibles et trop couteux, on les figurerait ici le plus exactement qu'il serait possible, et avec des pierres de même nature, si les carrières de Paris en fournissaient de semblables. Mais en taillant ces pierres pour leur donner la forme requise, il faudrait y déguiser tellement la trace du marteau, qu'elles parussent brutes comme celles du modèle.

On suivrait la même méthode pour imiter les collines ; car il est aisé de sentir que ce genre de monument, n'étant point transportable, ne peut être que figuré. On en formerait donc quelques-unes d'après les dimensions des plus belles qui existent sur le sol de la France, soit en terre ou en cailloutage, de forme conique ou en cône tronqué. Mais le local n'étant pas assez considérable pour leur donner à toutes la hauteur et l'étendue qu'elles pourraient avoir, il n'y en aurait qu'une grande; les autres seraient dans des proportions réduites.

Peut-être même ne suffirait-il pas d'en représenter les formes extérieures. Ce qu'elles ont de plus curieux à connaître, c'est le gissement des morts, leur position, et tout ce qui les accompagnait. Je voudrais, en conséquence, que, pour procurer cet avantage, les nôtres fussent ouvertes latéralement, et creusées dans leur intérieur, comme si elles avaient été fouillées; que des simulacres de morts, tant à corps brûlés qu'à corps entiers, y fussent rangés comme ils le sont dans les vraies collines tumulaires; enfin qu'on y plaçât, soit en nature, soit en modèles peints, les différentes sortes d'armes, de bijoux, ornemens et vases funéraires que contiennent les véritables; avec la précaution cependant de fermer l'ouverture par une grille qui, en permettant de voir les objets, empêcherait qu'ils ne pussent être dérobés ou altérés.

Dans un des angles du jardin, serait construit un caveau à porte grillée, qui renfermerait quelques sarcophages de différens siècles et de différentes natures de pierre : les uns simples et sans ornement, les autres à couvercle sculpté ; tous couverts, excepté un seul dans lequel, pour représenter les usages du temps, serait placée une effigie de mort avec l'image des objets qu'on déposait dans les tombeaux.

Les tombes étant postérieures aux cercueils en pierre, et n'ayant guère commencé à devenir communes que quand ceux-ci finirent, ce serait blesser le costume que de les réunir dans un même local. On leur construirait un emplacement particulier, assez bien éclairé pour qu'il fût possible de les examiner de près et de lire leurs inscriptions. Il y en aurait en cuivre, en marbre, en pierre ordinaire ; il y en aurait de différens siècles et de tous les genres de travail ; et toutes seraient enchâssées avec goût le long du mur, selon l'ordre de leur date, à commencer par celle de Frédégonde, jusqu'à présent unique dans son espèce.

Il ne restera plus qu'à placer les tombeaux gaulois qui ont des formes et des inscriptions romaines. On destinerait à ceux-ci une salle particulière, décorée selon le goût d'architecture usitée alors ; et comme ils ne sont point rares, il serait possible d'en former un beau choix. On pourrait y joindre aussi un modèle des grands monumens, soit à pyramides, soit à colonnes, dont j'ai parlé précédemment.

J'avouerai pourtant, qu'en parlant de colonnes, il m'en coûte de ne demander que le modèle de celle de Cussy. J'ignore si son déplacement est possible; mais, quand on nous la représente au milieu d'un champ, près d'un village et loin des villes, qui de nous ne sent quelque peine de la voir là? et qui ne se dit à lui-même que, sous tous les rapports, sa place véritable est au musée?

Puissent se réaliser bientôt les vues diverses que je viens de hasarder en faveur de cet étatablissement! C'est alors vraiment qu'il aura le droit de se dire le *musée des monumens français*, puisqu'alors seulement sa collection sera complète; et qu'à remonter aux temps les plus reculés, aucune espèce ne lui manquera. Quel autre en Europe présentera un spectacle aussi singulier, aussi piquant et aussi nouveau? Et quel est le Français ou l'étranger qui, voyant réuni là ce que nulle part encore on n'a même projeté de recueillir, ne s'empressera de le connaître, et n'accourra y étudier cette partie de notre histoire primitive, qui, d'ailleurs, est l'histoire commune de toute l'Europe?

NOTICE

SUR

L'ABBAYE ROYALE DE SAINT-DENIS.

Les actes du martyre de saint Denis racontent qu'une dame gauloise, nommée *Catulle*, ayant eu l'adresse d'enlever aux bourreaux les corps de saint Denis et de ses deux compagnons, leur donna la sépulture ; et que, vers 313, après la persécution, s'étant elle-même convertie au christianisme, elle fit ériger un tombeau sur leur fosse ; qu'ensuite les chrétiens y bâtirent un oratoire, qui fut depuis restauré et agrandi par sainte Geneviève de Nanterre, aidée du prêtre Genest et des aumônes des Parisiens.

Les soldats de Sigebert pillèrent ce tombeau en 574. A cette occasion, Grégoire de Tours (1)

---

1) *De Gloriâ martyrum.*

nous apprend que ce monument était « orné
» de petites pyramides, recouvert d'un grand
» voile de soie brodé en or et enrichi de pierres
» précieuses, et surmonté d'une colombe d'or
» destinée à recevoir l'eucharistie : le tout
» suivant l'usage du temps. »

Le premier prince inhumé dans cette basilique (en 580), fut le jeune Dagobert, fils de Chilpéric 1er. Cependant ce Chilpéric lui-même fut enterré à l'église de Saint-Vincent (aujourd'hui Saint-Germain-des-Prés, bâtie et enrichie par Childebert (1), autre fils de Clovis. Cette dernière église devint dès-lors la sépulture ordinaire des rois de Paris.

Mais ensuite, Dagobert 1er, piqué d'émulation, ayant rebâti l'église, et fondé l'abbaye de Saint-Denis, ce lieu (2) devint la sépulture royale vers le milieu du sixième siècle.

Cette église, très-richement bâtie et dotée par Dagobert, fut pourtant abattue et reconstruite sur un nouveau plan par Pepin-le-Bref, achevée par Charlemagne, et consacrée en 775.

---

(1) *Voyez* ci-avant, pag. 299 et suiv.
(2) *Ibid.*

De cette dernière construction, il ne reste à présent que les *cryptes*, ou chapelles souterraines, autour du chœur. Elles rappèlent, dans leur ensemble, le style et le goût de l'architecture lombarde, introduite en France sous Charlemagne. Les profils et les chapiteaux présentent de beaux vestiges du style grec, luttant contre l'ignorance et les ténèbres.

Ce fut Suger, abbé de Saint-Denis, qui, voyant que l'église bâtie par Charlemagne ne pouvait contenir la foule des fidèles, la démolit en partie pour la reconstruire beaucoup plus vaste. Tous les arts concoururent à l'embellir ; les plus habiles architectes, peintres, sculpteurs, charpentiers, fondeurs, orfèvres, etc., furent appelés des extrémités de la France. *Les faiseurs de vitres et compositeurs de verres vinrent d'Angleterre* (1).

Au bout d'un siècle, ce magnifique édifice menaçait ruine. Saint Louis et Blanche de Castille sa mère fournirent à l'abbé Eudes Clément des fonds considérables, pour le recons-

---

(1) D. Doublet, *Hist. de l'Abb. de St.-Denis*. — Levieil, *Art du Vitrier*.

truire sur de meilleures proportions. Et c'est pour ce motif que les armes de Castille, *accolées* à celles de France, ornèrent (jusqu'en 1793) les marche-pieds des autels du chevet et les vitraux.

Cette reconstruction, commencée en 1231, fut achevée en 1281, sous Philippe-le-Hardi; et l'édifice alors achevé est celui qui nous reste.

Saint Louis profita de cette circonstance pour faire transporter les corps des rois de la première et de la deuxième race au côté droit du chœur, où on voyait leurs effigies avant 1793. Il fit même remplacer par des cénotaphes les tombeaux qui ne se trouvèrent point, et notamment celui de Pepin-le-Bref, dont nous parlerons tout-à-l'heure.

Une vieille tradition disait que Jésus-Christ, en personne, avait consacré l'église construite sous Dagobert 1er. Aussi Suger voulut-il absolument conserver une partie des anciennes murailles; et son ouvrage manqua de solidité. Cinq siècles ont éprouvé celle de l'édifice actuel, dont on admire l'extrême légèreté.

Comme en divers temps ce monument reçut des modifications partielles, les savans et les curieux y peuvent observer les cinq époques de l'architecture du moyen âge ; celles

1° De 775 , sous Pepin et Charlemagne ;
2° De 1140, sous Louis-le-Jeune ;
3° De 1231, sous saint Louis ;
4° De 1281, sous Philippe-le-Hardi ;
5° De 1370, dans la *chapelle Saint-Jean*, dite *de Charles* v ou *des Charles* ; et dans quelques autres parties, l'architecture des 15ᵉ, 16ᵉ, 17ᵉ, 18ᵉ et 19ᵉ siècles.

Lorsqu'en 1812, celui qui s'était emparé du monde s'avisa de penser à son tombeau, Saint-Denis reçut de nouvelles constructions. Le 24 juillet, en fouillant pour établir un perron hors du portail, à un peu plus de trois pieds de la porte principale, on découvrit, à un pied de profondeur, un cercueil en pierre de vergelé, haut de deux pieds, long de six, creusé d'environ un pied dans toute sa longeur, avec une entaille dans la partie supérieure pour recevoir la tête. Les ouvriers avaient brisé la pierre qui le recouvrait ; les fragmens ne présentèrent aucune inscription ; le cercueil ne contenait que des ossemens dérangés par l'exhumation : et cette circonstance est fatale. On croit que ce tombeau était celui de Pepin-le-Bref, qui, par

» son testament, avait demandé à être inhumé
» au-devant de la principale porte de l'église
» de Saint-Denis, *couché sur le ventre,* par
» humilité, et *pour expier les péchés de Charles*
» *Martel son père*, que les besoins de ses guerres
» contre les Sarrasins avaient forcé de prendre
» les biens des églises. » Il paraît que Suger
avait replacé ce tombeau, comme il l'avait
trouvé; que sous saint Louis, on ne songea
point à l'exhumer, et qu'en 1793 on l'oublia (1).

Le premier *étendart sacré* des rois de France
fut *la chappe de saint Martin*. Mais l'éloignement
et les périls du voyage dans les tems de trouble,
le firent abandonner pour *l'Oriflamme de
saint Denis,* que les comtes du Vexin avaient
le privilège de porter à tête des armées.

C'est à St.-Denis que les Rois, partant pour
la croisade, venaient recevoir le bourdon, le
bâton de pélerin et la bénédiction.

Cette antique sépulture royale fut profanée
en 1793, comme nous le dirons tout à l'heure;
les plombs de la couverture et des cercueils

---

(1) GILBERT, *Description historique de Saint-Denis.*

réduits en balles armèrent les armées républicaines; les vitraux même furent enlevés, et le le temple, ainsi laissé à nu, resta douze années entières exposé à toutes les intempéries des saisons (1).

Pour donner une idée plus exacte de la dévastation de l'abbaye de Saint-Denis, nous allons extraire plusieurs fragmens du journal de M. Gautier, organiste de cette abbaye. M. Gautier, témoin oculaire, rapporte plusieurs pièces officielles, dont le style peint merveilleusement l'exaltation furieuse de cette époque extraordinaire : et c'est un nouveau motif pour les reproduire ici. Aujourd'hui, elles se réfutent d'elles-mêmes. Cependant nous laisserons subsister les remarques de l'honnête M. Gautier, dont l'indignation naïve, mais énergique et peu verbeuse, se renferme dans de courtes parenthèses qui suivent les assertions inconvenantes.

---

(1) Lors des réparations faites à la grande façade, en 1770, vingt grandes statues (16 de rois, 4 de reines) qui, au tems de Suger, ornaient encore les côtés des trois portails, furent détruites par l'ordre des bénédictins, qui dédaignèrent ces antiques.

Adresse de la commune de Franciade, *ci-devant Saint-Denis, à la Convention nationale.*

(Extrait du supplément au Bulletin de la Convention nationale. Suite de la Séance du deuxième jour de la troisième décade du second mois de l'an second de la République Française, une et indivisible. (Mardi 12 novembre 1793 vieux style). Présidence du citoyen LALOI.

Une députation de *Franciade*, ci-devant Saint-Denis, a été introduite dans l'enceinte de la Convention nationale, et l'orateur a dit :

CITOYENS REPRÉSENTANS,

Nos prêtres ne sont pas ce qu'un vain peuple pense,
Notre crédulité fait toute leur science.
    VOLTAIRE. (Dont ils sont les singes.)

Tel est le langage que tenait autrefois un auteur, dont les écrits ont préparé notre révolution ; les habitans de Franciade viennent vous prouver qu'il n'est étranger ni à leur esprit ni à leur cœur..... (Pas sûr.)

Un miracle, dit-on, fit voyager la tête du saint, que nous vous apportons, de Montmartre à Saint-Denis. Un autre miracle plus grand, plus authentique, le miracle de la révolution, le miracle de la régénération des opinions, vous ramène cette tête à Paris : une seule différence existe dans cette translation : le saint, dit la légende, baisait respectueusement sa tête à chaque pause, et nous n'avons pas été tenté de baiser cette relique puante..... (Il ne sentait pas mauvais dans leurs goussets lorsque ces objets ont été fondus.)

Son voyage ne sera pas noté dans les martyrologes, mais dans les annales de la raison, et sera doublement utile à l'espèce humaine. Ce crâne et les guenilles sacrées qui l'accompagnent, vont enfin cesser d'être le ridicule objet de la vénération du peuple, et l'aliment de la superstition, du mensonge et du fanatisme. L'or et l'argent qui les enveloppent, vont contribuer à affermir l'empire de la raison et de la liberté. (Mensonges avérés; dites plutôt leur parti et leur fortune.)

Ces trésors, amassés depuis plusieurs siècles par l'orgueil des rois, la stupide crédulité des dévots trompés, le charlatanisme des prêtres trompeurs, semblent avoir été réservés par la providence pour cette glorieuse époque...... (Ils auraient dû ajouter : et *ruineuse*.)

On dira bientôt des rois, des prêtres et des saints : *ils ont été*. Voilà enfin la raison à l'ordre du jour; ou, pour parler le langage mystique, voilà le jugement dernier qui va séparer les bons d'avec les méchans... (Ils ne croyent pas en Dieu! le reste encore moins...) O vous! jadis les instrumens du fanatisme, saints, saintes, bienheureux de toute espèce, montrez-vous enfin patriotes, levez-vous en masse; marchez au secours de la patrie; partez pour la monnaie!... (et delà dans nos poches...) Et puissions-nous, par votre secours, obtenir dans cette vie le bonheur que vous nous promettez pour une autre!

Nous vous apportons, citoyens législateurs, toutes les pourritures dorées... (Ils aiment mieux l'or que la dorure), qui existaient à *Franciade*: mais comme il se trouve des objets désignés par la commission des monumens, comme précieux pour les arts, nous en avons rempli six chariots. Vous indiquerez un dépôt provisoire, où la commission des monumens puisse en faire le triage. Il ne reste à Franciade qu'un autel d'or, que nous n'avons pu transporter à cause du précieux du travail. Nous vous prions de donner ordre à la commission des monumens de nous en débarrasser sans délai, pour que le faste catholique n'offense plus nos yeux républicains... (Oh! les vilains coquins!...)

On ne pouvait mieux faire escorter ces bienheureux que par le maire de notre commune, qui, le premier de tous les prêtres du district, a sacrifié à la philosophie les erreurs sacerdotales, en se déprêtrisant... (par la crainte de vampires), en se mariant, et par deux cavaliers jacobins.... (bonne troupe pour la soupe...) armés et équipés par notre société républicaine, que nous vous avions annoncés dans notre adresse du 30 vendémiaire, et que nous vous présentons en ce moment... (Ce présent est bon pour le lendemain de Saint-Leu (1), 2 septembre.)

Cette offrande, citoyens législateurs, vous paraîtra sans doute patriotique... (Patriotes! comme Cobourg! humains comme Carrier! justes comme Fouquier-Tinville...)

L'objet dont il nous reste à vous entretenir, ne l'est pas moins; c'est une fête que la société *républicaine* de Franciade a arrêté dans une de ces dernières séances... (Infernales, où le grand diable Lucifer tenait le fauteuil...) pour

---

(1) Saint Leu guérissait de la peur.

le 30 brumaire, en l'honneur des représentans du peuple qui sont tombés sous les coups des amis des rois, et en l'honneur des autres républicains de tous les temps et de tous les pays : ce sont nos frères, ce sont vos amis..... (c'est-à-dire, qu'ils sont des voleurs), sur la tombe desquels nous allons jeter des fleurs... (Fleurs d'odeur pestilentielle). Nous vous inviterions à y envoyer une députation, si nous n'étions persuadés qu'il n'est besoin que de vous instruire de cette fête républicaine, pour vous déterminer à le faire.

Je jure, au nom de tous les citoyens de la ville de Franciade, de ne reconnaître d'autre culte que la liberté et l'égalité. (Menti comme des chiens).

L'assemblée nomme douze de ses membres pour assister à cette cérémonie, et ordonne l'insertion en entier de cette adresse au Bulletin.

L'orateur qui a, dit-on, composé l'adresse ci-dessus, lequel a été député pour présider à la translation du trésor de Saint-Denis, auquel était joint celui de la Sainte-Chapelle du Palais à Paris, le mardi, 12 novembre 1793, se nomme Blanc..... (Moi, je dis Noir)............ une seule chose que j'aurais desiré, était qu'on ne se fût pas permis, dans les différens transports des objets détaillés plus haut, de servir de mascarade au peuple, d'autant plus qu'ils étaient défendus dès 1790, qui étaient de couvrir et harnacher les chevaux avec des chappes, des chasubles et des étoles, qu'on avait placés sur les têtes des chevaux, et les charretiers ou conducteurs en étaient couverts eux-mêmes. Il semblait qu'on eût voulu insulter les catholiques, en ridiculisant les ornemens qui servaient à leur culte. D'autres ont bu dans les calices, et ont fait des orgies indignes de tous chrétiens.)

Les trois cercueils d'argent, où étaient renfermées les reliques de saint Denis, et de ses deux compagnons martyrs, ont aussi été portés à la monnaie; auparavant, ils ont été, comme les autres objets, présentés à la convention nationale. Ces susdits cercueils étaient de la longueur approchant de deux pieds ou deux pieds et demi; ils étaient faits dans la forme exacte de bière : voilà pourquoi ils étaient nommés cercueils, au lieu de châsse. Les dessus des susdits cercueils étaenit en dos-d'âne; ils étaient placés dans le massif intérieur de la chapelle

Saint-Denis du chevet. Ces cercueils se descendaient par derrière l'autel, en ouvrant un tableau qui cachait le massif de pierre, dans lequel était une ouverture pour les placer. Les ossemens ont été retirés, selon le procès-verbal. La croix d'or placée au milieu de l'entrée principale de la grille de la nef, et qu'on disait faite par saint-Eloy, fut enlevée en même temps, ainsi que les magnifiques ornemens, dont quelques-uns étaient l'ouvrage de plusieurs reines.

« Le décret de la Convention, qui change le
» nom de la ville de Saint-Denis en celui de
» *commune de Franciade*, est du primidi de la
» première décade du second mois de la se-
» conde année républicaine, ou du mardi 22
» octobre 1793 (vieux style), après la demande
» faite par les députés de la société populaire
» de ladite commune, *au nom des citoyens* (1)
» composant ladite commune.... (*Pas vrai.*
» La généralité de ladite commune ne l'a pas de-
» mandé, c'est un acte arbitraire de la seule
» autorité du club).

---

(1) L'anecdote suivante, racontée par M. Gautier, nous a paru caractéristique de l'époque :

En 1804, Napoléon ordonna la restauration de l'église de saint Denis. Il fit consacrer un autel expiatoire pour chacune des trois races.

En 1809, des ouvriers italiens furent employés à la reblanchir. Jusqu'alors, les murs et les colonnes portaient des traces de sa magnificence primitive. On voyait briller partout l'or, le rouge, le bleu, le violet. Ces couleurs rappelaient l'usage et la manière de *peindre*, dans le moyen âge, les édifices religieux et les tombeaux. Ces *peintures* étaient une imitation des mosaïques, dont les anciens, avant la décadence des arts au quatrième siècle, décoraient ordinairement les murs des temples.

Aux *peintures*, succédèrent les *tentures* en tapisserie, représentant des sujets sacrés.

Il serait trop long d'indiquer, même sommairement, tous les changemens opérés dans l'intérieur du temple. On admire surtout les

---

« Le vendredi 15 novembre 1793, j'ai vu dire la messe à St-Eustache à Paris, à la chapelle de la Vierge, en habit séculier, attendu qu'il n'était pas resté d'ornemens à ladite église, ou s'il en était resté, ils étaient sous le scellé. Le célébrant était en queue et en redingote; beaucoup de personnes entendirent cette messe. »

marbres précieux, le grand candelabre surmonté de girandoles de cuivre doré en or moulu, des grilles en bronze doré enrichies d'ornemens d'un excellent goût ; le massif de l'autel, revêtu de marbre vert d'Egypte, est décoré, sur le devant, d'un grand bas-relief en vermeil, représentant Jésus - Chrit enfant, adoré par les bergers.

Les côtés de l'autel sont parsemés de fleurs de lys, et décorés des armes de France. La croix et les six chandeliers qui ornent le maître-autel, sont d'un goût exquis.

Cette église comprenait une infinité de chapelles, dont le nombre a été réduit depuis les nouveaux embellissemens. La plupart renfermaient des monumens érigés à de grands personnages, qui, par leur rang ou leurs services, avaient mérité cette insigne faveur. Toutes, en 1793, furent dépouillées de leurs ornemens.

La nouvelle sacristie, d'une grande magnificence, a été ordonnée par Napoléon, qui l'orna de dix tableaux, exécutés par MM. Monsiau, Ménageot, Garnier, Meynier, Landon, Lebarbier l'aîné, Guérin, Gros et Menjaud.

Le caveau dans lequel ont été déposés les restes de Louis XVI et de Marie Antoinette, est le même que celui où étaient inhumés les princes de la famille des Bourbons, dont on avait seulement changé la forme et la disposition. Pour rendre ce caveau à sa destination primitive, il a fallu y faire quelques changemens. L'entrée pratiquée dans les derniers temps sous les voûtes de l'église souterraine, et fermée par des portes verticales, a été reportée comme autrefois, sous la croisée de l'église supérieure, à gauche du chœur, sous le pavé qui se lève en cet endroit, pour présenter une ouverture semblable à une fosse.

Le 16 janvier 1815, M. de Dampierre, évêque de Clermont, accompagné des vicaires généraux du diocèse, d'une députation du chapitre de la cathédrale, a *rebéni* ou *réconcilié* l'église de Saint-Denis.

Ancien ordre des Tombes dans l'Abbaye de St.-Denis.

TOMBEAUX DU CHOEUR.

A gauche.

DAGOBERT Ier (1).

―――――――――――――――

(1) Tous les détails historiques relatifs à ces différens person-

24

{ Pépin.
{ La reine Berthe.

{ Louis.
{ Carloman.

{ Clovis ii.
{ Charles-Martel.

{ Isabelle-d'Aragon.
{ Philippe iii, son époux.
{ Philippe iv, leur fils.

A droite.

{ Eudes.
{ Hugues-Capet.

{ Robert *le pieux*.
{ Constance, sa femme.

Henri 1er.

Louis vi.

Constance de Castille.

Philippe, fils de Louis vi.

Carloman, roi d'Austrasie.

Hermentrude, femme de Charles-*le-Chauve*.

---

nages et à leurs tombeaux, se trouvent ci-après dans la *Liste chronologique des rois, reines, princes et princesses de France.*

Louis x.

Jean 1ᵉʳ, son fils, mort en bas âge.

Jeanne de Navarre, fille de Louis x.

Charles viii.

Du même côté, sous l'arcade.

Philippe v.

Jeanne-d'Evreux.

Charles *le Bel*, son époux.

Jeanne de Bourgogne.

Philippe de Valois.

Le Roi Jean.

Au milieu du chœur, en bas.

Marguerite de Provence.

Hugues *le Grand*.

Charles *le Chauve*.

Caveau des Bourbons.

Henri iv et Marie de Médicis.

N. Duc d'Orléans, second fils de Henri iv.

Marie de Bourbon, duchesse de Montpensier.

Louis xiii.

N. d'Orléans, duc de Valois.

Marie-Anne d'Orléans.
Gaston de France, duc d'Orléans.
Anne-Élisabeth de France.
Marie-Anne de France.
N. d'Orléans.
Anne d'Autriche, épouse de Louis XIII.
Philippe-Charles d'Orléans, duc de Valois.
Henriette-Marie, fille de Henri IV.
Henriette-Anne Stuart.
Philippe de France, duc d'Anjou.
Marie-Thérèse de France, fille du roi Louis XIV.
Marguerite de Lorraine, seconde fille de Gaston de France.
Louis-François de France, duc d'Anjou.
Alexandre-Louis d'Orléans, duc de Valois.
Marie-Thérèse, infante d'Espagne.
Marie-Anne-Christine-Victoire de Bavière.
Anne-Marie-Louise d'Orléans, duchesse de Montpensier.
Philippe de France, duc d'Orléans, frère unique de Louis XIV.
N. de France, duc de Bretagne, arrière-petit-fils de Louis XIV.
{ Louis XIV.
{ Marie-Thérèse.
{ Tous leurs enfans.

{ Louis XV.
 Marie de Pologne.
 Tous leurs enfans.

Dans le chœur.

Philippe *Auguste*.
Philippe, comte de Boulogne, son fils.
Marie de Brabant, sa fille.
Louis VIII.
Alphonse, comte de Poitiers.
Jean Tristan, comte de Nevers.
Quelques autres Fils de France.
Pierre de Beaucaire, chambellan de Louis IX.

N. B. Comme la plupart de ces sépultures étaient ornées de tombes très-riches, elles n'ont pu éviter le pillage des guerres civiles; et c'est ce qui fait qu'aujourd'hui il n'en reste plus aucun vestige. Les ossemens du roi saint Louis avaient aussi été inhumés proche du roi Louis VIII son père, et ils y restèrent depuis 1271 jusqu'en 1298, qu'ils furent levés solemnellement et mis ensuite dans une châsse magnifique.

Tombeaux de la chapelle Saint-Jean, dite des Charles.

Charles V.

Jeanne de Bourbon.
Charles VI.

Isabelle de Bavière.
Charles VII.

Marie d'Anjou.

Bertrand du Guesclin.

Bureau de la Rivière, chambellan de Charles V.

Charles, *dauphin*, fils de Charles VI.

Le maréchal Louis de Sancerre.

Arnaud de Guillem, seigneur de Barbazan.

Chapelle Notre-Dame-la-Blanche.

Marie de France.
Blanche de France.

Louis d'Evreux.
Jeanne d'Eu, sa femme.

Chapelle Saint-Hyppolite.

Blanche, femme de Philippe de Valois.
Jeanne de France, leur fille.

Chapelle Saint-Michel.

Marguerite, comtesse de Flandre, fille de Philippe v.

Chapelle Saint-Martin.

Alphonse de Brienne, comte d'Eu, chambellan de France.

N. B. Son tombeau a été détruit par les protestans.

Sédile de Sainte-Croix, femme de Jean Pastourel, président de la chambre des comptes.

Chapelle Saint-Louis.

Louis de Pontoise.

Guillaume du Chastel, pannetier de Charles vii.

Le duc de Chastillon, mort en 1647.

Le marquis de Saint-Mégrin, mort en 1652.

{ Louis xii.
{ Anne de Bretagne.

{ François 1er.
{ Claude de France, sa femme.

Henri II.

Catherine de Médicis.

François II.

Charles IX.

Henri III.

François, duc d'Alençon.

Louis de France.

Deux princesses mortes en bas âge.

Marguerite de France, reine de Navarre.

La fille de Charles IX, morte en bas âge.

Le vicomte de Turenne (1).

---

(1) Son corps, parfaitement conservé, était entièrement desséché lors des exhumations de 1793; il fut heureusement oublié dans la chapelle où on l'avait momentanément déposé, et par conséquent ne fut pas jeté dans les fosses communes. Les administrateurs du muséum d'histoire naturelle le réclamèrent comme objet d'art, et il resta deux années dans une cage en verre dans le cabinet. Transporté ensuite au musée des Petits-Augustins, il fut placé dans un tombeau avec cette inscription : *Passant, va dire aux enfans de Mars, que Turenne est dans ce tombeau.* Les consuls le firent transporter aux Invalides, où on rétablit son tombeau de Saint-Denis. Cette translation fut très-pompeuse ; on remarquait, à la suite du corps, la cuirasse, l'écharpe de ce grand homme, et le boulet qui le tua. Ces objets avaient été prêtés par le duc de Bouillon, à qui ils appartenaient.

Liste nécrologique des Rois, Reines, Princes et Princesses.

Ire RACE.

Noms des rois, etc.	Observations.
PHARAMOND	enterré sur la montagne de Frankenberg.
CLODION	enterré à Augsbourg (Auguste).
MÉROVÉE	»
CHILDÉRIC	enterré à Tournay. — Son tombeau fut découvert en 1653. Montfaucon en a donné la description (*Monum. de la Monarch. franç.* 1er vol.), ainsi que D. Bouillart. (*Acad. des inscript.*)
CLOVIS	enterré à Paris, dans l'église de Sainte-Geneviève.
CLOTILDE	morte à Tours, et enterrée à Sainte-Geneviève de Paris.
CHILDEBERT Ier	enterrés à Saint-Germain-des-Prés.
ULTROGOTHE	
CLOTAIRE Ier	mort à Compiègne, et transporté à Saint-Médard de Soissons.
RADEGONDE	morte et enterrée à Poitiers, dans l'abbaye de Saint-Césaire.
CHEREBERT (1)	enterré à Saint-Germain-des-Prés. — Mézeray le fait mourir au château de Blaye et enterrer dans l'église de Saint-Romain.

(1) SIGEBERT, roi d'Austrasie, époux de Brunehauld, assassiné devant Tournay par l'ordre de Frédégonde. — Son corps fut d'abord porté au vil-

Noms des rois, etc.	Observations.
CHILPÉRIC 1er	assassiné à Chelles, enterré à Saint-Germain-des-Prés.
FRÉDÉGONDE	enterrée à l'Abbaye Saint-Germain-des-Prés. — La pierre tumulaire sur laquelle elle était représentée en mosaïque, a été transportée à Saint-Denis. C'est un ouvrage du XIIe siècle, malgré le sentiment de D. Bouillard (*Hist. de l'Abb. de St.-Germain*).
CLOTAIRE II	enterré à Saint-Germain-des-Prés.
BERTRUDE	»
DAGOBERT 1er	enterré à Saint-Denis en 638. — Son tombeau est du XIIIe siècle (1).
NANTILDE, 2e femme	morte en 642., placée à côté de son époux.

---

lage de Lambrus, près de Douay; et ensuite enterré dans l'église de Saint-Médard de Soissons.

BRUNEHAULD. — Ses cendres furent déposées dans l'abbaye de Saint-Martin, à Autun.

(1) Ce tombeau, en forme de chapelle gothique, portait deux statues: celle de Dagobert, couchée; et l'autre en pied, de la reine Nantilde. Le tombeau représente la vision d'un ermite, au sujet de ce que l'on dit être arrivé à l'âme de Dagobert après sa mort; ce morceau de sculpture peut servir à l'histoire de l'art, et plus encore à celle de l'esprit humain. (CHATEAUBRIAND, *Génie du Christ.*, note.)

On y voit Dagobert dans un vaisseau, tourmenté par les démons, et conduit aux enfers; mais, par les prières de l'ermite, saint Denis, saint George et saint Maurice viennent enlever dans un drap le roi, sur lequel s'étend une main colossale, qui sans doute est celle de Dieu.

Noms des rois, etc.	Observations.
CLOVIS II.	mort en 662, enterré à Saint-Denis. —Sa tombe est en pierre de liais.
BATHILDE.	enterrée à l'abbaye de Chelles.
CLOTAIRE III.	mort à Chelles, enterré à Saint-Denis.
CHILDÉRIC II. BLITILDE.	assassiné à Lyons-la-Forêt, dans le Vexin; enterré ainsi que sa femme, à l'abbaye Saint-Germain, où leur tombeau, qui renfermait aussi celui du petit Dagobert leur fils, fut découvert en 1646.
THIERRY Ier.	enterré à Saint-Waast d'Arras.
CLOTILDE.	»
CLOVIS III. CHILDEBERT. DAGOBERT II	enterrés à Saint-Etienne de Choisy, près Compiègne.
CHILPÉRIC II.	enterré à Noyon.
CHARLES - MARTEL, père de Pépin.	enterré à S. Denis; il était mort en 741, à Crécy sur Oise; son effigie était en pierre.
THIERRY II.	enterré à Saint-Denis.
CLOTAIRE IV.	»
CHILDÉRIC III.	»

IIe. RACE.

Noms des rois, etc.	Observations.
Pépin, dit *le Bref*...	mort en 768, enterré à Saint-Denis.—Son tombeau se trouvait sous la porte d'entrée, et fut découvert en 1812.
Berthe ou Bertrade, sa femme.....	morte en 783.—Elle était à côté de son époux.
Charlemagne....	enterré à N.-D. d'Aix-la-Chapelle.—Hilmetrude, l'une des maîtresses de ce prince, fut enterrée à Saint-Denis.
Carloman, frère de Charlemagne....	mort en 771; enterré à Saint-Denis.—Son tombeau était en pierre.
Louis Ier, dit *le Débonnaire*....	enterré à Saint-Arnould de Metz, auprès de sa mère Hildegarde. Cette abbaye ayant été ruinée à la suite du siège de 1552, par Charles-Quint, François de Lorraine fit transporter les deux corps dans l'église de Saint-Etienne.
Charles Ier, dit *le Chauve*.....	mort à Brious, en deçà du Mont-Cenis, en 877; porté à Nantua, où il resta sept ans; puis transporté à Saint-Denis.
Hermentrude, sa femme......	enterrée à côté de son époux, dans un cercueil en pierre.
Louis II, dit *le Bègue*.	mort à Compiègne, et inhumé dans l'église de la Vierge-Marie de cette ville.
Louis III........	mort en 882. enterrés à Saint-Denis.—Leur cercueil était en pierre.
Carloman........	mort en 884.

Noms des rois, etc.	Observations.
CHARLES II, dit *le Gros*.	enterré à Reichnaw, île du lac de Constance.
CHARLES III, dit *le Simple*.	mort à Péronne et inhumé dans l'église de Saint-Fourcy de cette ville.
RAOUL.	mort à Auxerre, et inhumé dans l'église de Sainte-Colombe de Sens.
LOUIS IV, dit *d'Outre-Mer*.	mort à Reims, inhumé dans l'église de Saint-Remy.
LOTHAIRE.	mort à Compiègne.
LOUIS V, dit *le Fainéant*.	
EUDES, dit *le Grand*, oncle de Hugues Capet.	mort en 899, à la Fère, en Picardie. — Son tombeau est à Saint-Denis.
HUGUES, dit *le Grand*.	duc de France et de Bourgogne, père de Hugues Capet, mort en 956, enterré à Saint-Denis.

IIIe. RACE.

HUGUES CAPET.	mort en 1035, enterré à Saint-Denis.
ROBERT, dit *le Pieux*.	mort à Melun, enterré à Saint-Denis.
CONSTANCE, sa femme.	enterrée à Saint-Denis.
HENRI Ier.	mort à Vitry en Brie, en 1060; enterré à Saint-Denis.
MATHILDE, sa femme.	morte et enterrée à Worms.
PHILIPPE Ier.	mort au château de Melun, enterré à Saint-Benoît-sur-Loire.

Noms des rois, etc.	Observations.
Louis VI, dit *le Gros*..	mort en 1137, enterré à Saint-Denis.
Alix, sa femme.....	enterrée dans le monastère de Mont-Martre. Lors des fouilles de 1793, on trouva, dans le tombeau de cette princesse, un sceau d'argent de forme ogive et du poids de trois onces et demie; il fut déposé à la municipalité de Saint-Denis, pour être remis au cabinet des antiques de la bibliothèque du roi.
Philippe, leur fils...	couronné du vivant de son père, mort en 1131, enterré à Saint-Denis.
Louis VII, dit *le Jeune*.	enterré dans l'église de Notre-Dame de Barbeau.
Constance de Castille.........	morte en 1159, enterrée à l'église Saint-Denis.
Alix, 3e femme....	enterrée dans l'abbaye de Pontigny, en Bourgogne.
Philippe II, dit *Auguste*.........	mort à Mantes, en 1223; enterré à Saint-Denis.
Isabelle, sa femme...	enterrée dans l'église de Notre-Dame de Paris.
Isemberge, sa 2e femme..........	enterrée dans l'abbaye de Saint-Jean-de-l'Ile, près de Corbeil.
Philippe, comte de Boulogne, second fils de Philippe.......	mort en 1233, enterré à Saint-Denis.
Louis VIII, dit *le Lion*.	mort à Montpensier en Auvergne, en 1226.
Blanche, sa femme..	morte à Melun; enterrée à l'abbaye de de Maubuisson, près de Pontoise.
Alphonse, comte de Poitiers, leur fils...	mort en 1271, enterré à Saint-Denis.

Noms des rois, etc.	Observations.
Philippe, leur fils....	mort en 1221, enterré à Royaumont, et transporté en 1791 à Saint-Denis.
Louis IX, dit *le Saint*.	mort devant Tunis, en 1270; ses entrailles et sa chair furent portées en Sicile par son fils Charles d'Anjou, et enterrées dans l'abbaye de Montréal, près Palerme; et Philippe III, dit le Hardi, apporta ses os en France, et les porta lui-même à Saint-Denis (1). Ils étaient inhumés derrière l'autel de la Trinité, dans un cercueil de pierre, joignant le tombeau de Louis VIII son père et de Philippe-Auguste son aïeul.
Marguerite de Provence.........	morte en 1295, inhumée à Saint-Denis. — Son tombeau n'ayant pas été trouvé en 1793, est resté sous le sanctuaire.

---

(1) Les anciens tombeaux ornés des statues de nos premiers rois, qui se voient aujourd'hui, soit à S.-Denis, soit ailleurs, ne doivent être regardés que comme des cénotaphes élevés long-temps après, pour marquer l'ancienne sépulture de ces rois. Il est même douteux qu'il reste aucun tombeau original des rois de la seconde race, quoiqu'il y ait apparence que, depuis Charlemagne qui rétablit les lettres et les arts, on ait orné les sépultures de statues et de figures, comme le tombeau de cet empereur. Un écrivain du commencement du IXe siècle fait aussi mention de bustes dorés qui ornaient pour lors la sépulture du roi Dagobert et de la reine Nantilde, et qui pouvaient être un ouvrage de ce siècle. Il est certain que tous les tombeaux qui se voient aujourd'hui dans l'église de S.-Denis, soit de la seconde, soit de la troisième race jusqu'aux enfans de Saint-Louis, ne sont que de simples cénotaphes ou représentations, toutes faites du temps et par ordre de ce saint roi. On peut seulement en excepter le tombeau de Dagobert Ier, et celui de Charles-le-Chauve, qui paraissent avoir été refaits du temps de l'abbé Suger ou peu après. (*Hist. de l'Abb. de Saint-Denis*, pag. 547.)

Noms des rois, etc.		Observations.
BLANCHE, leur fille...	morte en 1243.	
JEAN, leur fils....	mort en 1247.	enterrés à Royaumont.
LOUIS, leur fils....	mort en 1259.	
JEAN dit *Tristan*, leur fils.........	mort en 1270.	
LOUIS..........		tous deux fils de Pierre d'Alençon, fils de Louis IX, enterrés à Royaumont.
PHILIPPE.......		

N. B. Lors de la destruction de l'abbaye de Royaumont, les corps de ces six personnages furent transportés dans l'église de Saint-Denis.

PHILIPPE III, dit le *Hardi*........	mort à Perpignan, en 1285; sa chair et ses entrailles furent portées dans la cathédrale de cette ville, ses os à Saint-Denis, et son cœur aux jacobins de Paris.
ISABELLE D'ARRAGON, sa femme......	morte en 1272, à Cosenca, dans la Calabre; son corps fut apporté à Saint-Denis.—Les cercueils de Philippe et d'Isabelle étaient creux et contenaient chacun un coffre de plomb de trois pieds de long sur huit pouces de haut: l'usage étant alors de faire bouillir les corps et d'enterrer séparément les chairs et le squelette.
MARIE, sa 2e femme..	morte à Paris, et enterrée dans l'église des cordeliers de cette ville.
PHILIPPE IV, dit *le Bel*.	mort à Fontainebleau, en 1314; inhumé à Saint-Denis.
JEANNE..........	enterrée dans l'église des cordeliers, à Paris.

Noms des rois, etc.	Observations.
Louis x, dit *le Hutin*.	mort à Vincennes, en 1316; inhumé à Saint-Denis.
Clémence.	morte à Paris, et enterrée dans l'église des jacobins.
Jean 1er, leur fils posthume.	mort à Vincennes en 1316, et porté à Saint-Denis.
Jeanne de France, reine de Navarre, leur fille.	morte en 1349, inhumée à Saint-Denis.
Philippe v, dit *le Long*.	mort à Paris en 1322.—Les cordeliers eurent son cœur; les jacobins, ses entrailles; et son corps fut transporté à Saint-Denis.
Jeanne de Bourgogne.	morte à Roye, en Picardie, en 1329; ses entrailles furent portées au couvent de Longchamps, son cœur à Saint-Denis; et son corps aux cordeliers de Paris.
Charles iv, dit *le Bel*.	mort à Vincennes en 1328; son corps fut inhumé à Saint-Denis; ses entrailles, à Maubuisson; et son cœur, aux jacobins de Paris.
Blanche.	morte et enterrée dans l'abbaye de Maubuisson.
Marguerite.	morte et enterrée à Montargis.
Jeanne d'Evreux.	morte à Brie-Comte-Robert, en 1370; transportée à Saint-Denis; son cœur, à l'église des cordeliers de Paris.
Blanche, duchesse d'Orléans, fille de Charles iv.	morte en 1382, inhumée à Saint-Denis.
Marie, sœur de la précédente.	morte en 1341.—Les effigies en pierre de ces deux princesses étaient adaptées au pilier de l'entrée de la chapelle de N.-D.-la-Blanche, du côté de l'épître.

Noms des rois, etc.	Observations.
Philippe VI, dit *de Valois*.	mort à Nogent-le-Roi, en 1350; son corps fut inhumé à Saint-Denis; son cœur, à Bourfontaine en Valois; et ses entrailles, aux jacobins de Paris.
Jeanne de Bourgogne.	morte à Paris, dans son hôtel de Nesle, en 1348; son corps fut porté à Saint-Denis, et son cœur à l'abbaye de Citeaux.
Blanche de Navarre.	morte à Neaufle, en 1398; inhumée à Saint-Denis, dans la chapelle Saint-Hyppolite.
Jeanne, leur fille.	morte en 1371, enterrée à Saint-Denis.

N. B. Les effigies en pierre, de Jeanne et de Blanche, étaient adossées au pilier du bas de la chapelle Notre-Dame la-Blanche, du côté de l'évangile.

Marguerite, comtesse de Flandre, leur fille.	morte en 1382, inhumée à Saint-Denis.
Jean, dit *le Bon*.	mort à Londres, en 1364, et rapporté à Saint-Denis où il est enterré dans la chapelle de Saint-Jean-Baptiste, dite des *Charles*.
Bonne de Bohême.	inhumée à Maubuisson, près de Pontoise.
Jeanne.	morte en Bourgogne.
Charles V, dit *le Sage*	mort à Paris, en 1380, inhumé dans l'église Saint-Denis; son cœur, dans l'église de N.-D. de Rouen; et ses entrailles, à Maubuisson.
Jeanne de Bourbon.	morte à Paris, en 1377; son corps fut inhumé à Saint-Denis, et ses entrailles aux célestins de Paris.
Jeanne, leur fille.	morte en 1366. } enterrées à St.-Denis.
Isabelle, leur fille.	morte en 1377.

Noms des rois, etc.	Observations.
Charles vi, dit *le Bien-aimé*......	mort à Paris, en 1422, inhumé à Saint-Denis.
Isabeau de Bavière.	morte à Paris, en 1435, également inhumée à Saint-Denis. — Son corps fut transporté par eau, accompagné de deux chapelains et de deux domestiques.
Charles, *dauphin*, leur fils........	mort en 1386, inhumé à St.-Denis.
Charles, vii dit *le Victorieux*.....	mort à Mehun-sur-Yères, en 1461. — Tanneguy du Chatel, neveu de l'autre Tanneguy, le fit enterrer à ses frais à Saint-Denis.
Marie d'Anjou.....	morte à Paris, en 1463, et inhumée à Saint-Denis auprès de son époux.

N. B. Les rois Charles v. vi, vii et viii, avaient leurs tombeaux dans la chapelle de Saint-Jean-Baptiste, dite des *Charles*. Le connétable Bertrand du Guesclin, mort en 1380, avait son tombeau dans cette chapelle.

Louis xi........	mort au château du Plessis-lèz-Tours; inhumé dans l'église de Notre-Dame de Cléry.
Charlotte de Savoie	morte en Dauphiné, inhumée près de son mari, à Cléry.
Charles viii.....	mort au château d'Amboise, en 1498; transporté à Saint-Denis. — Sur le massif de son tombeau, on avait placé son effigie, et quatre anges figuraient aux quatre coins; ils furent retirés en 1792, et le tombeau fut démoli en 1793.

Noms des rois, etc.	Observations.
Louis XII, dit *le Père du peuple*.	mort à Paris, dans son palais des Tournelles, en 1515 ; enterré à S.-Denis.
Jeanne, première femme répudiée de Louis XII.	morte à Bourges en 1505. — Son corps fut inhumé dans la chapelle de son couvent de l'Annonciade de cette ville. Son tombeau fut détruit par les protestans en 1562, et ses cendres jetées au vent.
Anne de Bretagne, veuve de Charles VIII, remariée à Louis XII.	morte en 1514, fut enterrée à Saint-Denis, dans le tombeau de son dernier époux. Son cœur renfermé dans un vase de vermeil, surmonté d'une couronne de pareille matière, fut envoyé en Bretagne. Il était déposé dans l'église des carmes, à Nantes.
François Ier, dit *le Père des lettres*.	mort à Rambouillet, en 1547 ; enterré à St.-Denis.
Claude de France.	morte au château de Blois, en 1524 ; enterrée dans le mausolée de son époux.
Eléonore d'Autriche.	morte et enterrée à Badajoz, en Espagne.
Louise de Savoie, mère de François Ier.	morte en 1530.
Charlotte, fille de François Ier et de Claude.	morte en 1524.
François, *dauphin*, leur fils.	mort en 1536.
Charles, duc d'Orléans, leur fils.	mort en 1545.

enterrés à St.-Denis

Noms des rois, etc.	Observations.
HENRI II	mort au château des Tournelles, en 1559 ; inhumé à Saint-Denis.
CATHERINE DE MÉDICIS.	morte à Blois, en 1589, où son corps demeura pendant vingt ans ; il fut ensuite apporté à Saint-Denis dans la superbe chapelle des Valois qu'elle avait fait bâtir. Après la destruction de cette chapelle, leurs deux effigies furent transportées dans la chapelle Notre-Dame-la-Blanche.
LOUIS, duc d'Orléans, leur fils,	mort en 1550.
VICTOIRE DE FRANCE, leur fille.	morte en 1556.
JEANNE DE FRANCE, leur fille.	morte en 1556.
FRANÇOIS, duc d'Alençon, leur fils,	mort en 1584.
	inhumés à St.-Denis.
FRANÇOIS II.	mort à Orléans, en 1560 ; enterré à St. Denis sans aucune pompe.
CHARLES IX.	mort en 1574, au château de Vincennes ; enterré à Saint-Denis.
MARIE-ELISABETH DE FRANCE, sa fille.	morte en 1578, inhumée à Saint-Denis.
HENRI III.	assassiné à Saint-Cloud, le 1er août 1589, fut déposé dans l'église de ce lieu, et y resta jusqu'au 22 juin 1610, où il fut porté à Saint-Denis, huit jours avant Henri IV.
LOUISE DE LORRAINE-VAUDÉMONT.	morte à Moulins en 1601, fut transportée à Paris dans le couvent des capucines de la place Vendôme, qui était alors rue Saint-Honoré.

Noms des rois, etc.	Observations.
Henri IV, dit *le Grand*	assassiné le 14 mai 1610, enterré à Saint-Denis (1).
Marguerite de Valois.	morte dans son hôtel, à Paris, en 1614. Son corps, après être resté quelque temps en dépôt dans l'église des Petits-Augustins, fut porté à St.-Denis et inhumé dans le tombeau des Valois.
Marie de Médicis.	morte à Cologne, le 4 décembre 1642. Son corps, apporté en France, fut inhumé dans l'église Saint-Denis.
N. de France, duc d'Orléans, leur fils.	mort en 1611.
Marie de Bourbon, première femme de Gaston, duc d'Orléans, fils d'Henri IV	morte en 1627.
Jean Gaston, duc de Valois, leur fils.	mort en 1652.
Marie-Anne d'Orléans, fille de Gaston.	morte en 1656.
Gaston de France, duc d'Orléans.	mort en 1660.

inhumés à St.-Denis.

---

(1) Son corps s'est trouvé bien conservé, et les traits du visage parfaitement reconnaissables. Il resta dans le passage des chapelles basses, enveloppé de son suaire, également bien conservé. Chacun eut la liberté de le voir jusqu'au lundi matin 14 octobre 1793, qu'on le porta dans le chœur au bas des marches du sanctuaire, où il resta jusqu'à deux heures de l'après-midi, qu'on l'enterra dans le cimetière dit des *Valois*.

Noms des rois, etc.	Observations.
Louis XIII, dit *le Juste*	mort à St.-Germain-en-Laye en 1643; son corps fut transporté à St.-Denis. Lors de l'exhumation, on trouva son corps le mieux conservé; et la figure du monarque était reconnaissable à sa moustache.
Anne d'Autriche...	morte à Saint-Germain-en-Laye, en 1666. Son corps fut transporté à St.-Denis, et son cœur au Val-de-Grâce.
Louis XIV, dit *le Grand*.	mort à Versailles, en 1715, et inhumé à Saint-Denis. Son corps, sorti du tombeau, était reconnaissable par ses grands traits; mais il était noir comme de l'encre.
Marie-Thérèse, infante d'Espagne..	morte à Versailles, en 1683, inhumée à Saint-Denis. Son cœur est au Val-de-Grâce.

N. B. Tous les personnages suivans furent enterrés à Saint-Denis, dans le caveau des *Bourbons*.

Anne-Elisabeth, leur fille, morte en 1662.

Marie-Anne, leur fille, morte en 1664.

N.......... d'Orléans, fille de *Monsieur*, frère du roi, morte en 1665.

Philippe-Charles d'Orléans, fils de *Monsieur*, mort en 1666.

Henriette-Marie de France, fille d'Henri IV, veuve de Charles 1er, roi d'Angleterre, morte en 1669.

Henriette-Anne Stuart, 1re. femme de *Monsieur*, morte en 1670.

Philippe, duc d'Anjou, 2e fils de Louis XIV, mort en 1671.

Marguerite de Lorraine, 2e femme de Gaston d'Orléans, morte en 1672.

Louis-François, duc d'Anjou, 3e fils de Louis XIV, mort en 1672.

Marie-Thérèse, 3.e fille de Louis xiv, morte en 1672.

Alexandre-Louis, duc de Valois, fils de *Monsieur*, mort en 1676.

Marie-Anne-Christine-Victoire de Bavière, femme de Louis, *Dauphin*, fils de Louis xiv, morte en 1690.

Anne-Marie-Louise-d'Orléans, *Mademoiselle*, duchesse de Montpensier, fille de Gaston, fils d'Henri IV, morte en 1693.

Philippe de France, duc d'Orléans, *Monsieur*, frère de Louis xiv, mort en 1701.

Louis, duc de Bretagne, 1er fils de Louis duc de Bourgogne, et petit-fils de Louis xiv, mort en 1705.

Louis, *Dauphin de France*, fils de Louis xiv, connu sous le nom de *Grand-Dauphin*, mort à Meudon, au mois de juin 1711, étant âgé de près de 50 ans.

N. de France, fille de Charles duc de Berri, petit-fils de Louis xiv, morte en naissant, à Fontainebleau, le 21 juillet 1711.

Louis, duc de Bourgogne, *Dauphin*, petit-fils de Louis xiv, et fils du *Grand-Dauphin*, mort à Versailles, au mois de février 1712, âgé de 30 ans (1).

Marie-Adélaide de Savoie, épouse dudit Louis de Bourgogne et Dauphin, morte à Versailles, le 12 février 1712, âgée de 27 ans. Ces deux étaient père et mère de Louis xv.

Louis, duc de Bretagne, second fils dudit duc de Bourgogne, mort *Dauphin*, au mois de mars 1712, âgé de six ans.

Charles, duc d'Alençon, fils de Charles de France, duc de Berri, mort à Versailles, le 16 avril 1713, âgé de 21 jours.

Charles de France, duc de Berri, petit-fils de Louis xiv, mort à Marly, le 4 mai 1714, âgé de 27 ans, 8 mois, 4 jours.

Marie-Louise Elisabeth, fille posthume dudit de Berri, morte 12 heures après sa naissance, le 16 juin 1714.

Marie-Louise-Elisabeth d'Orléans, veuve de Charles duc de Berri, morte le 20 juillet 1719, âgée de 24 ans.

---

(1) Son corps était dans un état de putréfaction liquide.

ÉLISABETH-CHARLOTTE, PALATINE DU RHIN ou de BAVIÈRE, douairière du duc d'Orléans frère unique de Louis XIV, morte à Saint-Cloud, le 8 décembre 1722, âgée de 70 ans.

PHILIPPE DE FRANCE, duc d'ORLÉANS, RÉGENT DU ROYAUME, mort à Versailles, le 2 décembre 1723, âgé de 49 ans.

LOUISE-MARIE, fille de FRANCE, 3e fille de Louis XV, morte à Versailles, le 19 février 1733, âgée de 4 ans, 6 mois et 22 jours.

N. DE FRANCE, duc d'ANJOU, second fils de Louis XV, mort à Versailles, le 7 avril 1733, âgé de 2 ans, 7 mois et 7 jours.

MADAME DE FRANCE, fille de Louis XV, morte et enterrée à Fontevrault, le 28 septembre 1744, âgée de 8 ans.

MARIE-THÉRÈSE, infante d'ESPAGNE, première épouse de Louis, Dauphin, fils de Louis XV, morte à Versailles, le 22 juillet 1746, âgée de 20 ans et 28 jours.

MARIE-THÉRÈSE DE FRANCE, fille du premier mariage de Louis, Dauphin, fils de Louis XV, avec l'infante d'Espagne, morte à Versailles, le 27 avril 1748, âgée de 21 mois et 8 jours.

ANNE-HENRIETTE, fille de FRANCE, fille aînée de Louis XV, morte à Versailles, le 10 février 1752, âgée de 24 ans et 6 mois.

XAVIER-MARIE-JOSEPH, duc d'AQUITAINE, second fils de Louis, Dauphin, fils de Louis XV, mort à Versailles, le 22 février 1754, âgé de 5 mois et 14 jours.

MARIE-ZÉPHIRINE DE FRANCE, première fille du second mariage de Louis, Dauphin, avec Marie-Josephe de Saxe, morte à Versailles, le 1er septembre 1755, âgée de 5 ans et 6 jours.

LOUISE-ÉLISABETH DE FRANCE, fille de Louis XV, mariée à Dom Philippe, duc de Parme, morte à Versailles, le 6 décembre 1759, âgée de 32 ans, 3 mois et 22 jours.

LOUIS-JOSEPH-XAVIER DE FRANCE, duc de Bourgogne, fils aîné du second mariage de Louis, Dauphin, fils de Louis XV, mort à Versailles, le 22 mars 1761, âgé de 9 ans, 6 mois et 9 jours.

LOUIS, *Dauphin de France*, fils de Louis XV, mort à Fontainebleau, le 20 décembre 1765, âgé de 36 ans, 3 mois, dont le cœur seul a été apporté à St.-Denis, son corps ayant été inhumé en la cathédrale de Sens. Ce prince est le père de Louis XVI, Louis XVIII et Charles X.

Marie-Josephe, princesse de Saxe, veuve de Louis, *Dauphin de France*, fils de Louis xv, morte à Versailles, le 13 mars 1767, âgée de 35 ans et 4 mois ; dont le cœur seul a été apporté à Saint-Denis, son corps ayant été inhumé à la cathédrale de Sens avec son feu mari. Cette princesse était la mère de Louis xvi, etc.

Marie Leczinska, princesse de Pologne, épouse de Louis XV, morte à Versailles ; le 24 juin 1768, âgée de 65 ans.

Louis xv, dit le *Bien-Aimé*, mort à Versailles, le 10 mai 1774, âgé de 64 ans et 3 mois. (1)

Sophie de France, tante de Louis xvi et sixième fille de Louis xv, morte à Versailles, le 3 mars 1782, âgée de 47 ans.

N. de France, dite d'Angoulême, fille du comte d'Artois, frère de Louis xvi, morte à Choisi, le 23 juin 1783, âgée de 5 mois.

N. de France, *Mademoiselle*, fille du comte d'Artois, frère de Louis xvi, morte au château de Versailles, le 5 décembre 1783, âgée de 7 ans, 4 mois et 1 jour.

Sophie-Hélène de France, fille de Louis xvi, morte à Versailles, le 19 juin 1787, âgée de 11 mois.

Louis-Joseph-Xavier, *Dauphin*, fils aîné de Louis xvi, mort au château de Meudon, le 4 juin 1789, âgé de 7 ans et 7 mois.

---

(1) Dans le caveau des Bourbons, outre les corps, on trouvait les cœurs de plusieurs princes de cette famille, et entre autres ceux de Louis, *dauphin*, fils de Louis xv, mort à Fontainebleau le 20 décembre 1765, et de Marie-Josephe de Saxe son épouse, morte le 13 mars 1767, dont les corps avaient été enterrés dans l'église cathédrale de Sens, ainsi qu'ils l'avaient demandé. Ces cœurs étaient mis dans des boîtes en plomb, en forme de cœur, renfermées elles-mêmes dans des boîtes en vermeil de même forme, et surmontées chacune d'une couronne également d'argent doré. Lors de la spoliation des tombeaux, les cœurs furent jetés dans la fosse commune, les boîtes en plomb envoyées à la fonderie, les cœurs et couronnes de vermeil déposés à la commune de Saint-Denis.

A l'ouverture des cercueils de la famille des Bourbons, on observa que la plus grande partie des corps étaient en putréfaction ; il en sortait une vapeur noire et épaisse, d'une odeur infecte qu'on chassait à force de vinaigre et de poudre qu'on eut la précaution de brûler ; ce qui n'empêcha pas les ouvriers de gagner des dévoiemens et des fièvres, qui n'ont pas eu de mauvaises suites. (Chateaubriand, *Génie du Christ*. Note F.)

Tous les corps de ceux de ces personnages qui avaient été inhumés à Saint-Denis depuis quatorze siècles, à remonter jusqu'à Dagobert 1er, mort en 638, furent retirés de leurs cercueils. L'exhumation a été générale dans tous les différens endroits de l'église. Tous les cercueils, soit de pierre, soit de plomb, ont été ouverts; tous les ossemens, et même les cadavres non consommés, ont été mis pêle-mêle dans deux grandes fosses faites dans le cimetière attenant à la croisée septentrionale de l'église, lieu où Catherine de Médicis avait fait construire le mausolée des Valois. Tous les coffres de plomb qui étaient dans le caveau des Bourbons, et où on avait mis les entrailles, ont été également ouverts et vidés. On eut le soin de recouvrir de chaux les restes déposés dans les deux fosses.

On a commencé à vaquer à cet ouvrage le samedi 12 octobre 1793 (21 vendémiaire an II), et on n'a fini que le vendredi 25 octobre 1793 (4 brumaire an II). Depuis cette époque, on a travaillé à la démolition du tombeau de François 1er; et le 18 janvier 1794 (29 nivôse an II), ce tombeau étant démoli, on ouvrit celui de Marguerite, comtesse de Flandre, fille de Philippe-le-Long, morte en 1382, dont l'exhumation fut faite comme on avait fait celle de tous les autres.

Il existe un journal historique de l'extraction générale de tous les cercueils de plomb des rois, reines, princes, princesses, abbés et autres personnes qui avaient leur sépulture dans l'église de Saint-Denis; mais ce journal historique n'est revêtu d'aucune forme probante. On ignore s'il existe un procès-verbal en forme; on ignore s'il y a eu des ordres positifs et par écrit pour faire cette extraction, et par qui ces ordres ont été donnés. On voit, dans ce journal historique, qu'il y avait un *commissaire aux plombs*, et qu'on avait établi une *fonderie dans le cimetière même*, pour fondre le plomb à mesure qu'on en trouvait; mais on ne dit point qui est ce qui présidait à une opération aussi nouvelle et extraordinaire, dont on ne trouve aucun exemple dans l'antiquité.

Ce journal historique dit aussi que, quelques jours après, le vendredi 25 octobre 1793, les ouvriers, avec le *commissaire aux plombs*, furent aux carmélites enlever le cercueil de plomb de madame Louise de France, huitième et dernière fille de Louis xv, morte carmélite le 23 décembre 1787, âgée de plus de cinquante ans ; qu'ils apportèrent ce cercueil dans le cimetière des Valois ; que ce corps fut tiré du cercueil et jeté dans la fosse commune à gauche ; que ce corps était tout entier, mais en pleine putréfaction ; que néanmoins les habits de carmélite étaient assez bien conservés.

On voit, dans ce journal, que l'on n'a point trouvé les corps du duc de Châtillon, de Gaspard de Coligni, morts en 1649 ; de Jacques Stuart, marquis de Saint-Mégrin, mort en 1652, et de François-Paul de Gondy, cardinal de Retz, mort abbé de Saint-Denis en 1679.

Le géant, qui, par une étrange fatalité, se laissait appeller *l'homme du destin*, préparant à son insu le retour des Bourbons, avait relevé leur trône et restauré jusqu'à leur sépulture, quand le *destin* releva cette vieille dynastie.

Les restes de Louis XVI, mort le 21 janvier 1793, furent, le 21 janvier 1815, exhumés et transférés à Saint-Denis dans le caveau de ses ancêtres, dépeuplé en 1793 et reconstruit pour la race impériale.

Marie-Antoinette d'Autriche sa femme, morte à Paris le 14 octobre 1793, fut exhumée et transférée avec lui dans le même caveau.

Plus tard, une ordonnance du 24 avril 1816 restitua à l'église de Saint-Denis les ossemens des trois races que la révolution avait arrachés de leurs tombeaux. Après les plus amples informations, on procéda à l'ouverture de deux fosses pratiquées dans le cimetière, au nord de l'église, dans le terrain de l'ancienne chapelle des Valois. Ces deux fosses dites, l'une des Bourbons, l'autre des Valois, contenaient: la première, tous les restes des Bourbons depuis Henri IV; la seconde, ceux des rois des différentes races.

Dans l'une et dans l'autre, on ne trouva que des ossemens en état de dessiccation parfaite et entassés sans ordre. Ceux de la fosse des Valois furent placés dans quatre cercueils; ceux de l'autre fosse furent réunis dans un seul. Tous ces restes, déposés d'abord dans une chapelle ardente, furent, après les cérémonies religieuses, transportés dans les deux caveaux qui leur étaient respectivement destinés. Ces deux caveaux, scellés après l'introduction des cercueils, portent sur leur face antérieure, chacun une table de marbre noir, indiquant le nom, l'âge et la date de la mort des personnages illustres qui y sont renfermés.

Des Funérailles des Rois et Reines de France, et des Princes de leur famille.

Suivant Tacite, les empereurs romains *assistaient* aux obsèques de leurs prédécesseurs, de leurs parens ou alliés, et en portaient le deuil. Auguste alla de Rome jusqu'à Pavie, au-devant du corps de Drusus, son beau-fils, mort en Germanie, et l'accompagna jusqu'à Rome. Tibère assista aux funérailles d'Auguste, et prononça l'une des oraisons funèbres dans cette cérémonie. Il en fut de même de Caligula pour Tibère, de Néron pour Claude, et de Sévère pour Pertinax. Constance conduisit en personne le deuil de son père Constantin-le-Grand, comme celui-ci avait lui-même conduit le deuil de son père aussi nommé Constance.

Ces princes *assistaient* même au convoi des personnages qu'ils estimaient; et nous voyons, dans l'ancien testament, le roi David *suivre* le cercueil d'Abner.

Sous la première race de nos rois, Childébert et Clotaire 1er *accompagnent* le corps de la reine Clotilde leur mère, depuis Tours où elle était décédée, jusqu'à Sainte-Géneviève à Paris, où elle fut inhumée. Les quatre fils de Clotaire *conduisent* le corps de leur père depuis Compiègne jusqu'à l'abbaye Saint-Médard de Soissons, où il fut déposé. Louis VI, dit le Gros, *suit* le corps du roi Philippe 1er son père, depuis Melun où il mourut, jusqu'à Saint-Benoît-sur-Loire, où il fut enterré ; dans les campagnes, il montait à cheval, et il allait à pied dans les villes et les villages. Le corps de Philippe-Auguste fut conduit au dernier asile par ses deux fils, Louis VIII et Philippe comte de Boulogne, accompagnés de Jean de Brienne, roi de Jérusalem. « A celui du roi sainct Louys, assista le roi Philippe III, et porta à pieds, sur ses espaules, (c'est-à-dire, aida à porter) la bière de son père, depuis l'église Notre-Dame de Paris jusques à Saint-Denys où l'on le fit quelqu'espace attendre à la porte (1) pour

---

(2) *Obsèques du roi Saint-Louis et de la reine Isabelle*, etc. — Saint Louis étant mort, les religieux de St-Denis, en chapes et un cierge à la main, sortirent par respect au-devant du convoi environ jusqu'à une demi-lieue, et après avoir reçu les corps, ils les accompagnèrent à leur église en chantant. L'ar-

discord meu par les abbé et religieux, ne voulant souffrir les archevêque de Sens et évêque de Paris (desquels ils sont exempts) y entrer en habits pontificaux (DUTILLET).

Lors de l'enterrement du roi Jean, ses trois fils, Charles V, Louis duc d'Anjou et Philippe duc de Bourgogne, accompagnés du roi de Chypre, *suivirent* le corps de leur père ; le quatrième fils, Jean duc de Berri, étant alors en ôtage en Angleterre, *ne put y assister*.

Depuis, les rois de France n'*assistèrent* plus aux obsèques de leurs prédécesseurs et des membres de la famille royale. Ce changement date

---

chevêque de Sens et l'évêque de Paris, qui avaient présenté les corps, suivaient toujours revêtus de leurs habillemens pontificaux. L'abbé appréhenda que s'ils entraient dans l'église avec les marques de leur dignité, ils n'en prissent occasion de s'attribuer quelque juridiction sur le monastère également indépendant de l'un et de l'autre : c'est ce qui lui fit prendre la résolution de faire fermer les portes de son église. Quelque hardie que fût cette action, il ne paraît pas que le roi Philippe qui était présent, donna aucun ordre. Le convoi fut obligé d'attendre quelque temps devant l'église, et avant que de pouvoir y entrer ; il fallut que les deux prélats allassent quitter leurs ornemens pontificaux, hors du territoire de l'abbaye. Alors l'abbé fit ouvrir les portes, et l'entrée de l'église demeura libre.

(FÉLIBIEN, *Hist. de l'Abb. de Saint-Denis.*)

du décès de Charles v, qui laissa deux fils extrêmement jeunes; à cette époque, la peste exerçait ses ravages à Paris et dans les environs. Charles vii ne put *paraître* aux funérailles de Charles vi son père, parce que Paris et Saint-Denis se trouvaient alors occupés par les Anglais. Louis xi était dans les Pays-Bas, lors de la mort de son père; et son frère, qui n'avait pas quitté le royaume, ne *suivit* pas le convoi paternel. Charles viii imita cet exemple, auquel se conformèrent ses successeurs. Cependant les fils de Henri ii *conduisirent* le deuil de leur père, à l'exception de François qui se contenta de jeter de l'eau bénite sur le corps.

Jadis, les rois de la troisième race *assistaient* non seulement aux funérailles de leurs prédécesseurs, mais encore à celles de leurs parens ou amis. Joinville rapporte que plusieurs grands seigneurs ayant été massacrés en prison par les Sarrasins, leurs corps furent rendus au roi Louis ix, qui les fit enterrer dans l'église de Saint-Jean-d'Acre. Parmi les morts, se trouvait Gautier de Brienne; madame de Secte sa cousine se chargea de tous les frais d'inhumation; chaque chevalier présent au service offrit un cierge et un denier d'argent; « ledict roi y *as-*

» *sista* et offrit *un cierge* et *un besan* des deniers
» de la dame par grande courtoisie: car les rois,
» aux exèques, offroient toujours de leur mon-
» noye et propres deniers, non de ceux qui les
» convioient. (DUTILLET.) »

Philippe-le-Bel fut invité à l'enterrement de l'impératrice de Constantinople, Catherine, seconde femme de Charles de Valois son frère, et y *assista* dans l'église des cordeliers, à Paris. Philippe v, dit le Long, *assista* pareillement dans la même église, à l'enterrement de Louis comte d'Evreux, son oncle. Le cœur de Philippe roi de Navarre, comte d'Evreux, décédé à Grenade, étant apporté aux jacobins de Paris, on convia au service et enterrement, Philippe de Valois qui y *assista*. Charles v *suivit* les obsèques de la reine Jeanne d'Evreux, veuve de Charles-le-Bel, tant à Notre-Dame de Paris qu'à Saint-Denis. Ce prince *assista* également au service de Jean de la Rivière son chambellan; le service eut lieu dans l'église du Val-des-Ecoliers à Paris. Édouard III, roi d'Angleterre, *assista* à l'enterrement de G. Mauny, chevalier de Hainaut, inhumé aux chartreux de Londres, qui avaient été fondés par ledit Mauny.

Mais au XVIe siècle, les rois se contentèrent

de jeter de l'eau bénite. Cependant Louis XVIII *assista* aux funérailles du duc de Berri, (voyez le *Moniteur* du 15 mars 1820); mais le comte d'Artois n'y *assista* pas.

Sous la première race, et d'après Grégoire de Tours (1), sitôt que nos rois étaient décédés, on lavait leurs corps, on les embaumait et on les revêtait des habits royaux. On portait ensuite le corps à l'église. C'était toujours quelque basilique considérable, avant même que celle de Saint-Denis fût devenue la sépulture commune de nos rois (2).

Les cérémonies des convois éprouvèrent, à différentes époques, de très-grands changemens.

Aussitôt la mort du roi ou de la reine, on moulait leur visage que l'on coulait en cire. Ce masque servait à faire une effigie du personnage décédé (3). Pendant ce travail, le corps

---

(1) *De Gloriâ confess.*, cap. 106. — *Hist.*, lib. IV, cap. 45.

(2) *Hist. de l'Abb. de Saint-Denis*, pag. 546.

(3) Il y avait à Saint-Denis, dans les armoires au-dessus de celles qui renfermaient les objets du trésor, les effigies de huit rois. Les visages soigneusement moulés en cire au moment du décès, étaient adaptés à des mannequins couverts d'un manteau rouge semé de fleurs-de-lys d'or.

était ouvert et embaumé. Ensuite le corps enseveli par les chambellans et les gentilshommes de la chambre, mis dans un cercueil de plomb renfermé lui-même dans un cercueil de bois recouvert de velours noir croisé de satin blanc, était porté par les archers (gardes) du corps, en une chambre richement parée, et posé sur un lit ayant un soubassement de drap d'or. Sur le corps, s'étendait une grande couverture de drap d'or traînant à terre et couvrant les soubassemens. Dans cette chambre, était un autel où l'on disait des messes et des prières, tant que le corps y demeurait. L'effigie étant préparée, on le posait dans une salle richement décorée, autour de laquelle étaient des siéges couverts de drap d'or rayé, pour les seigneurs, gentilshommes, prélats, et officiers de la maison. On posait l'effigie sur un lit de parade garni d'une couverture de drap d'or frisé, traînant de tous côtés par terre. Cette couverture était bordée d'hermine mouchetée, de la largeur de deux pieds. L'effigie était revêtue d'une chemise de toile de Hollande, brodée en soie noire au collet et aux manches, et, pardessus, d'une camisole de satin cramoisi, doublée de taffetas de même couleur, et bordée d'un petit passement d'or. Il ne paraissait de cette camisole que les manches jusques aux coudes, et le bas environ quatre doigts sur les jambes, parce que la tunique couvrait le reste. Cette tunique de satin azuré et semé de fleurs de lis d'or, avait un passement d'or et d'argent de la largeur de quatre doigts, et des manches allant jusqu'aux coudes. Sur la tunique, était le manteau royal, de velours violet, également semé de fleurs de lis d'or, et ayant cinq aunes de long, y compris la queue; des manches ouvertes, une doublure de taffetas blanc; le collet rond d'hermine renversé d'environ un pied, les paremens et la queue fourrés d'hermine. Au col de l'effigie, par-dessus le manteau, était le grand ordre du roi; sur sa tête, un petit bonnet de velours cramoisi-brun; par-dessus ce bonnet, la couronne enrichie de pierreries; et aux jambes, des bottines de toile d'or, avec des semelles de satin rouge. L'effigie avait les mains jointes comme pour la prière; deux oreillers de velours rouge brodés en or garnissaient le chevet : celui de droite supportait le sceptre aussi long que l'effigie; celui de gauche recevait la main de justice, dont le bâton pouvait avoir de deux pieds et demi à trois pieds de long.

Au-dessus de l'effigie, s'élevait un dais sans rideaux, mais richement brodé. A la droite du chevet, une chaise de drap d'or, avec un coussin revêtu de pareille étoffe; auprès du lit, deux escabelles, également couvertes de drap d'or; sur l'une, la croix d'argent doré; sur l'autre, le bénitier d'argent doré; aux deux coins du bénitier, deux autres escabelles couvertes de drap d'or rayé; sur ces deux escabelles, deux hérauts assis, revêtus de leurs cottes d'armes, pour présenter l'*aspergès* aux personnages qui viennent donner de l'eau bénite. On relevait ces hérauts de deux heures en deux heures.

Au fond de la salle, était un autel richement décoré; l'effigie restait exposée publiquement pendant huit à dix jours. Pendant ce temps, le service se faisait près du corps du roi comme de son vivant; aux heures des repas, les officiers et fourriers dressaient la table; les gentilshommes-servans, précédés de l'huissier, apportaient le service; les officiers de gobelet plaçaient les *hanaps* (coupes fermées) et la nef du roi (1); et ensuite on procédait à l'essai

---

(1) Petit buffet portatif en forme de vaisseau dont le roi gardait la clef. A l'époque de son couronnement, Louis XVI avait sa *nef*. Ce meuble se plaçait à l'extrémité de la table opposée au roi. Un aumônier était placé auprès, pour l'ouvrir au besoin.

des vins, etc. Le maître d'hôtel présentait la serviette au plus haut personnage de l'assemblée, pour essuyer les mains; un prélat ou aumônier bénissait la table; les bassins à laver se présentaient à la chaise du roi, comme s'il y était assis; les trois services de la table se suivaient, sans oublier ceux du vin, avec la présentation de la coupe, aux temps où le défunt roi avait accoutumé de boire à chaque repas. On terminait par donner à laver; l'aumônier récitait les grâces comme à l'ordinaire; et par une contradiction singulière, y ajoutait les psaumes et les prières des trépassés. Les personnes présentes à cette cérémonie étaient celles qui avaient coutume d'approcher le roi aux heures de ses repas; et, de plus, les princes, princesses, prélats et officiers de sa maison. Tous les vivres desservis étaient donnés aux pauvres.

L'effigie enlevée après le terme fixé au cérémonial, se remplaçait par le corps du roi, posé sur des tréteaux; le cercueil était couvert d'un grand poêle de velours noir traînant jusqu'à terre, ayant au milieu une croix de satin blanc; sur chaque quartier du poêle, un écusson aux armes de France; la couronne et l'ordre du roi ; autour et sur le poêle de velours, un grand poêle de drap d'or frisé, ayant pareillement au milieu une croix de satin blanc, les armes de France, et ces mêmes armes plus petites, figurées à chaque bout d'une croix plus étroite. Au bord du poêle, était attaché du velours violet azuré, semé de fleurs de lis d'or de la largeur du velours, auquel on attachait un bord d'hermine de trois à quatre doigts de large. Sur les poêles et cercueil au-dessus de la tête, était un oreiller de drap d'or frisé, sur lequel reposait la couronne, et le sceptre à droite, la main de justice à gauche. Au pied du cercueil, la croix d'argent doré ; au-dessus, un dais de velours noir richement brodé ; aux pieds, une crédence, couverte d'un drap noir, portant un bénitier ; et aux deux côtés, deux escabelles basses, également couvertes de drap noir, destinées à deux hérauts vêtus de leurs cottes d'armes, chaperons en tête (Ces officiers présentaient l'*aspergès*). Dans le fond de la salle, tendue en noir, un banc couvert de drap noir ; sur les côtés, des sièges de même couleur ; autour du cercueil, une barrière peinte en noir ; au bout de la salle, deux autels parés, près l'un de l'autre : celui de la grande chapelle, destiné aux grand'messes ; et celui de l'oratoire, aux petites.

A la dernière grand'messe des trépassés (celle-là se disait en musique, et même pour Henri IV on dit quatre grand'messes en musique le même jour), et à la messe de l'oratoire, célébrée par le chapelain ordinaire du roi, assistaient les seigneurs, les gentilshommes, les officiers et les gardes, tous en deuil ; des prières étaient continuées chaque jour, ainsi que des sermons, jusqu'à l'enlèvement du corps. Peu de jours avant l'inhumation, le nouveau roi, vêtu de son manteau royal de pourpre dont la queue était portée par cinq princes, ayant en tête le chaperon de même couleur, venait dans la salle où le premier gentilhomme de la chambre lui présentait le carreau. Après plusieurs révérences, le roi s'agenouillait, priait, et jetait de l'eau bénite avec l'*aspergès*, que lui avait présenté un aumônier, qui lui-même l'avait reçu d'un héraut. Cette cérémonie achevée, le nouveau prince se levait ; et après plusieurs révérences, il se retirait. Ordinairemen, le roi faisait aux hérauts le don du manteau qui lui avait servi pendant cette cérémonie.

C'est ici le lieu d'observer que les reines

portaient le deuil en couleur tannée et en blanc, et les rois en rouge. Monstrelet dit :
« Le service fait, tout incontinent le roi se
» vest de pourpre, qui est la coutume de
» France ; pour ce que, sitôt que le roi est mort,
» son fils plus prochain se vest de pourpre et
» se nomme roi ; car le royaume n'est jamais
» sans roi. » Faute d'avoir connu cet usage de l'ancienne étiquette, on a fait un crime à Louis XI d'avoir vêtu l'habit d'écarlate à la nouvelle de la mort de son père, comme s'il avait pris cette couleur pour marquer sa joie.
« Cependant, assure la comtesse de Furnes,
» un roi de France ne porte jamais *noir* en
» deuil, quand serait de son père ; mais son
» deuil est d'être habillé tout en *rouge*, et man-
« teau, et robe, et chaperon. »

Quand un roi ou une reine décédait à Paris, on allait chercher leur corps dans le lieu où ils étaient morts. S'ils mouraient hors de Paris, les abbayes de Notre-Dame-des-Champs ou de Saint-Antoine-des-Champs les allaient chercher. Tous les corps de la ville, vêtus de deuil, allaient recevoir la dépouille mortelle du monarque. Le lendemain matin, les vingt-quatre crieurs faisaient les *cri* et *semonce en la chambre du plaidoyer*, *à la table de marbre*, et par les rues de la capitale ; l'après-dîné, le convoi se rendait à Notre-Dame ; on posait l'effigie sur le cercueil où était le corps, afin d'inviter le peuple à faire des prières pour le roi défunt.

Les *hanouards* (porteurs de sel), qui avaient eu jadis le privilège de saler et de faire bouillir les rois morts, avaient maintenant celui de porter le cercueil. Cependant, « à l'exèque du » roy Charles VIII, vingt gentilshommes, ses fa- » voris, ne voulurent souffrir que des gens de » basse condition portassent ses restes, et s'en » chargèrent au col, mesprisant le travail pour » l'affection qu'ils avoient à leur bon maistre ; » et quelque mauvais temps qu'il fît, portèrent » seuls à grande peine les dicts corps et effigie, » depuis Nostre-Dame-des-Champs, jusqu'à » Saint-Denys (DUTILLET , pag. 245). »

A l'enterrement de Louis XII, les gentilshommes de ce prince abandonnèrent aux *hanouards* le privilège de le porter.

Aux obsèques des rois François Ier et Henri II, le corps, *séparé de l'effigie*, fut placé dans le charriot d'armes, depuis appelé *corbillard*. Il ne s'agissait plus alors que de porter, ou peut-être faire semblant de porter une effigie légère; les gentilshommes de la chambre, ne voyant plus dans ce soin qu'un honneur sans travail, l'enlevèrent aux *hanouards*, et se présentèrent la sangle au col. Il paraît que, bien que marchant à pied, ils étaient enfermés dans la tenture, soit d'un charriot, soit toute autre; « car, selon Dutillet, on ne leur voyoit que la tête et le haut des épaules.» Mais, à l'enterrement de Henri II, ses gentilshommes, se tenant aux côtés de l'effigie, soutenaient seulement avec les mains la couverture de drap d'or sur laquelle elle était couchée.

Le parlement a toujours joui du privilège d'entourer seul, devant, derrière et sur les côtés, le corps et l'effigie, tant qu'ils ont été ensemble. Au décès de Charles VIII, les gentilshommes de sa maison et ses archers (gardes du corps) voulurent demeurer à l'entour du tombeau. Le grand-maître appaisa cette contestation, en faisant marcher les gentilshommes par devant et les archers par derrière.

A l'enterrement de Henri II, les archers et leurs capitaines environnaient le corps. L'évêque de Paris et le grand aumônier précédaient l'effigie.

Ce n'était pas la règle, car aux obsèques de François 1er, l'évêque de Paris, ayant pris cette place dans le cortège, « ce ne lui fut souf-
» fert, dit un contemporain ; il se retira avec les
» évesques, et marcha le dernier, qui est son
» rang, car il est curé du roy, en quelque lieu
» qu'il soit pour estre évesque de sa ville capitale.
» Pour ce, en la chapelle du roy, et le service
» fait selon l'usage de Paris, lève le corps, s'il
» y est, même hors son diocèse. Es exèques des
» roys, sont l'église et la pompe funèbre, en
» laquelle ledict évesque n'a lieu décent, ains
» est de son propre rang de conduire le clergé.
» Outre les raisons susdictes, et l'usance an-
» cienne, il est notoire que, ès enterremens com-
» muns, entre le curé et la bière du trespassé,
» marche la famille des serviteurs, précédant le
» corps : les parens et amys le suivent. La-
» dicte pompe est de la famille du roy, voire
» partie de lui, parce qu'elle porte les insignes
» royaux. » (Dutillet, pag. 245.)

Aux funérailles de Charles v, les écoliers de l'université, causèrent du trouble, parce que le recteur voulait marcher à côté de l'évêque de Paris, qui conduisait son clergé. Pour éviter à l'avenir un pareil scandale, le recteur de l'université se tient à la gauche du doyen de l'église de Paris. Le grand aumônier et le maître de l'oratoire ont également leurs places, et vont devant les aumôniers ordinaires; ces derniers vont suivant leur rang, avec les évêques s'ils sont prélats, avec les abbés s'ils sont pourvus de quelques abbayes.

L'ordre du convoi était ainsi réglé :

Le premier écuyer tranchant en deuil, à pied, portant le pennon de France, sorte de bannière de velours bleu azuré, semé de fleurs de lis, de riches broderies d'or, et couvert d'un crêpe noir à travers lequel on apercevait la broderie.

Les tambours ne battant point, et les musiciens portant leurs instrumens retournés, c'est-à-dire, l'embouchure en bas, et le pavillon en dessus; les tabliers des trompettes n'avaient point de crêpe; le charriot d'honneur (ou d'armes) couvert de velours noir descendant jusqu'à terre, coupé d'une grande croix de satin blanc, orné de vingt-quatre écussons aux armes de France richement brodés, avec des couronnes et la croix de l'ordre; ce char était traîné par six chevaux marchant deux à deux, et couverts de housse en velours noir, traînant à terre, croisées de satin blanc. Le premier et le dernier cheval du côté gauche étaient tenus par deux valets en deuil, la tête nue, le *chaperon avalé* (rejeté sur la nuque).

Les armuriers et sommeliers d'armes entourant le char; cependant, quand on y plaçait le corps du roi, on y ajoutait un certain nombre de frères des quatre ordres mendians, portant des cierges ornés d'écussons aux armes de France, et douze pages vêtus de velours noir, la tête nue avec le *chaperon avalé*, et montés sur des chevaux couverts de velours noir croisé de satin blanc ; des valets de pied, vêtus de deuil, tête nue et *chaperon avalé*, tenaient par la bride les chevaux de ces pages.

L'un des écuyers d'écurie portant les éperons; un second, les gantelets; un troisième, les armes de France en forme d'écus couronnés et entourés du cordon de l'ordre ; un quatrième portait, au bout d'un bâton, la cotte d'armes de velours violet, à fleurs de lis d'or, en broderie perlée. Enfin le premier écuyer, ou, en son absence, le plus ancien portait l'armet timbré à la royale. Autour des écuyers, se tenaient des pages de l'écurie, vêtus en deuil.

Le cheval de parade, houssé et entièrement

couvert de velours cramoisi azuré, semé de fleurs de lis d'or de chypre, depuis les oreilles jusqu'à terre, conduit par deux écuyers de la grande écurie. « Autour dudict cheval, » d'un côté et d'autre, il y a bon nombre » de héraux d'armes à pied, revêtus de leurs » costes d'armes et chaperons en tête (Du-TILLET). »

Le grand écuyer, ayant chaperon en tête et l'épée au côté, monté sur un cheval couvert de velours noir croisé de satin blanc, portait l'épée royale ceinte en écharpe, pendante devant lui, garnie de velours bleu, et semée de fleurs de lis d'or. Quatre hérauts d'armes à pied, habillés comme les précédens, marchaient aux côtés du grand écuyer.

L'effigie tenant de sa main droite le sceptre, et de la gauche la main de justice.

L'ordonnateur du convoi.

Le premier chambellan, portant la bannière de France, de forme quarrée, en velours cramoisi violet, semée de fleurs de lis d'or de chypre, garnie de franges d'or, attachée à une lance peinte de pourpre. Les chevaux de ces seigneurs étaient couverts de velours noir croisé de satin blanc. Le dais de l'effigie était porté dans la ville par les prévôts des marchands et échevins.

Le grand deuil, composé des princes montés sur de petites mules ; les queues de leurs manteaux, fort longues, étaient portées par un gentilhomme en grand deuil qui allait à pied.

Les ambassadeurs en deuil, avec le chaperon sur les épaules.

Les chevaliers de l'ordre, revêtus de leur grand cordon, et le chaperon de deuil sur la tête, de même que tous les seigneurs et gentilshommes de la chambre, marchant après eux.

Les capitaines des gardes et archers, portant avec le deuil leur hoqueton argenté.

Le corps étant arrivé à Notre-Dame, on y faisait le service solennel le soir et le lendemain matin ; à deux heures, l'après-dîner, le cortège, dans le même ordre que la veille, se rendait à Saint-Denis, jusqu'à la *croix qui penche*, où les religieux de Saint-Denis venaient processionnellement recevoir le corps et l'effigie de la main de l'évêque de Paris, qui s'en retournait à la tête de son clergé. Ces religieux se chargeaient aussitôt de porter le poêle ou dais. Arrivé à l'abbaye, on faisait le soir un service solennel ; les religieux passaient la nuit en prières.

Le lendemain, on procédait aux funérailles. La bière couverte d'un grand drap d'or, était placée sous une chapelle ardente. Les hérauts enlevaient la couronne, le sceptre et la main de justice, pour les remettre entre les mains de trois princes qui leur étaient désignés. Aussitôt les gentilshommes de la chambre prenaient le corps et le portaient jusqu'à l'entrée du caveau, et l'y descendaient, précédés du roi d'armes, qui, du fond du caveau, commandait aux hérauts de venir faire leur office. Tous s'approchaient et se dépouillaient de leurs cottes d'armes, et les déposaient sur une tour de bois placée à cet effet. Les écuyers appelés successivement remettaient au roi d'armes les éperons, les gantelets, l'écu, la cotte d'armes et l'armet timbré. Le premier écuyer tranchant apportait le pennon royal ; les capitaines des Suisses et des archers de la garde, leurs enseignes ; le grand écuyer, l'épée royale; et le grand chambellan, la bannière royale. Le grand maître interpellé à son tour, venait à la tête de tous les maîtres d'hôtel qui, d'après son ordre, jetaient leurs bâtons dans le caveau. Les trois princes, porteurs de la couronne, du sceptre et de la main de justice, s'avançaient et les remettaient entre les mains du roi d'armes. Celui-ci criait trois fois : *Le roi est mort! priez Dieu pour son âme!* et après un instant de silence, il criait également trois fois : *Vive le roi N!* Un héraut placé dans le chœur, auprès du pupitre, répétait ce cri. Aussitôt les tambours et la musique retentissaient ; et l'assemblée se séparait aux cris de *vive le roi!*

Toutes les personnes du cortège dînaient à l'abbaye de Saint-Denis. A l'issue du repas, après les grâces, le grand maître de France, ou de la maison du roi, s'adressant au parlement, aux cours souveraines, etc., disait : « Messieurs, vous » n'avez plus de maître, que chacun se pour- » voie! » Puis, en signe de la perte de son office, il rompait le bâton de sa charge. Dans une pareille cérémonie, à la suite des obsèques de Charles VIII, un sommelier et un archer de la garde moururent subitement de douleur.

Le chancelier de France, étant l'homme de l'état, *n'assiste* jamais aux funérailles de nos rois. On a vu cependant Guillaume Juvénal des Ursins *assister* aux obsèques de Charles VII en 1461, et Jean Leclerc *assister* au service du bout de l'an, célébré pour François II en 1561.

Le cercueil du dernier roi mort restait déposé sur les degrés de l'escalier du caveau, jusqu'à l'arrivée du cercueil de son successeur. On raconte que Louis XV aurait rempli la dernière place, et qu'il n'en serait plus resté pour Louis XVI.

On suivait, pour les reines, à peu près le même cérémonial que pour les funérailles des rois. Leur effigie couronnée était revêtue de l'habit et du manteau royal semé de fleurs de lis d'or, avec le sceptre à droite, et la main de justice à gauche. Outre les princes, les princesses et dames de la maison paraissaient en grand deuil. A l'issue du repas donné par l'abbé de Saint-Denis, c'était le premier maître d'hôtel de la défunte reine qui cassait le bâton.

Isabeau de Bavière, veuve de Charles VI, est la seule de nos reines qui ait eu des obsèques peu dignes de son rang (1435). Son corps fut porté à Notre-Dame, où l'on fit les prières accoutumées; puis le convoi et le parlement l'accompagnèrent jusqu'au port Saint-Landri, où la bière fut déposée dans un bateau, et portée par eau jusqu'à Saint-Denis, sous la garde de deux bateliers et d'un chapelain qui récitait des prières. On donne pour raison, que la guerre et les courses de l'ennemi entre Paris et Saint-Denis, empêchèrent les seigneurs d'assister aux funérailles de cette princesse détestée.

Les poêles et dépouilles des effigies des rois et des reines appartenaient aux abbés et religieux de Saint-Denis. Il revenait aux religieuses de la Saussaye près de Villejuif, le linge de corps, les sceaux d'or et d'argent, les mulets, mules, palefrois, chevaux d'honneur, tant ceux qui avaient traîné le char des rois et reines, que ceux qui avaient figuré à leurs obsèques, avec les harnois, colliers, selles, etc..

Quant au drap mortuaire, nous renvoyons à la lettre suivante, extraite du *Journal de la Belgique*.

Namur, 6 octobre 1824.

Votre journal a rapporté dernièrement un article publié par la *Gazette d'Aix-la-Chapelle* : il y est dit que « les autorités de cette ville ont réclamé un droit fondé sur un ancien usage, qui remonte aux temps les plus reculés, et qui n'a plus été pratiqué, dit-il, depuis la mort de sa majesté Louis XV, en 1774, époque à laquelle le drap mortuaire de ce monarque a été déposé dans la sacristie de notre cathédrale, etc. etc. »

Il est très-vrai, monsieur, que les rois de France envoyaient autrefois le drap mortuaire de leur prédécesseur; mais cela n'avait lieu que le lendemain de leur sacre : et le drap envoyé devait être déposé dans le tombeau de Charlemagne, et non à la sacristie.

Voici copie de la lettre que sa majesté Louis XVI écrivit, de Reims, le 2 juillet 1775 :

« Très-chers et bons amis, nous avons ordonné au sieur Papillon de la Ferté, intendant, contrôleur-général de l'argenterie, menus-plaisirs et affaires de notre chambre, et intendant honoraire de notre ordre royal et militaire de Saint-Louis, de vous remettre le présent qu'à l'exemple des rois nos prédécesseurs, nous avons résolu de faire à votre église, à l'occasion de notre sacre. Nous aimons à renouveler cet usage ancien, en faveur d'une basilique fondée par un des plus grands rois de la monarchie française, pour être le centre de l'union des peuples soumis à son empire; et nous ressentons un véritable plaisir, en nous acquittant d'un devoir de reconnaissance envers la majesté divine, de pouvoir en même temps vous donner une marque de l'affection et de la bienveillance que nous avons pour vous.

« Nous nous remettons, à cet égard, à ce que le sieur Papillon de la Ferté vous dira de notre part, et vous prions d'être bien persuadés de l'intérêt sincère que nous prendrons toujours à la conservation de l'ancienne splendeur de votre église, et aux avantages de votre chapitre.

« Sur ce, nous prions Dieu qu'il vous ait, très-chers et bons amis, en sa sainte garde.

Signé, Louis. »

L'adresse portait : A nos très-chers et bien-amés les chanoines et chapitre de l'église royale d'Aix-la-Chapelle.

Pompe funèbre de Henri-le-Grand, IVe du nom, roi de France et de Navarre, faite à Paris et à Saint-Denis, les 29 et 30 juin 1610.

Le roi étant décédé le 16 mai 1610, la reine, assistée des princes, prélats et grands officiers de la couronne, mit en délibération de lui rendre les derniers devoirs, et de lui faire des obsèques suivant l'*étiquette royale*.

En conséquence, le 18 mai, le corps du roi

fut mis dans un lit, la face découverte, et exposé à la vue du peuple. On procéda ensuite à l'ouverture et à l'embaumement; le cœur fut réservé pour être porté à la Flèche, et les entrailles à Saint-Denis, ainsi que le prince l'avait ordonné de son vivant. Après cela, le corps fut enseveli et mis dans un cercueil de plomb, couvert de velours violet, sur lequel était une grande croix blanche.

Le lendemain, jour de la Pentecôte, vers quatre heures du matin, le cœur du roi, embaumé dans un cercueil de plomb revêtu de vermeil, fut porté à la Flèche (lieu de la sépulture du roi de Navarre son père), « ac-« compagné de quatre cents maîtres à cheval, « tant seigneurs, gentils-hommes, qu'autres. » Le cœur était dans un carosse, sur une petite estrade, au milieu de quatre pères jésuites qui l'accompagnaient.

État et ordre de la chambre du trépas.

Le corps, posé dans le cercueil, fut mis dans une chambre richement tapissée, sur un lit, à côté de deux autels, où des prêtres de divers ordres disaient tous les jours cent messes.

Cette chambre présentait plusieurs bancs richement couverts, pour les princes et officiers de la couronne, les cardinaux, archevêques, évêques, le grand aumônier, et autres prélats et officiers d'église. Auprès du bénitier, deux hérauts d'armes; et des deux côtés, plusieurs autres bancs pour les religieux qui plasmodiaient jour et nuit; sur le corps du roi, un grand coussin de riches broderies, portant la couronne, le sceptre et la main de justice.

Le corps resta ainsi dans ladite chambre, quinze ou seize jours; il fut ensuite descendu et porté en grand honneur et cérémonie, en la grande salle basse du Louvre, assisté des évêques, prélats et grands seigneurs de la cour.

Salle d'honneur.

La grande salle d'honneur était tendue des plus riches tapisseries du roi, depuis le haut jusqu'en bas, même contre le plancher et les piliers. Au long de ladite salle, et des deux côtés, pour l'entrée et la sortie des princes et des grands seigneurs, deux galeries couvertes de riches tapis de pied; au haut de ladite salle, un tribunal de quatre marches, portant un grand châlit couvert d'un grand drap de toile d'or, sur lequel était l'effigie du roi, relevée et faite en cire; elle avait les mains jointes, le costume royal, la couronne en tête (la tête reposait sur un coussin brodé); à son côté droit, le sceptre; à gauche, la main de justice; et sur le manteau royal, le collier de l'ordre.

Près de l'effigie, deux autels richement parés, l'un à droite et l'autre à gauche. Au premier, on disait une messe de *requiem* en musique, et à l'autre, quatre autres messes.

Sur chacun des autels, un riche poêle, et entre deux, plusieurs sièges pour les prélats et religieux qui psalmodiaient; et tout du long de la salle dans le bas, plusieurs autres riches autels où on célébrait des messes basses.

L'effigie était ordinairement servie de viande sur la table par les maîtres-d'hôtel, pannetiers, échansons, valets tranchans, officiers et aumôniers, et l'ordre était gardé comme si le feu roi avait été vivant. On faisait les essais, on disait le *benedicite*, on rendait *grâces* à Dieu; et ensuite les viandes étaient distribuées aux pauvres.

Le 21 juin, toute la salle fut entièrement

tendue de drap noir; le corps fut mis à la place de l'effigie, et couvert d'un grand velours noir traînant jusqu'à terre, avec une croix de satin blanc et le poêle dessus le velours noir.

Sur le cercueil, étaient la couronne royale, le collier de l'ordre, le sceptre et la main de justice; au pied, sur un coussin, une grande croix d'argent, près de laquelle brûlaient de grands cierges dans des chandeliers d'argent; et aux deux côtés, deux hérauts d'armes, relevés de deux heures en deux heures.

Le 22, le corps de Henri III, roi de France et de Pologne, jusqu'alors resté en dépôt à l'église de Saint-Cloud, fut porté à Saint-Denis, sous la conduite du duc d'Epernon, accompagné d'un grand nombre de noblesse et d'officiers; et le lendemain, le cardinal de Joyeuse, archevêque de Rouen, célébra le service pour ce prince, qui ensuite fut mis dans le caveau près de Henri II son père, de la reine sa mère, et des autres princes de sa maison. Cette cave fut ensuite scellée.

Le 23, après avoir dîné à l'hôtel de Longueville, Louis XIII, roi de France et de Navarre, accompagné de ses deux jeunes frères qu'on portait; le duc d'Orléans à droite, le duc d'Anjou à gauche, et ayant à sa gauche les cardinaux de Joyeuse et de Sourdis, vint au Louvre en belle ordonnance, jeter de l'eau bénite sur le corps de son père.

Sa majesté était en grand deuil violet, avec la longue queue portée par les princes de Conty, de Soissons, de Guise, de Joinville et d'Elbeuf, suivis des maréchaux de France, et des chevaliers de l'ordre. Plusieurs évêques, prélats, grands seigneurs et nombre infini de noblesse, grandes dames et demoiselles, remplissaient la salle. Le roi ayant jeté de l'eau bénite, se retira au Louvre.

Le 26, vers dix heures du matin, au sortir de l'audience, la cour du parlement, suivie des chambres des comptes, des aides-généraux des monnaies et état de la justice, du prévôt de Paris, du prévôt des marchands et des échevins de la ville, vinrent au Louvre, dans l'ordre accoutumé, pour donner de l'eau bénite.

Le lundi 28, les douze crieurs jurés de Paris, vêtus des écussons et portant les armes du roi par devant et par derrière, allèrent par tous les carrefours de Paris avec leurs clochettes sonnantes, annoncer le convoi et les funérailles du feu roi, criant à haute voix les paroles suivantes :

« Nobles et dévotes personnes, priez Dieu
» pour l'âme de très-haut, très-puissant et très-
» excellent prince, Henri-le-Grand, par la grâce
» de Dieu, roi de France et de Navarre, très-
» chrétien, très-auguste, très-victorieux, in-
» comparable en magnanimité et clémence,
» lequel est trépassé en son palais du Louvre:
» Priez Dieu pour qu'il reçoive son âme.
» Mardi, à deux heures après midi, le corps
» de sa majesté sera levé pour être porté en
» l'église de Paris ; auquel lieu, ce même jour, se
» diront vêpres et vigiles des morts, et le len-
» demain matin, ses services et prières accou-
« tumées, pour à la fin d'icelles être porté en
» l'église Saint-Denis, sépulture des rois de
» France, et y être inhumé. Priez Dieu qu'il
« reçoive son âme. »

Ordre du convoi allant à Notre-Dame.

Le mardi, 29 juin, on tendit de noir les rues depuis le Louvre jusqu'à Notre-Dame, sur lesquelles tentures étaient les armoiries de la ville, proches l'une de l'autre, et à chacune maison une torche allumée.

Le même jour, sur les deux heures après-midi, les funérailles commencèrent à cheminer dans l'ordre qui suit:

Premièrement, marchèrent les capitaines, lieutenans et enseignes de la maison de la ville, avec leurs grandes robes, l'épée au côté, le capuchon et cornettes.

Les archers-arbalêtriers de ladite ville, vêtus de leurs casaques de couleur en broderie, et le capuchon de deuil par dessus, au nombre de cent soixante-douze, marchant deux à deux; les mèches allumées, portant leurs arquebuses et hallebardes renversées; et divisés en trois bandes.

Après eux marchaient soixante pères péninens du tiers-ordre de saint François;

Quarante-cinq pères du troisième ordre de saint Louis;

Les *capettes*, autrement *les pauvres écoliers au collège de Montaigu*, au nombre de trente-trois; quatre-vingt trois capucins; soixante-huit minimes; deux cents vingt-quatre cordeliers; cent quatre-vingt-dix jacobins; cent augustins; cinquante carmes et trente-cinq feuillants.

La croix était portée devant tous ces religieux, et à côté de la croix, quatre torches auxquelles étaient attachés les écussons et armoiries du roi.

Après eux, marchaient cinq cents pauvres habillés de grandes robes de drap noir, avec le chaperon *enforme* (sur la tête), chausses et souliers, portant chacun une torche ardente à doubles armoiries du roi.

Suivaient ensuite vingt-quatre crieurs jurés de la ville de Paris, sonnant de leurs clochettes, ayant par derrière et par devant les armes du roi.

Après eux, marchait le chevalier du guet, avec son lieutenant, en grand deuil, tenant un bâton à la main, suivi de toute sa compagnie, vêtus de leurs casaques, portant derrière l'épaule des cornettes de drap noir. Au milieu de la compagnie, marchait le capitaine enseigne, traînant son enseigne par terre, couverte d'un crêpe noir; les tambours battant piteusement, aussi couverts de crêpes noirs.

Après, marchaient trente sergens du châtelet, vêtus de grandes robes noires et bonnets carrés, tenant chacun un bâton noir à la main.

Les sergens de l'hôtel de ville venaient

ensuite au côté gauche, et ceux du châtelet à cheval à main droite.

Après eux, marchaient, à droite, les notaires, commissaires de quartier, procureurs, avocats du châtelet, tous par ordre, vêtus de longues robes de deuil et en bonnet carré ; à gauche, les procureurs, commis, greffiers, et bourgeois de la ville, tous en deuil.

Le lieutenant civil du châtelet était après eux à droite, et le lieutenant criminel à gauche, suivi des conseillers du châtelet.

Marchaient ensuite les religieux de Saint-Avoye (Pique-puces), les Blancs-Manteaux, Sainte-Catherine-du-Val, le collège des mathurins, Saint-Paul, Saint-Etienne-du-Mont avec Saint-Eustache et Sainte-Croix en la cité, Saint-Sauveur, Saint-Jacques-de-la-Boucherie, Saint-Gervais, les Saints-Innocens, Saint-Germain le vieil, Saint-Hilaire, Saint-Jacques-de-l'Hôpital, Saint-Etienne-des-Grès, Saint-Nicolas-du-Chardonneret, Saint-Barthélemy, Saint-Séverin, la Madeleine, Saint-Sulpice ; les bernardins, Saint-Magloire, Saint-Jacques du-Haut-Pas, Saint-Martin-des-Champs et Saint-Germain-des-Prés, Saint-Victor, Sainte-Geneviève ; les quatre filles de Notre-Dame, qui sont Saint-Méry,

Saint-Benoît, Sainte-Opportune et Saint-Germain-l'Auxerrois; Saint-Honoré, Saint-Thomas, Saint-Nicolas-du-Louvre; Notre-Dame avec la Sainte-Chapelle et Saint-Marcel, chantans en musique; et à gauche marchaient l'Université, les maîtres ès arts, licenciés, principaux régens, bacheliers, docteurs en médecine avec leurs robes rouges et leurs mitres, docteurs en droit canon et civil, docteurs en théologie de tous les ordres; les bédeaux de l'université et le recteur.

Après eux, marchaient les messagers jurés, et suivaient les maîtres de poste, tous en robes noires et capuchons.

Après, marchaient les pages de l'écurie vêtus de serge noire, suivis des maîtres de hautbois, flûtes, instrumens musicaux, trompettes et tambours, couverts de noir.

Venaient ensuite M. de Créqui à droite, et M. de l'Eure à gauche, suivis des capitaines, lieutenans et enseignes des gardes et régiment du roi.

M. le grand prévôt de l'hôtel marchait après à cheval, aussi habillé de noir, traînant une longue queue soutenue par ses officiers, suivis de ses lieutenans enseignes à pied, avec grandes robes noires, chaperons, et leurs casaques dessus, portant leurs escopettes et hallebardes sous le bras.

Le capitaine de la porte de la maison du roi avec ses portiers, ayant leurs casaques en broderie, le capuchon de deuil par dessus.

M. de Marolles à côté droit, et M. de Bouillon et M. de la Bordoisière son lieutenant, suivis du capitaine des cent-suisses du corps, habillés de drap noir et camelot flaquant, et bonnet rond plissé de camelot, l'enseigne couverte de crêpe noir.

M. de la Palus, en tête des deux compagnies des deux-cents gentilshommes d'honneur, suivis de deux enseignes, à savoir : celle de M. le vidame du Mans à main droite, et celle de M. de la Bordoisière, à main gauche, tous habillés de serge noire avec la cornette.

Après, marchaient cent soixante officiers du commun du roi ; la musique, les médecins, chirurgiens, valets de garde-robe et de la chambre du feu roi, chacun séparément; les huissiers de la salle, tête nue, leurs chaperons rabattus sur le dos; les gentilshommes servans et maîtres-d'hôtel, à droite; les généraux des monnaies et chambre des comptes, à gauche.

Après eux, allaient huit trompettes en deuil, couvertes de crêpes. M. de Rhodes, maître des cérémonies, portant le pennon du roi.

Le chariot d'armes, couvert d'un grand drap poêlé, de velours noir croisé de satin blanc, enrichi de vingt-quatre grands écussons de France en riche broderie, mené par six grands coursiers aussi couverts de velours noir avec une croix de satin blanc par le milieu, et guidés par deux charretiers habillés de velours noir, la tête nue et chaperon rabattu.

Suivaient aussi douze grands coursiers couverts de velours noir croisé de satin blanc, sur chacun desquels était monté un page vêtu de velours noir, la tête nue et le chaperon avalé.

L'écuyer Benjamin suivait après, portant les éperons dorés; l'écuyer de Betbeze portait les gantelets; M. Pluvinet, l'écusson de France et de Navarre; et le vicomte de Lisle portait la cotte d'armes.

Le *Premier* (grand écuyer) portait le heaume timbré à la royale, d'un mantelet de velours violet semé de fleurs de lis d'or et doublé d'hermine et la couronne royale au dessus du heaume, le tout couvert d'un crêpe noir. Tous les écuyers qui portaient ces pièces d'honneur étaient à cheval, en longues robes de deuil et le chaperon enforme.

Après, marchaient les prédicateurs, confesseurs et aumôniers du roi.

Suivaient à pied, dix-sept tant archevêques qu'évêques, tous mitrés de mitres blanches et portant chapes de velours noir, à la fin desquels marchait l'archevêque de Lyon, seul et éloigné des autres.

Après, étaient les ambassadeurs de Savoie, de Venise et d'Espagne, à cheval, habillés en grand deuil à longue queue, portée chacune par six de leurs officiers : lesquels ambassadeurs étaient conduits chacun par un archevêque ou évêque, montés sur des mules.

Marchaient après, les deux nonces ordinaire et extraordinaire, ayant à leur côté les archevêques d'Aix et d'Embrun, montés sur des mules.

Suivaient les cardinaux de Joyeuse et de Sourdis, avec leurs chapes violettes et chapeaux rouges, aussi montés sur des mules et suivis de leurs officiers.

Après eux, allait le cheval d'honneur, entièrement couvert d'une housse de velours violet azuré, semé de fleurs de lis d'or, la bordure de franges d'or, une selle et étriers richement dorés, duquel cheval on ne voyait que les yeux; et il était conduit par deux écuyers à pied, chaperon enformé (en tête).

Des deux côtés du cheval, marchaient dix hérauts d'armes, vêtus de deuil, chaperon enformé, ayant leurs cottes d'armes par-dessus leurs robes de deuil, lesquelles cottes étaient semées de grandes fleurs de lis d'or dessus.

M. le grand écuyer venait ensuite, monté sur un grand coursier, houssé et couvert de velours noir, grande croix de satin blanc, portant l'épée royale en écharpe, dans le fourreau de velours violet, semé de fleurs de lis d'or.

Puis, venaient quatorze huissiers de la cour du parlement, la baguette à la main, et après eux, messieurs les présidens et conseillers en robes rouges, au nombre de quatre-vingt-neuf.

Après eux, venaient deux huissiers de la chambre avec leur masse, ayant la tête nue et le chaperon abattu.

Suivait aussi M. l'évêque de Paris et M. l'évêque d'Angers, ayant leurs mitres, surplis et chapes de velours noir.

Puis, suivait l'effigie du roi en même honneur qu'elle était dans la grande salle du Louvre, tenant à la main droite le sceptre royal, et à la gauche, la main de justice, portée par les porteurs de sel de Paris (*Hanouards*).

Autour de ladite effigie, les quatre premiers présidens, avec plusieurs conseillers de la grand'chambre, et les gardes écossaises archers du roi.

Le ciel poèle, à fond de drap d'or, frisé de velours violet cramoisi azuré, et de fleurs de lis de broderies, franges de fil d'or, porté par les prévôt des marchands et échevins de la ville de Paris.

Après, venait à droite M. le comte de Saint-Paul, portant le bâton de grand maître, représentant M. de Soissons, grand maître de France. A gauche, était M. le chevalier de Guise, représentant M. le duc d'Aiguillon, grand chambellan, portant la bannière de France; ils étaient montés, l'un et l'autre, sur de grands coursiers couverts et houssés de velours noir croisé de satin blanc.

Marchait après, sur un petit cheval houssé, M. le prince de Conti, portant le grand deuil, et par dessus le collier de l'ordre; sa queue était portée par sept gentilshommes.

Après lui, suivait M. le comte de Soissons, aussi à cheval en pareil ordre, et même deuil. Suivait aussi M. le duc de Guise, sans ordre, portant le même deuil.

Après lui, marchait le prince de Joinville, monté à cheval avec grand deuil et sans ordre, suivi du duc d'Elbœuf à cheval en même deuil, et du duc de Montbazon en même ordre et deuil. Leur queue était portée par des gentilshommes de leur suite.

L'huissier de l'ordre, vêtu en deuil et chaperon rabattu, portant une baguette noire à sa main.

Après les princes et les ducs, venaient les chevaliers de l'ordre à pied, avec leurs colliers par-dessus leur manteau de deuil, leur queue portée par leur page.

Suivait ensuite un grand nombre de noblesse deux à deux.

Les capitaines des quatre cents archers de la garde avec leurs enseignes, suivis de tous lesdits archers en robe de deuil, et le chaperon enformé.

Avant le départ du Louvre, il y eut quelques différens entre les grands, la cour du parlement et la garde écossaise. Mais la sage prévoyance de la reine fit que tout se passa sans bruit.

La pompe funèbre passa, dans cet ordre, le long du château et quai du Louvre, le Pont-Neuf, le quai des Augustins, le pont Saint-Michel, le Marché-Neuf, et de là à l'église de Notre-Dame, où tout ce cortège ne fut entré qu'à neuf heures du soir. Tous les endroits sur la route étaient tendus de drap noir, avec les armoiries du roi et celles de la ville.

Le corps du feu roi fut placé au milieu du chœur de l'église, dans une chapelle ardente, élevée de la hauteur de deux piques. Le chœur était tendu de drap noir; au milieu, était une bande de velours, sur laquelle étaient attachés les armoiries et écussons du roi. La grande nef et les bas côtés, étaient également tendus de noir; et contre chacun des piliers, il y avait des cierges à double rang; et le soir même on dit les vêpres et vigiles des trépassés.

Le lendemain matin, 30 juin, les princes, cardinaux, seigneurs, et officiers de la couronne, la cour de parlement, les couvens, paroisses, et tous ceux qui avaient accompagné le corps du feu roi le jour précédent, se rendirent en ladite église de Notre-Dame sur les dix heures du matin, où le service divin fut célébré par l'évêque de Paris. Après l'offertoire, l'évêque d'Hières fit l'oraison funèbre, qui dura une heure : le service ayant été fini à deux heures après-midi, tous les princes, cardinaux, évêques et grands officiers furent dîner à l'évêché. Pendant ce temps, les premiers commencèrent à marcher, chacun dans le même ordre qu'ils avaient tenu le jour précédent, depuis le Louvre jusqu'à Notre-Dame, en prenant leur chemin par le pont Notre-Dame, la rue Saint-Denis, et furent ainsi, sans s'arrêter, jusqu'à Saint-Denis.

Les rues étaient tendues de drap noir, sur lequel les armes du roi et de la ville étaient attachées, depuis l'église de Notre-Dame jusqu'à la porte Saint-Denis.

Les religieux et prêtres de la paroisse, les confesseurs, les aumôniers, bacheliers, régens de l'université et docteurs en théologie, chacun dans leur rang, accompagnèrent le corps du feu roi jusqu'à l'église Saint-Lazare: alors ils se retirèrent; et le corps du roi ne fut plus accompagné que de toute la cour du parlement, des princes, ducs, gentilshommes, comtes et seigneurs, capitaines, gardes et archers, et des prêtres de l'église de Notre-Dame. Le clergé de Paris s'arrêta à *la croix qui penche*, à moitié chemin de Saint-Denis, où le prieur et les religieux de cette abbaye étaient venus pour recevoir le corps; et le convoi ne fut plus composé que de cardinaux, évêques, princes, ducs, comtes, seigneurs, et toute la cour tant du roi que du parlement, et autres officiers, qui accompagnèrent le corps jusqu'à l'église de Saint-Denis, où il fut posé sous une chapelle ardente fort élevée, et on chanta le vigile des trépassés. Alors, chacun se retira dans les logemens qui leur avaient été préparés.

Ladite église de Saint-Denis était toute tendue de drap noir, au milieu duquel était une large bande de velours, sur laquelle étaient attachées les armoiries du roi.

Le jour suivant, la grand'messe fut célébrée par le cardinal de Joyeuse, et chantée par la musique. Après l'offertoire, l'évêque d'Angers prononça l'oraison funèbre.

L'office étant achevé, les prières et oraisons accoutumées dites, le maître des cérémonies leva, de dessus la tête du roi, la couronne, le sceptre, la main de justice et le drap d'or qui couvraient le cercueil. Ensuite les gentilshommes servans et les archers de la garde portèrent le corps dans la fosse, qui est devant le grand autel de ladite église, à main droite. Le cardinal de Joyeuse vint ensuite près de la fosse, et ayant jeté de la terre et de l'eau bénite sur le corps, il s'assit à côté de la fosse du côté du grand autel ; et le maître des cérémonies en fit autant de l'autre côté, ayant entre eux deux un héraut d'armes, qui appela l'un après l'autre les seigneurs qui avaient porté les pièces d'honneur, qui furent jetées dans la fosse.

Après cela, M. le comte de Saint-Paul frappa du bâton de grand maître contre terre, et dit à voix basse : *le roi est mort !* Ensuite le héraut d'armes répéta trois fois : *le roi est mort ! priez Dieu pour son âme.* Alors chacun se mit à genoux.

Peu après, le comte de Saint-Paul ayant repris son bâton, prononça *vive le roi !* et le héraut reprenant la parole, cria par trois fois : « Vive
» le roi Louis, treizième de ce nom, par la
» grâce de Dieu, roi de France et de Navarre,
» très-chrétien, notre très-souverain seigneur
» et bon maître, auquel Dieu donne très-heu-
» reuse et très-longue vie ! » Après cela, les trompettes et autres instrumens sonnèrent une fanfare.

Les seigneurs reprirent ensuite les pièces d'honneur qu'ils avaient mises dans la fosse ; et les princes et seigneurs furent conduits dans la grande salle où le dîner était préparé.

Après le repas, messieurs de la cour du parlement, de la chambre des comptes, des aides, les généraux des monnaies, les officiers de l'hôtel de ville de Paris et autres, se trouvèrent dans la grande salle, où M. le comte de Saint-Paul, tenant son bâton à la main, leur fit une courte harangue sur la mort du roi, leur offrit ses services, et leur promit de les recommander à la reine-régente et au roi, pour les maintenir en leurs offices. Et pour montrer qu'ils en étaient dépourvus ainsi que les autres officiers, il rompit son bâton en leur présence.

(Extrait de la pompe funèbre de Henri IV.)

Funérailles de Louis XIII.

Ce prince mourut à Saint-Germain-en-Laye, le 14 mai 1643. Son corps ne fut point apporté à Paris ; ainsi son convoi n'eut pas tout ce cortège et cet appareil frappant et majestueux des convois de ses prédécesseurs ; mais d'ailleurs, on observa les mêmes cérémonies à ses funérailles. La messe étant achevée, le maître des cérémonies alla prendre le premier président et les présidens de Bailleul, de Mesmes et de Novion, pour tenir les quatre coins du drap mortuaire. Vingt-cinq gardes de la compagnie écossaise, commandés par un lieutenant et un exempt, ayant porté le corps dans le caveau, le roi d'armes s'approcha de l'ouverture, y jeta son chaperon, et sa cotte d'armes, et ensuite cria à haute voix : « Hérauts d'armes de » France, venez faire vos offices. » Chacun d'eux ayant ôté son chaperon et sa cotte d'armes et les ayant jetés dans le caveau, il ordonna au héraut d'armes du titre d'Orléans, d'y descendre pour ranger sur le cercueil *toutes les pièces d'honneur* qu'on allait apporter, et qu'il appela dans l'ordre suivant :

« M. de Bouillon, apportez l'enseigne des cent-suisses de la garde, dont vous avez la charge.

« M. de Bazoche, lieutenant des gardes du roi, en l'absence de M. le comte de Charost, apportez l'enseigne des cent archers de la garde, dont il a la charge.

« M. de Rebais, en l'absence de M. Villequier, apportez l'enseigne des cent archers de la garde, dont il a la charge.

« M. d'Yvoy, en l'absence de M. le comte de Tresmes, apportez l'enseigne des cent archers de la garde, dont il a la charge.

« M. Ceton, en l'absence de M. de Champdenier, apportez l'enseigne des cent archers de la garde écossaise, dont il a la charge.

M. l'écuyer de la Boulidière, apportez les éperons.

« M. l'écuyer de Potrincour, apportez les gantelets.

« M. l'écuyer de Ventelet, apportez l'écu du roi.

« M. l'écuyer de Belleville, apportez la cotte d'armes.

« M. le Premier, apportez le heaume timbré à la royale.

« M. de Beaumont, premier tranchant, apportez le pennon du roi.

« M. le grand écuyer, apportez l'épée royale.

« M. le grand et premier chambellan, apportez la bannière de France.

« M. le grand maître et chef du convoi, venez faire votre office.

« M. le duc de Luynes, apportez la main de justice.

« M. le duc de Ventadour, apportez le sceptre royal.

« M. le duc d'Uzès, apportez la couronne royale. »

Ces trois ducs apportèrent la main de justice, le sceptre et la couronne sur des oreillers de velours noir ; et le roi d'armes les reçut sur un grand morceau de taffetas ; le héraut d'armes d'Orléans les mit sur un cercueil avec les autres *pièces d'honneur* ci-dessus spécifiées, excepté l'épée royale, que le grand écuyer tint toujours par la poignée, n'en mettant que la pointe dans le caveau ; le grand chambellan n'y mit aussi que le bout de la bannière de France.

Seize maîtres d'hôtel nommés, ayant jeté dans le caveau leurs bâtons couverts de crêpe, le duc de la Trémouille, faisant les fonctions de grand maître de la maison du roi pour le le prince de Condé, y mît le bout du sien, et dit à voix basse : *le roi est mort!* Le roi d'armes se tournant vers le peuple, répéta à haute voix : *le roi est mort! le roi est mort! le roi est mort! prions pour le repos de son âme.*

Après quelques momens de silence, le duc de la Trémouille dit : *Vive le roi! vive le roi!*

vive le roi Louis, XIVe du nom, roi de France et de Navarre! Le grand chambellan releva la bannière de France ; le grand maître de la maison du roi, son bâton ; toute l'église retentit du son des trompettes, des timbales ; des fifres et des hautbois ; chacun se retira.

Funérailles de Louis XIV.

Le même cérémonial eut lieu aux obsèques de Louis XIV, mort le 14 septembre 1715, à Versailles.

Funérailles de Leczinska, femme de Louis XV.

(Extraites du Journal de M. Gautier.)

Le dimanche, 3 juillet 1768, vers cinq heures du matin, est arrivé à Saint-Denis le cortège du convoi de la reine, épouse de Louis XV. Elle est restée exposée au chevet de l'église, sous un dais noir, avec ses armes et tentures armoriées, et une grande quantité de très-gros cierges. Des gardes du corps veillèrent nuit et jour, jusqu'au 11 août suivant, indiqué pour les obsèques, c'est-à-dire l'inhumation.

Quand le convoi arriva dans la ville, les

tambours des gardes étaient drapés, et le son lugubre des trompettes et autres instrumens annonçaient une tristesse qui glaçait l'âme. Le char était très-grand, monté par plusieurs aumôniers; le curé de la paroisse de Notre-Dame de Versailles était aussi présent à la remise du corps de la reine aux religieux de Saint-Denis. Le corps fut déposé, pendant la harangue, sur une table ou tréteau, dans la nef, dessous l'orgue, recouvert d'un poêle drap d'or herminé. Le cortège de l'arrivée était magnifique; toute la maison du roi l'a accompagné, savoir: les gardes du corps, les gendarmes de la garde, les chevaulégers, les mousquetaires gris et noirs, les cent-suisses, les hoquetons et autres que la mémoire ne me fournit pas. Tous portaient des flambeaux. Une très-grande quantité de pauvres revêtus, ayant chacun une pièce de drap sur leur tête et leurs épaules, précédaient le nombreux cortège.

Il y avait suspension d'orgues aux offices, depuis le jour de l'arrivée de la reine, jusqu'au 14 août, veille de l'Assomption.

Après la harangue, prononcée par l'aumônier de la reine, qui présenta le corps, et auquel le prieur répondit, on transporta le cercueil dans le chœur décoré, ainsi que l'église, de la manière convenable à la circonstance et au personnage. Après quelques prières, on chanta, je crois, une grand'messe; ensuite le corps fut placé au chevet de l'église, pendant six semaines, pour laisser le temps de construire, dans le chœur et une partie de l'église, le catafalque pour le jour des obsèques. Le jardin était rempli de tentes, et ressemblait plutôt à un camp d'armée qu'à un jardin de maison religieuse. Dans le cours du dépôt, il y eut une affluence prodigieuse de monde dans la ville de Saint-Denis. On avait pratiqué des cuisines bâties en briques, pour la veille et le jour de la cérémonie de l'enterrement, comme s'il eût fallu qu'elles durassent un siècle. Il y en avait depuis la partie du jardin, nommé potager, près l'abreuvoir, derrière l'hôtel-dieu, jusqu'au canal dans le jardin; il y en avait encore dans les cours d'entrée de l'abbaye.

Le catafalque était magnifique; la voute de l'église était tendue : ce qui ne se faisait qu'aux pompes funèbres des rois et des reines seulement.

Le luminaire était composé d'environ six mille lumières, le tout décoré par les menus-plaisirs du roi, lesquels étaient chargés de ces sortes de cérémonies : ce qu'ils ont exécuté avec beaucoup de goût et de magnificence aux service et enterrement auquel le grand aumônier de la reine officia; c'était, je crois, M. de Jarente, évêque d'Orléans. La musique du roi, placée dans un vaste jubé ou tribune pratiquée sur la grille du chœur, en face de l'autel et du catafalque, a exécuté une messe à grand orchestre et grande symphonie. On disait que c'était la célèbre messe de Gilles.

A la messe, ont assisté toutes les cours souveraines, savoir : le parlement en robes rouges, la chambre des comptes, la cour des aides, le présidial, l'élection, le châtelet, l'université ayant en tête le recteur, la cour des monnaies, le corps de ville de Paris avec le prévôt des marchands et le gouverneur de Paris, etc. Ensuite, venaient les princes et princesses qui faisaient le deuil, et tous les princes et princesses du sang, et tous les seigneurs et dames de la cour, les ambassadeurs et autres personnes qualifiées. Il y avait cinq évêques officiant pontificalement, et beaucoup d'autres, tant cardinaux, archevêques et évêques, qui y étaient comme assistans.

Il y avait des hérauts d'armes aux quatre coins du catafalque, et le roi d'armes au bout du catafalque, du côté de l'autel. Les jurés crieurs étaient rangés en haie dans la nef, avec chacun une sonnette d'argent qu'ils agitaient au passage de chaque cour souveraine et de chaque prince. Les hoquetons assistaient à la cérémonie qui a commencé vers midi, et a fini environ à cinq heures. Il y avait environ quatre mille personnes qui remplissaient les tribunes ou travées pratiquées dans les arcades du chœur, sans compter tous les autres assistans qui étaient placés aux différens endroits du chœur et de l'église.

La reine Leczinska est la seule qui eût été inhumée à Saint-Denis depuis la publication du livre de Felibien (1705). Les quatre dames de France, filles de la défunte, faisaient le deuil, savoir : mesdames Adélaïde, Victoire, Sophie et Louise. Elles avaient pour écuyers de main, les trois princes leurs neveux, savoir : Monseigneur le Dauphin, M. le comte de Provence (1) et M. le comte d'Artois (2); et pour

---

(1) Depuis Louis XVIII.

2) Aujourd'hui Charles X.

quatrième, un prince du sang. Les mantes ou grands manteaux à longues queues traînantes, tant des princes que des princesses, étaient portées par de très-grands seigneurs. La communion sous les deux espèces avait lieu à tous les grands services. Tous les jours pendant le temps du dépôt, il y eut une grand'-messe où assistaient les dames d'honneur de la reine, entre autres madame de Noailles; je ne sais comment on sonnait pour cette messe, je crois que le gros bourdon était seul sonné.

La reine Leczinska, fille de Stanislas, roi de Pologne, était âgée de 65 ans, décédée à Versailles, le jour de Saint-Jean-Baptiste, 24 juin 1768. Elle se nommait Marie-Anne-Charlotte-Sophie-Félicité Leczinski, princesse de Pologne. J'ignore qui prononça l'oraison funèbre.

Pendant plusieurs années, la reine avait été dans l'usage d'entrer à l'abbaye, lors de son passage pour le voyage de Compiègne; elle demanda un jour où elle devait être placée; le prieur lui répondit qu'on priait sans cesse pour la conservation de ses jours précieux. Elle insista et il fallut la satisfaire. On lui fit voir la pierre du caveau des Bourbons, laquelle était au pied de la représentation funèbre du feu roi (1).

Toute la maison du roi était employée à garder les différens endroits de l'église et de la maison abbatiale; les gardes-du-corps, les gendarmes, les cent-suisses occupaient les différens postes de l'église, de tant l'intérieur que de l'extérieur ; il y avait aussi un bataillon de gardes-françaises et de gardes-suisses, pour la garde des issues de l'église et de l'abbaye.

La veille et le jour des obsèques, il y eut un concours immense de monde ; on rencontrait continuellement, dans le jardin, des chevaliers de Saint-Louis, des cordons bleus et cordons rouges, et autres personnes de distinction, chevaliers de Malte, grands d'Espagne, etc.; et des dames de la haute volée. Jamais aux Tuileries, je ne vis autant d'affluence, surtout du genre des personnes qui étaient ces jours-là à Saint-Denis. Les carosses de toute espèce placés sur deux rangées dans l'avenue, se prolongeaient fort loin.

La façade de l'église, la porte abbatiale, les

---

(1) Louis XIV.

côtés du cloître qui conduisaient à l'église, la salle dite *des Prieurs*, le corridor qui y conduisait, et la grille qui était à l'entrée de la ville sur le chemin de Paris, sont restés entièrement tendus en noir aux armes de la reine, pendant six semaines.

Dans ces sortes de circonstances, l'entrée de la maison des bénédictins était libre à tout le monde, hommes, femmes, et enfans de toute condition et de tout état indistinctement. Cela dura tout le temps que le corps de la reine resta exposé au chevet de l'église, et jusqu'après son enterrement. Après les obsèques, le cœur de la reine est resté exposé aux regards du public dans la chapelle Saint-Eustache, au chevet de l'église, sous un dais aux armes de la reine; et le cœur posé sur un coussin de velours noir galonné en argent; jusqu'au 19 septembre, susdite année 1768, qu'il fut déposé entre les mains des envoyés du roi, pour être transporté à Notre-Dame-de-Bon-Secours, en Lorraine, à Nancy, où il arriva le 22 susdit mois de septembre, et fut placé auprès de celui du feu roi son père, mort à Lunéville en 1766.

Le 27 juin 1769, il y eut un très-beau service

et très-solennel, pour l'anniversaire ou bout de l'an de la reine (1). Il y eut, si je ne me trompe, un petit catafalque ; mais les rideaux des arcades du chœur étaient fermés, attendu qu'il n'y eut pas de tribunes de construites comme l'année précédente. Les princes, princesses, et autres seigneurs et dames de la cour y assistèrent, ainsi que ceux qui avaient coutume de se trouver à ces sortes de cérémonies, et une partie de la musique du roi s'y est rendue. La messe fût célébrée par un évêque. Je me réserve un autre instant, pour faire la description des tables qui furent servies pour les différens corps qui assistaient à ces pompes funèbres : nous aurons occasion d'en parler dans une circonstance semblable à celle-ci (les obsèques de Louis xv). Il y avait à ce service un très-grand luminaire. Il fut fondé ensuite un service qui se faisait tous les ans le 25 juin, ou le jour qu'on jugeait le plus convenable, d'après les ordres de la cour, et qui eut lieu jusques et

---

(1) Suspension d'orgue aux offices, depuis le 1ᵉʳ juin jusqu'au 2 juillet, à cause du catafalque du bout de l'an de la reine.

compris l'année 1792, avec tentures armoiriées et grande sonnerie.

Funérailles de Louis XV.

Le 1ᵉʳ mai 1774, le quatrième dimanche après Pâques, furent commencés, dans l'église de l'abbaye Saint-Denis, la neuvaine avec exposition du saint sacrement et le salut le soir, aussi pendant neuf jours, pour le roi Louis xv, qui tomba malade de la petite vérole le 27 avril.

Il y eut dix jours d'exposition du saint sacrement, vu la situation du roi, au susdit salut; je touchai l'orgue jusques et compris le mardi 10 mai, jour que mourut le roi, muni des sacremens de l'église. Le salut, ce jour, s'est dit également, quoiqu'on ait su, dans l'après midi, que le roi était mort à trois heures un quart environ. On appliqua les prières au repos de son âme, n'ayant pu obtenir la guérison de son corps. Le convoi est arrivé à Saint-Denis la nuit suivante, du jeudi 12 mai, jour de l'Ascension, au vendredi 13, sans cérémonie, et a été enterré sur-le-champ dans le caveau des Bourbons, à cause qu'il était mort de maladie contagieuse ; et le caveau fut muré sur l'heure jusqu'au 27 juillet suivant, jour destiné aux obsèques. La cloison fut jetée bas, pour faire les cérémonies usitées en pareille circonstance. Il n'y eut pas de dépôt comme à la reine, mais le catafalque était superbe. La tenture de la voûte était figurée par le moyen des espèces de cerceaux ajustés de manière à prendre la forme cintrée de la voûte. Toute la maison du roi a assisté à la cérémonie, savoir : les gardes-du-corps, les chevau-légers, les gendarmes, les cent-suisses et généralement tout ce qui était attaché au service du roi.

Les gardes-françaises et gardes-suisses étaient aussi sur pied pour maintenir le bon ordre. Le cardinal la Roche-Aymond, grand aumônier de France, archevêque de la métropole de Reims, abbé de Saint-Germain-des-Prés à Paris, officia pontificalement aux vêpres et aux vigiles qui se dirent la veille à quatre heures.

Les vitraux étaient tendus en dehors pour boucher entièrement le jour, afin qu'on ne vît clair que par les bougies. Le jour des obsèques ou de l'enterrement, le cardinal grand aumônier était accompagné de quatre autres évêques ou archevêques, revêtus de leurs habits pontificaux, crossés et mitrés, lesquels étaient à l'autel. M. de Beauvais, évêque de Senèz, a prononcé l'oraison funèbre. Les cours souveraines, les princes petits-fils de Louis xv, les princes du sang et tous les seigneurs de la cour ont assisté aux service et enterrement. Les ambassadeurs et autres seigneurs étrangers, et un très-grand nombre d'achévêques et évêques, avaient aussi leurs places dans le chœur. Les religieux de la maison avaient leurs places dans le sanctuaire, et étaient seulement en aubes, n'ayant pas assez d'espace pour avoir chacun une chape, comme cela se pratiquait aux grands services ordinaires, où étant dans leur stalle, ils avaient assez de place pour les avoir ; mais dans cette journée, comme dans les grandes cérémonies extraordinaires, les stalles étaient occupés par les princes et les cours souveraines. Des milliers de personnes occupaient les travées ou tribunes construites dans les arcades du chœur. Toute la musique du roi remplissait un très-grand jubé, élevé sur la principale grille du chœur, en face du catafalque. Du reste, c'est à peu près la même chose qu'aux obsèques de la reine, il y a six ans. Les six chandeliers et la croix d'argent des carmélites furent placés sur le maître autel de l'abbaye, le jour des obsèques de Louis xv.

A la fin de la messe, il y eut, de plus qu'aux enterremens des *princes*, la cérémonie des attributs de la royauté qui furent déposés au caveau, tels que le manteau royal, le sceptre, la main de justice et autres objets relatifs. Et un héraut d'armes qui annonça en ces termes : *Le roi est mort! prions Dieu pour lui;* et ensuite a dit : *Vive le roi!* et cela s'est répété trois fois. Ce fut le roi d'armes qui dit tout haut par trois fois : *Le roi est mort! prions Dieu pour le repos de son âme.* Après un moment de silence, pendant lequel on fit quelques prières, le même répéta à trois autres fois : *Vive le roi Louis, XVIe du nom.* Ce qui fut suivi à l'instant des cris redoublés *vive le roi!* au son des trompettes, des tambours et autres instrumens.

La cérémonie étant achevée, il y eut un grand dîner dans les salles du réfectoire de l'abbaye ; chaque corps avait sa table composée d'une grande quantité de couverts, savoir : Le parlement et autres cours souveraines, et les personnages qui, par leur rang, assistaient à la pompe funèbre. On avait encore dressé dans le jardin des tables sous des tentes ; la musique du roi avait la sienne en face du grand bâtiment, entre les deux portes du jardin ; elle se composait de cent vingt couverts.

Les archevêques et évêques officians firent, à la fin de la messe et chacun séparément, leurs absolutions. Ces absolutions consistent en différentes prières qui se disent avec l'aspersion de l'eau bénite et des encensemens qui se font à l'entrée du caveau.

La cérémonie des révérences des cours souveraines, qui se faisait dans le cours de l'offrande, offrait un spectacle assez curieux, attendu que les membres du parlement et des autres cours faisaient la révérence à la manière des dames, c'est-à-dire, en pliant les genoux.

Aux funérailles, on posait un nouveau dais ainsi qu'un nouveau poêle de la représentation funèbre du dernier roi mort, laquelle était placée à droite dans le sanctuaire du chœur. On renouvelait également les ornemens du petit autel funèbre de Louis XIII, qui était placé au-dessus de ladite représentation.

L'usage était de renouveler, au décès de

chaque roi, tout l'ornement noir; il consistait en dix tuniques, deux chasubles, six chapes, un devant d'autel, un autre devant d'autel pour le retable, lorsque celui-ci n'était pas découvert; plus une garniture du petit autel sous la communion des deux espèces, qui était à gauche dans le sanctuaire et en face de l'autel de Louis XIII; six ou huit rideaux de damas noir avec des franges d'argent; la garniture de la chaire, où se prononçait l'oraison funèbre, de même que l'ornement destiné à couvrir le trône épiscopal de l'évêque officiant.

Tous ces objets étaient de velours noir, avec les orfrois en moire d'argent; les armes de France étaient brodées en or et en soie sur chaque pièce de cet ornement; et cette dépense était à la charge du roi, qui faisait le même cadeau à la métropole de Paris.

Funérailles de Louis XVI et de Marie-Antoinette.

Dès le mois de mai 1814, Louis XVIII ordonna des enquêtes pour l'exhumation des dépouilles mortelles de Louis XVI et de Marie-Antoinette, il en résulta les données suivantes :

M. François-Silvain Renard, premier vicaire de M. Picavez, curé de la Madeleine, cédant aux instances de son pasteur, aux nécessités de sa position, et aux ordres du pouvoir exécutif, prêta son ministère aux funérailles, plus que modestes, de l'auguste victime. « En
» conséquence, dit-il, le 21 janvier 1793, après
» m'être assuré que les ordres prescrits par le
» pouvoir exécutif et relatifs à la quantité de
» chaux ordonnée et à la profondeur de la
» fosse qui devait être de dix à douze pieds,
» étaient exécutés, j'attendis à la porte de l'é-
» glise, accompagné de la croix et de l'abbé Da-
» moreau, qu'on nous remit le corps de sa
» majesté.

» Sur la demande que j'en fis, les membres
» du département et de la commune me ré-
» pondirent que les ordres qu'ils avaient reçus,
» leur prescrivaient de ne pas perdre de vue un
» seul instant le corps du roi. Nous fûmes donc
» obligés, M. Damoreau et moi, de les accom-
» pagner jusqu'au cimetière situé rue d'Anjou.

» Arrivés au cimetière, je fis faire le plus
» grand silence. L'on nous présenta le corps de

» sa majesté. Elle était vêtue d'un gilet de pi-
» qué blanc, d'une culotte de soie grise et les
» bas pareils..... Nous psalmodiâmes les vêpres,
» et récitâmes toutes les prières usitées pour
» le service des morts; et, je dois dire la vé-
» rité, cette même populace, qui naguère fai-
» sait retentir l'air de ses vociférations, enten-
» dit les prières faites pour le repos de l'âme
» de sa majesté, avec le silence le plus religieux.
» Avant de descendre dans la fosse, le corps
» de sa majesté, mis à découvert dans la bière,
» fut jeté au fond de ladite fosse, distante de dix
» pieds environ du mur, d'après les ordres du
» pouvoir exécutif, sur un lit de chaux vive.
» Le corps fut ensuite couvert d'un lit de chaux
» vive, d'un lit de terre, et le tout fortement
» battu et à plusieurs reprises.
» Nous nous retirâmes ensuite en silence,
» après cette trop pénible cérémonie; et il fut,
» autant que je puis me le rappeler, dressé par
» M. le juge de paix un procès-verbal qui fut si-
» gné des deux membres du département, et de
» deux de la commune. Je dressai aussi un acte
» mortuaire en rentrant à l'église, mais sur un
» simple registre, lequel fut enlevé par les
» membres du comité révolutionnaire, lors de

» la clôture de cette église. » Tel fut le témoignage de M. Renard, consigné au *Moniteur* du 21 janvier 1815.

« » Le sieur Dominique-Emmanuel d'Anjou
» déposa qu'il avait été également témoin à l'in-
» humation de Louis XVI et de sa majesté la
» reine ; qu'il les avait vus descendre tous
» deux dans la fosse, dans des bières décou-
» vertes, qui ont été chargées de chaux et de
» terre; que la tête du roi, séparée du corps,
» était placée entre ses jambes; qu'il n'avait
» jamais perdu de vue une place devenue si
» précieuse, et qu'il regardait comme sacrée,
» quand il a vu faire par son beau-père l'ac-
» quisition du terrain déjà enclos de murs,
» qu'il a fait rehausser pour plus grande sûreté;
» que le carré où se trouvaient les corps de
» leurs majestés a été entouré, par ses soins,
» d'une charmille fermée ; qu'il y a été planté
» des saules pleureurs et des cyprès ». (*Moniteur* du 21 janvier 1815).

Marie-Antoinette-Josephe-Jeanne de Lorraine, archiduchesse d'Autriche, fille de la célèbre Marie-Thérèse et sœur de Joseph II, née à Vienne, le 2 novembre 1755, mariée à Louis XVI, le 16 mai 1770, avait éprouvé, le

16 octobre 1793, le même sort que son époux. Elle eut une pareille sépulture dans le même cimetière, comme on l'a vu par le témoignage ci-dessus de M. d'Anjou.

Après les informations nécessaires et l'audition des témoins, le chancelier de France, accompagné de la commission nommée à cet effet, se rendit à l'ancien cimetière de la Madeleine, rue d'Anjou-Saint-Honoré, n° 48, et fit procéder en sa présence à la recherche des deux corps qui se trouvèrent en partie consommés; ces restes furent enfermés dans deux boîtes de plomb; et le 21 janvier 1815, vingt-deuxième anniversaire de la mort de Louis XVI, ils furent transportés à Saint-Denis, dans l'ordre suivant:

Un détachement de gendarmerie.

Un escadron des hussards du roi.

Les régimens du roi et de la reine, grenadiers et voltigeurs.

Le gouverneur de la première division militaire, avec son état-major.

Un demi-escadron de la garde nationale à cheval.

Un détachement de la garde nationale à pied.

Le commandant-général de la garde nationale et son état-major.

Un demi-escadron des grenadiers à cheval de la garde.

Trois carosses du roi à huit chevaux, pour les officiers des princes.

Un escadron de mousquetaires.

Un demi-escadron des chevaulégers de la garde.

Huit carosses du roi à huit chevaux.

Le carosse des princes.

Quatre hérauts d'armes à cheval, ayant à leur tête le roi d'armes.

Le grand maître, le maître et les aides des cérémonies à cheval.

Quatre chevaulégers.

Deux écuyers du roi à cheval.

Les capitaines des quatre compagnies rouges, aux petites roues du char.

Le char.

Six gardes de la manche, à droite et à gauche auprès du char; trente cent-suisses sur les ailes.

Un escadron des gardes du corps.

Un demi-escadron des gendarmes de la

garde, fermant la marche des troupes de la maison du roi.

Un détachement des gardes du corps de Monsieur.

Les voitures du corps de Monsieur, des ducs d'Angoulême et de Berri.

Un demi-escadron de la garde nationale à cheval.

Un escadron des dragons du roi.

Le cortége arrivé devant l'église de Saint-Denis, les corps du roi et de la reine furent retirés du char par les gardes de la manche, portés par eux à l'église, où, après la présentation, ils furent placés dans le catafalque élevé au milieu du chœur.

Après les offices, les absoutes et les cérémonies ordinaires, les corps du roi et de la reine furent descendus dans le caveau, où ils furent accompagnés par Monsieur et ses deux fils.

Louis XVIII institua, dans toutes les villes du royaume, un service solennel pour l'anniversaire de la mort de Louis XVI, et régla qu'au lieu d'oraison funèbre, on y lirait le testament du martyr.

Louis XVII.

Louis-Charles de France, duc de Normandie, né le 27 mars 1785, devenu dauphin par la mort de son frère, et Louis XVII, par la mort de son père, mourut à la tour du Temple, à Paris, le 8 juin 1795 (20 prairial an III.): son corps fut enterré dans le cimetière de la paroisse de Sainte-Marguerite, au faubourg Saint-Antoine. Malgré les recherches exactes qui ont été faites, d'après les renseignemens donnés par le curé et par les familiers de l'église, il a été impossible de retrouver sa dépouille mortelle.

Funérailles du duc de Berri.

Le duc de Berri ayant été assassiné le dimanche 13 février 1820, la cour prit le deuil pour 21 jours. Le corps du prince, d'abord déposé chez le gouverneur du Louvre, fut ensuite porté dans l'ancien appartement de Henri IV, où l'on avait dressé une chapelle ardente.

Tous les corps civils et militaires furent admis à lui rendre les derniers devoirs. Les ducs d'Orléans et de Bourbon, suivis de toute leur maison et avec le cortège d'étiquette, allèrent jeter de l'eau bénite.

Le 22 février, le cortège se mit en marche dans l'ordre suivant:

Un détachement de la gendarmerie de Paris et du département de la Seine, en avant pour la police du chemin;

L'état-major de la place;

L'état-major de la 1re division militaire;

L'état-major de la garde royale;

L'état-major de la garde nationale;

Un détachement de la gendarmerie des chasses;

Deux mille hommes d'infanterie de ligne;

Une compagnie de sous-officiers sédentaires;

Un escadron de cavalerie légère de la garde;

Un détachement d'artillerie à cheval, avec trois pièces;

Un bataillon d'infanterie de la garde;

Un escadron de la garde nationale à cheval;

Six drapeaux funèbres des six premières légions de la garde nationale;

Huit cents hommes d'infanterie de la même garde;

Officiers de tous grades, en activité, en non activité, en congé ou en retraite;

Quatre cents pauvres tenant chacun un cierge à la main;

Cent ecclésiastiques du clergé de Paris;

Douze palfreniers à cheval;

Dix-huit carosses de deuil, drapés et aux armoiries du duc de Berri, tous attelés de huit chevaux richement caparaçonnés;

Nota. Quatorze marchaient en avant du char funèbre et quatre en arrière.

Le carosse du duc d'Orléans;

Quatre gardes du corps à cheval;

Le carosse où était porté le cœur du prince par l'évêque d'Amiens, accompagné des curés de l'Assomption et de Saint-Germain-l'Auxerrois;

Les trompettes des gardes du corps et quatre gardes du corps de Monsieur;

Quatre hérauts d'armes à cheval, marchant deux à deux, ayant à leur tête le roi d'armes;

Un écuyer du duc de Berri;

Un aide des cérémonies, à cheval, dirigeant le cortége;

Le char funèbre;

Cent gardes-du-corps de Monsieur, à cheval;

Douze palfreniers ;
Quatre carosses de deuil ;
Une haie marchante, formée par l'infanterie de ligne, les sous-officiers sédentaires, la garde royale et la garde nationale, bordant à droite et à gauche à hauteur des carosses de deuil ;
Les six drapeaux funèbres des six dernières légions de la garde nationale ;
Deux bataillons d'infanterie de la garde nationale ;
Un bataillon d'infanterie de la garde royale ;
Un détachement d'artillerie à pied, avec trois pièces ;
Un escadron de grosse cavalerie ;
Un bataillon des sous-officiers sédentaires ;
Douze cents hommes d'infanterie de ligne ;
Un détachement de la gendarmerie des chasses ;
Un détachement de la gendarmerie du département de la Seine ;
Deux voitures du duc d'Orléans, attelées de huit chevaux ;
Les voitures du corps municipal de Paris ;
Les voitures des maréchaux de France ;
Les forts de la halle et les charbonniers de Paris ;

Un détachement de la gendarmerie de la ville de Paris, fermait la marche.

A l'arrivée du convoi à Saint-Denis, le corps fut tiré du char funèbre par douze gardes du corps et emporté à l'entrée de la nef. Les coins du poêle étaient tenus par quatre officiers supérieurs.

Le chapitre de Saint-Denis, précédé de son doyen, vint recevoir le corps à la porte de l'église.

L'évêque d'Amiens remit le cœur au doyen.

Après l'office, le corps fut transporté dans la chapelle Saint-Louis. Les douze officiers de la garde nationale qui portaient les drapeaux funèbres, vinrent les placer autour du catafalque. Le 14 mars de la même année fut consacré à la cérémonie des obsèques. Outre les grandes députations, tous les ministres, le corps diplomatique, toutes les autorités civiles et militaires, Louis XVIII, le duc et la duchesse d'Angoulême, le duc et la duchesse d'Orléans, mademoiselle d'Orléans, le duc de Chartres, le duc de Bourbon, accompagnés de tous les officiers de leurs maisons, s'y rendirent également.

Funérailles de Louis XVIII.

Louis XVIII (Stanislas-Xavier), né à Versailles le 17 novembre 1755, était petit-fils de Louis XV et second fils de Louis dauphin de France et de Marie-Josephe princesse de Saxe.

Il épousa, en 1771, Marie-Joséphine-Louise de Savoie, et devint veuf le 13 novembre 1810.

Lorsque son frère Louis XVI monta sur le trône, Louis-Stanislas-Xavier, comte de Provence, prit le titre de *Monsieur,* en sa qualité de frère du roi.

Il émigra au mois de juin 1791, et alla rejoindre l'armée de Condé. Après la mort de Louis XVII, il prit le nom de Louis XVIII. On ignore pour quel motif il ne fut point sacré. Sa dernière visite à Notre-Dame date du *Te Deum* célébré pour l'heureuse issue de la guerre d'Espagne; il fit sa dernière promenade le 3 septembre 1824; on lui donna l'extrême-onction le 13 septembre, et il mourut le 16, à quatre heures du matin, muni de tous ses sacremens.

À la nouvelle de la maladie du roi, l'archevêque de Paris ordonna les prières de quarante heures dans toutes les paroisses de son diocèse. Les autorités civiles et militaires, en grand costume, se réunirent dans l'église métropolitaine, pour unir leurs prières à celles du clergé de la capitale. Les spectacles, les bibliothèques, les musées, la bourse, et tous les établissemens publics furent fermés.

Le treizième bulletin, daté du 15 septembre, neuf heures du soir, laissait entrevoir la fin prochaine du monarque. *Monsieur* n'était point retourné au pavillon Marsan. Déjà son altesse royale avait passé la nuit précédente tout habillé sur un canapé ; le prince s'est décidé à passer de la même manière la nuit du 15 au 16.

Le roi avait repris quelques instans de calme; la connaissance, qu'il n'a jamais entièrement perdue, semblait lui revenir ; à minuit, ces pronostics de consolation et d'espérance avaient disparu. L'auguste malade a éprouvé alors une attaque dont la violence a fait pressentir aux habiles médecins dont il était entouré, que le mal allait incessamment triompher de toutes les ressources de l'art, et que la nature était prête à succomber.

A l'instant, l'appartement s'est rempli de tous les membres de la famille royale. Des estafettes ont été expédiés aux ducs d'Orléans et de Bourbon, ainsi qu'au chancelier, au prince de Talleyrand, à l'archevêque de Paris, aux ministres, au grand référendaire et au secrétaire archiviste de la chambre des Pairs, enfin à toutes les personnes dont la dignité et les fonctions rendaient la présence nécessaire dans cette conjoncture.

Le préfet de la Seine et le préfet de police, ayant été prévenus, se sont également empressés de se rendre aux Tuileries.

Un état plus tranquille a succédé momentanément à cet instant terrible.

Nous n'essaierons pas de peindre l'inquiétude qui se lisait sur toutes les figures, et que tempéraient encore quelques faibles rayons d'espérance.

Rien surtout ne peut se comparer à l'état des princes et des princesses de la famille, réunis autour de ce lit funèbre, théâtre de si longues, de si poignantes douleurs, sur lequel, à toutes les minutes, on tremblait de voir se consommer le suprême sacrifice.

Quels souvenirs surtout ce spectacle déchirant réveillait, dans l'âme d'une princesse, dont les infortunes ne paraissaient plus susceptibles d'accroissement, et pour qui chacune des pertes que la providence lui envoie, renouvelle le sentiment de celles qui ont contristé les premières années de sa jeunesse!

A quatre heures moins un quart, les signes précurseurs de la mort se sont manisfestés; quelques minutes se sont à peine écoulées; un cri sinistre s'élève : *Le roi est mort!* La chambre retentit de sanglots; le Roi Charles x, madame la dauphine, et à leur exemple tous les membres de l'auguste famille, se précipitant sur ce corps inanimé, pressent ces mains que le froid de la mort a glacées, et qui ne répondent plus aux étreintes de la tendresse et de l'amour. Le cri fatal se répète dans les vastes appartemens du palais, en perce les murailles, et parvient jusqu'aux oreilles de la garde fidèle, qui, morne et silencieuse, attendait, avec une tristesse impatiente, les nouvelles qui allaient, ou la rassurer, ou lui apprendre qu'elle avait, non pas de nouveaux devoirs à remplir, non pas un nouveau titre à invoquer; mais un nouveau monarque à saluer et à reconnaître.

A quatre heures, aussitôt que le roi Louis xviii eut rendu le dernier soupir, toutes les personnes qui se trouvaient dans l'appartement, ont passé dans une pièce voisine; son auguste frère est resté un instant auprès du lit; et quand il est sorti, le comte de Damas, précédant le prince de quelques pas, a ouvert les deux battans et a dit : « Le Roi, *messieurs !* » A ces mots, les princes et les grands officiers se sont prosternés. Le duc d'Angoulême et Madame ont accompagné le Roi. A leur retour, on a annoncé Mgr le Dauphin et madame la Dauphine.

A la même heure, les gardes du corps du Roi ont relevé les gardes du corps de Monsieur.

A quatre heures un quart, le chancelier et les ministres furent admis auprès du Roi pour prendre ses ordres. Sa majesté fit expédier des lettres closes pour les archevêques et évêques et pour les cours du royaume.

A dix heures quelques minutes, sa majesté Charles x partit pour Saint-Cloud, avec toute la famille royale.

L'escorte militaire était composée comme à l'ordinaire.

La douleur la plus profonde se manifestait sur les traits de la famille royale, et particulièrement sur le visage de sa majesté. Tout en prenant part à la tristesse de la famille, une grande affluence de monde, qui assiégeait les portes du palais et qui se pressait dans la rue de Rivoli, a fait retentir l'air des cris prolongés et réitérés de *vive le Roi! vive Charles X!*

Les ministres sont allés à Saint-Cloud, remettre au Roi leurs portefeuilles. Sa majesté a daigné les leur rendre; et dans la soirée, il y a eu conseil chez le comte de Villèle.

Le monarque reçut, le 17, à Saint-Cloud, l'hommage de la famille royale et des princes du sang. Les corps furent convoqués le même jour pour le même objet. L'appartement du feu roi, au château des Tuileries, fut ouvert au public le 16, depuis dix heures du matin jusqu'à six heures du soir. A quatre heures et demie, l'introducteur des ambassadeurs se rendit chez tous les envoyés des puissances, pour leur faire part du décès de Louis XVIII.

Jusqu'à la révolution dernière, les actes de naissance, de mariage et de décès, des princes de la maison royale de France, étaient portés sur le registre commun de la paroisse.

Cette coutume fut changée par le gouvernement impérial. Napoléon, par un statut du 30 mars 1806, chargea l'archi-chancelier de l'empire de remplir exclusivement, par rapport à lui et aux membres de sa famille, les fonctions attribuées par la loi commune aux officiers de l'état civil, et institua la charge de de secrétaire de l'état de la famille impériale. Les registres où les actes de naissance, de mariage, d'adoption, etc., étaient inscrits, se tenaient en double, dont l'un devait rester aux archives impériales, et l'autre être déposé aux archives du sénat, comme cela avait été déjà prescrit par le sénatus-consulte du .... 1804 (28 floréal an XII). C'est sur ces registres que sont inscrits le divorce de Joséphine, le mariage de Marie-Louise, la naissance du fils de Napoléon, celle de plusieurs enfans de son frère Louis, etc.

A la seconde restauration, Louis XVIII consacra cette innovation par une ordonnance du 23 mars 1816, calquée sur le statut impérial, laquelle charge le chancelier de France de remplir, par rapport au roi et aux princes et princesses de la famille royale, les fonctions d'officier de l'état civil. Le registre, tenu en double par le ministre de la maison du roi ou par le président du conseil des ministres, doit être déposé aux archives de la chambre des pairs et aux archives du royaume. Le décès de M. le duc de Berri, la naissance de ses enfans, etc., la mort de S. M. Louis XVIII, ont été constatés conformément à l'ordonnance royale, par M. d'Ambray, chancelier de France, assisté des témoins appelés et nécessaires d'après les lois de l'état.

La *Gazette de Santé*, rédigée par le docteur Miquel, contient les détails suivans sur l'autopsie et l'embaumement du corps du feu roi :

« Dans un moment où la France déplore la perte de l'un de ses plus sages monarques, nous avons pensé que nos lecteurs liraient avec intérêt tout ce qui se rattache à la maladie et à la mort de l'illustre auteur de la charte. Quoique le procès-verbal d'autopsie n'ait pas été rendu public, nous croyons pouvoir compter sur l'exactitude des détails suivans :

» On a remarqué que les os de la partie antérieure du crâne étaient très-épais, tandis que ceux de la partie postérieure étaient plus minces qu'à l'ordinaire.

» Le cerveau, très-grand dans toutes ses dimensions, était cependant plus développé à gauche qu'à droite. (C'est une circonstance assez rare, et qui a été observée sur le cerveau de Bichat).

» Les poumons ont été trouvés parfaitement sains.

» Le cœur était gros, peu consistant, et vide de sang.

« L'estomac, d'un très-grand volume, distendu par des gaz et des muscosités : sa surface interne offrait deux petites plaques rouges.

« Les intestins n'ont présenté ni rougeur ni ulcération ; mais on a trouvé, dans la duplicature du mésentère, une tumeur stéatomateuse assez considérable, qui n'avait occasionné aucune douleur pendant la vie, et dont l'existence n'avait été indiquée par aucun signe sensible. (Des tumeurs de cette nature se rencontrent souvent dans le mésentère, sans avoir même été soupçonnées. Au reste, à moins d'un développement extraordinaire, elles ne troublent pas d'une manière sensible l'exercice des fonctions.)

» Les autres viscères étaient en bon état.

» Les extrémités supérieures et inférieures très-amaigries.

» La cuisse gauche offrait à la face interne la trace d'un ancien vésicatoire.

» Les deux jambes, depuis les genoux jusqu'à l'extrémité des pieds, présentaient une substance lardacée, jaune, dans laquelle les tissus cellulaires musculeux, et même osseux, étaient confondus. L'instrument pénétrait avec facilité jusques dans les os eux-mêmes.

» Le pied droit et le bas de la jambe, jusqu'à la hauteur du mollet, étaient sphacelées ; les os en étaient ramollis, quatre orteils s'en étaient détachés successivement par les progrès de la maladie.

» Le pied gauche était aussi sphacelé, mais seulement jusqu'au tarse.

» Quelque temps après la mort, et au moment de l'embaumement, on a fait des lotions avec le chlorure Labarraque, qui ont détruit à l'instant toute espèce de mauvaise odeur.

» L'embaumement a été fait au moyen de ces chlorures et du sublimé. »

La cour prit le deuil pour sept mois, à l'occasion de la mort de Louis XVIII. Le deuil fut divisé en trois temps : le premier, de trois mois ; le second, de deux mois ; le troisième, de deux mois ; on le porte de la manière suivante.

PREMIER TEMPS DE DEUIL.

Pour les hommes en costume de cour et costume civil. — Le crêpe à l'épée, la veste et la culotte de drap noir, le jabot et les manchettes de batiste plate, l'épée et les boucles bronzées, les bas de laine noire et les gants noirs.

Pour les militaires. — Le crêpe à l'épée, au bras et au chapeau.

Pour les hommes en habit à la française. — Habit de drap noir, complet, sans boutons, avec de grandes pleureuses pendant le premier mois, et des petites, pendant le second et le troisième ; jabot et manchettes de batiste plate, épée et boucles bronzées, bas de laine noire, chapeau uni avec un long crêpe.

Pour les dames. — Pendant le premier mois, vêtement de laine noir, garni de même étoffe, coiffe et fichu de crêpe noir. Pendant les deux autres mois, vêtement de laine noire garni de crêpe, coiffe et fichu de crêpe blanc, bas et gants de soie noire, parure en jais.

SECOND TEMPS DU DEUIL.

Pour les hommes en costume de cour et costume civil. — Le crêpe à l'épée, la veste et la culotte de drap noir, jabot et manchettes de mousseline avec effilé, bas de soie noire, épée et boucles de costume.

Pour les militaires. — Le crêpe à l'épée et au bras.

Pour les hommes en habit à la française. — Habit noir complet avec boutons, jabot et manchettes de mousseline avec effilé, bas de soie noire, épée en acier ou argent, boucles d'argent, chapeau uni sans crêpe.

Pour les dames. — Vêtement de soie noire, coiffe, garniture en crêpe blanc, bas et gants de soie noire, parure en diamans et perles.

TROISIÈME TEMPS DU DEUIL.

Pour les hommes en costume de cour et costume civil. — Veste, culotte et bas de soie noire; épée et boucles de costume.

Pour les militaires. — Le crêpe au bras.

Pour les hommes en habit à la française. — Habit, veste, culotte et bas de soie noire, épée et boucles d'acier ou d'argent.

Pour les dames. — Vêtement blanc uni ou noir et blanc, parure en diamans et perles. Point de pierre de couleur pendant toute la durée du deuil.

Voitures drapées.

Ont le droit de draper leurs voitures :

Les grands officiers de la couronne ; les grands et premiers officiers de la maison du roi ; les premiers officiers des princes et princesses de la maison royale ; les ministres-secrétaires d'état ; les pairs de France ; les maréchaux de France ; les archevêques et évêques ; le président de la chambre des députés, si elle est en session ; le bureau de la chambre et la grande députation venant chez le roi ; le premier président de la cour de cassation ; le premier président de la cour des comptes ; les premiers présidens des cours royales ; les gouverneurs des divisions militaires ; les lieutenans généraux commandant les divisions militaires.

Les voitures drapées seront sans armes pendant les trois premiers mois.

Dans la matinée du 16, le commandant de la première division militaire et le commandant de la place se rendirent aux différentes casernes de la capitale, pour instruire les soldats de l'événement de la nuit.

Le major général de la garde nationale parisienne publia un ordre du jour.

Le jeudi, 23 septembre, le corps de Louis XVIII fut transporté à Saint-Denis.

Le Dauphin, les ducs d'Orléans et de Bourbon s'étant rendus au château des Tuileries, la levée du corps se fit immédiatement après l'arrivée des princes.

Le départ du convoi fut annoncé par une salve de cent et un coups de canon, par le bourdon de Notre-Dame et toutes les cloches de la ville.

Le cortége passa par la grille royale du château, la rue de Rohan, la rue de Rivoli, la rue de Castiglione, la place Vendôme, la rue de la Paix, les boulevards jusqu'à la Porte Saint-Denis et la rue du faubourg Saint-Denis.

Le cortége marchait dans l'ordre suivant :

Un détachement de la gendarmerie de Paris et du département de la Seine.

L'état-major de la place.

L'état-major de la 1re division militaire.

L'état-major de la garde royale.

L'état-major de la garde nationale.

Un demi-escadron de la gendarmerie d'élite.

Trois bataillons d'infanterie de ligne.

Une compagnie de sous-officiers sédentaires. Deux escadrons de cavalerie légère et soixante hommes de l'artillerie à cheval de la garde, avec une batterie. Deux bataillons d'infanterie de la garde royale.

Les six drapeaux funèbres des six premières légions de la garde nationale, portés par six officiers de ces légions.

Deux bataillons d'infanterie de la garde nationale.

Une députation des élèves de l'école royale militaire de Saint-Cyr, de l'école polytechnique, de l'école d'équitation et de l'école d'application du corps royal d'état-major.

Les officiers de tous grades en congé illimité, en réforme, ou en retraite, suivant à pied le convoi.

Quatre cents pauvres, tenant chacun une torche à la main.

Nombre d'ecclésiastiques du clergé de Paris, tenant chacun un cierge allumé (1).

___

(1) Contrairement à cette disposition, il ne parut au cortége que huit aumôniers de la chapelle du roi; savoir, quatre portant les coins du drap mortuaire, et quatre dans une des voitures de la cour. On ignore les motifs qui ont empêché le clergé de Paris de remplir les conditions du programme; mais le bruit a couru que c'était le défaut d'invitation officielle. Quoiqu'il en

Un carosse pour deux grands officiers de l'ordre royal de la Légion d'Honneur, et deux commandeurs de l'ordre royal de Saint-Louis.

Un carosse pour deux grand'croix de l'ordre de Saint-Louis, et deux grand'croix de la Légion d'Honneur.

Un carosse pour quatre chevaliers de l'ordre du Saint-Esprit.

Un carosse pour quatre maréchaux de France.

Un carosse pour le service de M. le duc de Bourbon.

---

soit, on assure que S. M. Charles X en a témoigné sa douleur aux ministres.

On disait encore que le curé de St. - Germain - l'Auxerrois prétendait que le corps du roi, non plus que tout autre de sa paroisse, ne devait être porté dans une sépulture étrangère, sans être préalablement présenté à la porte de son église ; et l'on a remarqué que ce pasteur, placé dans la douzième voiture, précédait immédiatement le char funèbre.

On a dit aussi (et nous le rapportons sans l'affirmer) que la cour de cassation et les préfets de la Seine et de police s'étant rencontrés aux Tuileries pour jeter de l'eau bénite, l'*aspergès* fut présenté d'abord aux deux préfets, comme premiers magistrats du département. La cour de cassation, qui est le premier corps de l'état, après les trois branches du pouvoir législatif, mécontente de cette préférence, se retira sans jeter de l'eau bénite.

Jadis les rois qui mouraient à Paris, étaient (comme nous l'avons dit plus haut) déposés une nuit et un jour à Notre-Dame ; cet usage ne fut point observé pour les obsèques de Louis XVIII. Cependant, le programme annonçait que des députations du clergé de Paris feraient partie du cortège. On a dit que le chapitre de Saint-Denis renouvellerait les discussions expliquées à l'article de saint Louis. La question est restée indécise, attendu l'absence du clergé de Paris.

Un carosse pour le service de M. le duc d'Orléans.

Un carosse de Mgr le Dauphin pour son service.

Trois carosses pour les grands, premiers, et officiers de la maison du Roi.

Un nombre déterminé de personnes de chaque service de la maison civile du Roi.

Deux gardes du corps du Roi.

Le page dauphin du roi.

Un écuyer cavalcadour, un écuyer de main.

Un carosse, dans lequel Mgr. le Dauphin, M. le duc d'Orléans, M. le duc de Bourbon, et le premier gentilhomme du Roi servant auprès du Dauphin.

Un lieutenant des gardes du corps du Roi, à cheval à la portière de droite du carosse du Dauphin.

Un sous-lieutenant des mêmes gardes à la portière de gauche.

Un officier supérieur de la garde royale aux petites roues de droite, en avant du lieutenant des gardes du corps.

Quatre gardes du corps du Roi.

Deux pages du Roi.

Deux gardes du corps.

Un carosse dans lequel le grand aumônier

portant le *cœur* de feue sa majesté; le grand chambellan et un des aumôniers du Roi pour assister le grand aumônier.

Douze pages du Roi.

Six hérauts d'armes à cheval.

Le roi d'armes à cheval.

Le grand maître, le maître et les aides des cérémonies, à cheval.

Quatre gardes du corps.

LE CHAR FUNÈBRE.

Les coins du poêle portés par quatre aumôniers du Roi, à pied.

A droite et à gauche du char, des valets de pied du Roi.

Plus près du char, trois gardes de la manche de chaque côté.

Sur les ailes et sur deux lignes, quarante gardes à pied ordinaires du corps du Roi.

Derrière le char, l'écuyer commandant avec deux écuyers calvacadours et deux écuyers ordinaires.

Deux capitaines des gardes du corps, et le major-général de la garde royale à cheval.

Un escadron des gardes du corps.

Les six drapeaux funèbres des six dernières légions de la garde nationale, portés par six officiers de ces légions.

Deux bataillons d'infanterie de la garde nationale.

Deux bataillons d'infanterie de la garde royale.

Soixante hommes d'artillerie à pied de la même garde, avec une batterie.

Deux escadrons de grosse cavalerie de la garde royale.

Une compagnie de sous-officiers sédentaires.

Un demi-escadron de la gendarmerie d'élite.

Trois bataillons d'infanterie de ligne.

Le carosse du corps de M. le duc d'Orléans, devant ramener ce prince à Paris.

Le carosse du corps de M. le duc de Bourbon.

Les carosses du grand aumônier, du grand-chambellan, et des personnes du cortége.

Un détachement de la gendarmerie du département de la Seine.

Les carosses du corps municipal de Paris.

Un détachement de la gendarmerie de Paris.

Le corps, étant arrivé à Saint-Denis, fut présenté aux chanoines qui étaient venus processionnellement au-devant, mais seulement jusqu'à la porte de l'église, quoique jadis les religieux de l'abbaye fussent dans l'usage de venir prendre le corps jusqu'au chemin de Paris, à un endroit nommé la *croix qui penche*. Après les prières, le grand-aumônier, portant le cœur, alla le déposer en avant du catafalque. Les gardes du corps portèrent le cercueil sous le catafalque, et ensuite dans la chapelle ardente, où tous les assistans furent admis à jeter l'eau bénite.

Le cercueil devant rester exposé jusqu'au 25 octobre, jour annoncé pour les funérailles, il a été réglé que le service suivant aurait lieu tous les jours:

Dans la matinée jusqu'à midi, les chanoines du chapitre royal disent des basses messes de demi-heure en demi-heure; à dix heures, grand'messe; à deux heures, vêpres solennels; à cinq heures, les vigiles des morts. Le chapitre en corps assiste à tous les offices; et le temps qui n'est pas rempli par ces offices, est employé à la prière et à la psalmodie.

Des grands officiers et officiers ordinaires de la maison du Roi sont présens à ces prières; les gardes du corps sont chargés du service dans l'intérieur de la chapelle.

Description du décor exécuté dans la basilique de Saint-Denis, pour la grande cérémonie de l'inhumation du corps du feu Roi LOUIS XVIII, le 25 octobre 1824.

En avant du portail, et comprenant un carré de la largeur de toute l'étendue de la façade, a été disposée une enceinte formée de droite et de gauche par douze belles colonnes en marbre, largement espacées, élevées sur un soubassement général et surmontées de tourelles terminées par des croix. Les entre-colonnemens qui les séparent sont drapés en noir, avec des pentes enrichies de câblés, de glands, d'armoiries et de chiffres du feu Roi. Une litre fleurdelysée couronne cette tenture dans tout le pourtour. Ces douze colonnes, dédiées aux saints apôtres, se lient à la partie inférieure de la principale façade, ornée de trois belles portes également en marbre blanc, enrichi de dorures. Ces portes, aussi bien que les colonnes de l'enceinte, sont en style gothique, entièrement en harmonie avec les parties apparentes de l'église et les tours qui s'élèvent au-dessus. L'entrée principale, plus riche que les deux entrées latérales, est surmontée des statues de saint Denis et de ses deux compagnons martyrs, saint Eleuthère et saint Rustique. Les ornemens qui y sont adaptés rappellent non-seulement la royauté et la religion ; ils retracent aussi la destination de l'église royale de Saint-Denis, consacrée, dès son origine, à la sépulture des rois de France. Réunies entre elles par des tentures drapées, ornées d'écussons et d'armoiries brodés, les masses d'architecture de ces trois entrées se dessinent en entier et presque dans toute la hauteur du portail sur un fonds de tenture de drap noir semée de fleurs de lys d'or ; une superbe frise bordée de litre herminée, larmée et fleurdelysée, couvert d'écussons armoriés de chiffres du feu Roi, entourés de cyprès et séparés par des palmes d'or, couronne la façade avec une grande magnificence ; tout au haut de cette tenture et au-dessus de la porte du milieu, deux anges tiennent des flambeaux renversés et s'appuyent sur les armes de France, dans l'attitude d'une profonde douleur.

Rien de plus imposant que l'aspect général de l'appareil funèbre de l'intérieur. Au milieu de ces tentures de deuil, de ces voiles qui couvrent les voûtes et qui interceptent toute lumière, l'église de Saint-Denis a disparu ; et c'est au milieu d'une vraie basilique royale, éclatante de plusieurs milliers de lumières, que s'élève le cénotaphe de Louis XVIII. Du côté de l'entrée principale, six riches candelabres, élevés sur des piédestaux et supportant des lampes funèbres, servent à éclairer le porche.

Passé le porche, un ordre d'architecture ionique, couronné de son riche entablement élevé sur des piédestaux, et appuyé sur des arrière-corps, règne dans tout le pourtour de l'église et forme la division des nombreuses tribunes construites dans les bas côtés. Cette disposition, adoptée aussi dans les bras de la croix et obtenue par d'immenses constructions en charpente, augmente de beaucoup le nombre des places, et complète la régularité de toutes les parties de l'immense édifice. Toutes les tribunes de la nef, du chœur, de la croix et du sanctuaire sont décorées de lamberquins en étoffes d'or et d'argent, de belles draperies, rideaux et appuis en velours noir semé de fleurs de lys d'or, couvert de chiffres du Roi, brodés, entourés de palmes et d'attributs de la souveraineté, etc. Au-dessus de l'ordre ionique, est une riche frise, entièrement foncée en noir, sur laquelle sont distribués symétriquement de grands écussons aux armes du Roi, surmontés du heaume à la royale, entourés des ordres royaux, du sceptre et de la main de justice: le tout se dessinant sur le manteau royal de velours violet cramoisi et doublé d'hermine. De chaque côté de ces armes, brillent les chiffres de Louis XVIII, surmontés de la couronne, entourés de palmes, et ayant dans leur milieu une fleur de lys rayonnante. Des anges portant un nombreux luminaire, élevés au-dessus de chaque colonne, divisent cette frise en autant de parties qu'il y a de tribunes; ce décor est terminé par une galerie de colonnes isolées, sur laquelle repose la voûte, entièrement semée de fleurs de lys d'or. Toutes les colonnes formant l'ordre principal sont cannelées aux deux tiers avec filets d'or sur fonds lapis; le choix de ce fonds est d'autant plus heureux, que l'azur, qui est la couleur du blason royal, forme, avec le reste de l'architecture entièrement d'or, une harmonie parfaite. Des fleurs de lys couvrant le bas des fûts, des croix votives et autres attributs royaux et religieux, composent les ornemens sculptés des frises et entablemens. Deux lignes de lumière, dont une est au-dessus de l'entablement de l'ordre inférieur; et l'autre au bas de la galerie supérieure, régnent dans tout le pourtour de l'église et offrent de riches dentelles composées de pavots et de fleurs de lys avec ornemens à jour. Ce luminaire, en éclairant la belle frise au-dessus de l'ordre principal, se réfléchissant sur les colonnes d'or de la galerie supérieure, produit un effet merveilleux. Au bas des gradins placés à la droite et à la gauche de la nef, douze piédestaux supportent des candélabres en or et lapis, surmontés de lampes sépulcrales. Deux belles colonnes isolées, pareilles à celles du pourtour de l'église, forment le jubé, et séparent l'entrée du chœur de la nef; au-dessus de leurs entablemens, resplendissent deux belles croix d'or.

Au milieu du chœur, plus haut de six marches que la nef,

est placé le cénotaphe, élevé sur un emmarchement de deux marches qui comprennent la hauteur du soubassement. Sa forme principale est d'un carré long, s'appuyant aux quatre angles sur autant de pilastres, en avant desquels s'élèvent, sur chaque face extérieure, deux colonnes entièrement isolées; posant sur des piédestaux communs; ces piédestaux ornés de riches moulures portent, sur leur face, des panneaux ornés des armes du Roi, ayant pour support des anges tenant à la main des torches renversées, tout or sur fonds lapis. Les colonnes et pilastres au tiers couverts de feuilles de chêne, sont ornés, dans le reste de leur hauteur, d'arabesques formés de feuilles de pavots, de palmes, de fleurs de lis et autres ornemens analogues. Les chapiteaux d'un ordre corinthien composite à volute et de deux rangées de feuilles d'acanthe et de palmes, sont enrichis de têtes d'anges et d'étoiles; l'entablement profilé au-dessus de chaque colonne, est denticulaire et orné, dans sa frise, de croix, de rinceaux, de torsades de chêne; une riche dentelle, également sculptée et dessinée par des palmes et pavots, termine la corniche. Huit anges adorateurs s'élèvent au-dessus des colonnes, sur les belles consoles placées en diagonale et se réunissant au milieu. Au bout de la coupole qui surmonte le monument, est placé un globe d'azur couvert d'étoiles d'or; une figure rayonnante s'élève au-dessus de ce globe : c'est celle de la religion, de cette fille du ciel descendue sur la terre, pour nous consoler dans notre affliction. Au milieu du cénotaphe, et sur un socle de la hauteur des piédestaux, s'élève le sarcophage entièrement en or, recouvert du drap mortuaire et du drap d'or, avec les insignes, profilé de riches moulures taillées; et supporté aux angles par quatre anges caryatides tenant des palmes. Le plafond du cénotaphe, dessiné en compartimens, offre dans son milieu une croix étoilée et entourée de chiffres, de têtes d'anges et des attributs de la royauté. Vingt-quatre candélabres en or et lapis, surmontés de lampes funéraires, placés des deux côtés; douze lampes sépulcrales, en bronze doré, suspendues aux soffites; et un nombre considérable de chandeliers en vermeil, distribués sur les emmarchemens, forment le luminaire du catafalque, surmonté du pavillon royal, suspendu à la voûte et orné de la couronne royale; aux lamberquins du pavillon, sont attachés quatre grands rideaux en velours noir, semés de fleurs de lis et larmes brodées de câbles, de glands et de franges en argent, et bordés d'une large bande d'hermine. En avant du catafalque, du côté du sanctuaire, sont placés sur une crédence; le manteau royal avec les ordres; et sur un piédestal drapé en velours, le heaume à la royale ou casque surmonté de la couronne en vermeil et pierreries, la cotte d'armes en velours violet semé de fleurs de lis d'or, l'écu de France or sur fonds d'azur, les gantelets en vermeil doublés de satin cramoisi, et les grands éperons d'or garnis aussi de velours violet et brodés de fleurs de lis.

Sur le côté droit, près l'emmarchement du sanctuaire, est l'entrée du caveau où sera descendu le cercueil. A droite et à gauche de l'emmarchement, s'élèvent, sur de grands socles, deux colonnes de feu surmontées de deux croix resplendissantes ; elles annoncent l'entrée du sanctuaire, au fond duquel est érigée, derrière le maître-autel, la croix ardente de plus de cinquante pieds de haut et entièrement couverte de lumières. Entre ce luminaire et celui dont nous avons parlé, quarante-huit lampes sépulcrales en bronze doré, supportant plus de deux mille lumières, sont suspendues à la voûte et complètent la masse du feu qui doit éclairer cette importante et douloureuse cérémonie, dont l'impression vive et profonde s'augmentera encore par le deuil et le recueillement de nos princes.

Toutes les dispositions de ces immenses travaux, dirigées par M. le baron de la Ferté, directeur des fêtes et cérémonies, ont été exécutées d'après les dessins et sous la conduite de MM. Hittorff et Lecointe, architectes du Roi.

On ne sera point étonné de la célérité extraordinaire avec laquelle ces travaux ont été exécutés, si l'on se rappelle le zèle et l'habileté que ces artistes ont déployés dans la construction du char funèbre du feu Roi, et lors de la cérémonie funèbre de monseigneur le duc de Berry.

La chapelle du Roi, secondée par un nombre égal de musiciens externes, a exécuté, avec une rare perfection (M. Plantade conduisant), la messe des morts de Chérubini, qui est un véritable chef-d'œuvre. Les marches funéraires de M. Lesueur, interrompant de temps à autre le long silence de l'église, mêlaient leur sublime caractère à la grandeur imposante de la cérémonie. A la répétition générale, des étrangers s'exprimaient ainsi : « Ce n'est qu'à Paris qu'on peut entendre, en musique sacrée, une exécution à la fois si large et si grandiose : la chapelle du Roi de France, se disaient-ils, est toujours la première de l'Europe ; et c'est là que, fuyant le goût frivole du jour, semble s'être réfugié l'honneur de la grande école française. »

Cérémonie funèbre à St.-Denis, pour les obsèques de Louis XVIII.

Depuis le jour où le corps du feu roi avait été porté à Saint-Denis et déposé dans une chapelle ardente, l'église n'avait cessé d'être remplie de fidèles qui venaient prier autour de son cercueil. On a vu accourir, de la capitale et de toutes les communes environnantes, une foule de fidèles de tout âge, de toutes professions; aucune distance n'était même un obstacle à leur empressement.

Le dimanche 24, à deux heures après midi, le transport du corps s'est fait de la chapelle ardente sur le catafalque préparé pour le recevoir, et dont la magnificence surpasse toute idée; on a dit ensuite les vêpres et les vigiles des morts. M. le grand aumônier a officié, revêtu de ses habits pontificaux. Les personnes des différens services de la maison du Roi, grands, premiers et officiers de sa maison, et autres, n'ont cessé d'assister régulièrement à tous les offices.

Le service d'inhumation a eu lieu le vingt-cinq octobre. Cette solennité, absolument neuve pour la première partie de la génération actuelle, offrait un aspect à la fois lugubre et imposant. Un monarque si justement regretté, un roi très-chrétien venant prendre place entre les restes glorieux des martyrs de sa race, et les ossemens de ses ancêtres profanés, dispersés par la tempête révolutionnaire, mais que sa piété a su recueillir, était un grave sujet de méditations; c'était un spectacle attendrissant par son objet, et majestueux par la pompe dont on l'a environné. Aussi, jamais on ne vit plus d'empressement pour se procurer les moyens d'assister à une pareille cérémonie; jamais l'affluence n'avait été si considérable : mais le plus grand ordre y a constamment régné, et la plus grande ponctualité a été observée.

Les portes se sont ouvertes à huit heures et démie. Admis dans les tribunes, les nombreux assistans ont contemplé, dans un silencieux recueillement, les dispositions intérieures, qui font le plus grand honneur aux travaux et au zèle des architectes, MM. Lecointe et Hittorff. Ces travaux avaient été ordonnés par M. le vicomte de Larochefoucault, chargé du département des beaux-arts, sous la direction de M. le baron de la Ferté, d'après les états qui ont été fournis par M. le marquis de Dreux-Brézé, grand maître des cérémonies. Les nombreuses personnes invitées étaient déjà préparées aux sensations qu'elles devaient éprouver dès leur entrée dans la ville : la porte de Paris était couverte de draperies de deuil chargées d'armoiries. A l'heure indiquée, on a vu arriver d'abord les grands officiers de la couronne, de la maison du Roi, et autres ayant des fonctions dans la cérémonie. Venaient d'abord le roi d'armes adjoint et les hérauts d'armes; M. le vicomte Roussel d'Hurbal et M. le comte de Saint-Chamans, gentilshommes de la chambre du Roi; M. le comte de Pradel, premier chambellan maître de la garde-robe; M. le duc d'Aumont, premier gentilhomme de la chambre de sa majesté; M. le prince de Talleyrand, grand chambellan, portant la bannière de France; M. le duc d'Uzès, pair de France, nommé par le Roi pour faire les fonctions de grand maître de France. S. A. R. Monseigneur le duc de Bourbon ayant dû paraître à la cérémonie, comme prince du granddeuil, portait le bâton haut élevé, et était précédé de M. le comte de Cossé, premier maître de l'hôtel, de M. le marquis de Mondragon, de M. le vicomte Hocquart, chambellans de l'hôtel, et des maîtres de l'hôtel, portant leurs bâtons, auxquels était attaché un crêpe. M. le duc de Polignac, écuyer de S. M., nommé par le Roi pour faire les fonctions de grand écuyer de France, portait l'épée royale attachée à un baudrier de velours violet, et précédé de M. le vicomte de Saint-Priest, désigné par S. M. pour faire les fonctions de premier écuyer-tranchant, porte-cornette blanche, portant le pennon (1); de M. le marquis de Vernon, premier officier de la maison du Roi, désigné pour faire les fonctions de premier écuyer, portant le heaume du Roi; de M. le vicomte de Bongars, écuyer cavalcadour, portant l'écu du Roi; de M. le marquis de Rivière, écuyer cavalcadour, portant la cotte d'armes du Roi; de M. le marquis de Fresne, écuyer ordinaire, portant les gantelets, et de M. le comte de Peyrelongue, écuyer ordinaire du Roi et de service auprès de la grande écurie, portant les éperons de S. M.; M. le maréchal duc de Raguse, major-général de la garde royale, précédé d'un officier supérieur et d'un officier portant le drapeau de cette garde, couvert de crêpe; M. le duc de Mortemart, précédé d'un lieutenant et de l'officier porte-drapeau de la compagnie des gardes à pied ordinaires du corps du Roi, portant le drapeau de cette compagnie, couvert de crêpe; MM. les ducs de Luxembourg, de Mouchy, de Grammont et d'Havré, capitaines des gardes du corps du Roi, précédés de quatre lieutenans et de quatre porte-étendards, ces derniers tenant chacun l'étendard respectif de leur compagnie, couvert de crêpe. Toutes ces personnes, après s'être avancées dans le chœur et après avoir salué l'autel et le corps du Roi, se sont rendues auprès du catafalque, où se trouvaient déjà rangés six gardes de la manche; et ont pris séance de la manière suivante, en arrière du catafalque : à la droite, M. le duc d'Uzès; à la gauche, M. le prince de Talleyrand; près de lui, la bannière de France; au milieu et un peu en arrière, M. le duc d'Aumont; un peu en arrière, à la gauche de M. le grand chambellan, M. le comte de Pradel; derrière le premier gentil-homme de la chambre, MM. le vicomte Roussel d'Hurbal et le comte de Saint-Chamans, gentils-hommes de la chambre, désignés pour être de service ce jour. Sur les deux banquettes à droite, les officiers de la maison civile du Roi; après eux, les officiers des différens services, la faculté de S. M. et les employés des divers services; sur les deux banquettes à gauche, les officiers supérieurs de la maison militaire du Roi; en arrière de ceux-ci, les douze gardes du corps devant porter le

---

(*) Ancienne bannière sous laquelle se rangeaient tous les commensaux de la maison du roi.

tercueil du feu Roi; en avant, à la gauche, M. l'abbé de Pontevès, aumônier du Roi, remplaçant le grand aumônier officiant, et le premier aumônier de S. M. devant prononcer l'oraison funèbre; au milieu, en avant de la crédence sur laquelle était déposé le manteau royal, M. le duc de Polignac; à la droite, plus en avant, M. le vicomte de Saint-Priest; en avant encore, sur une banquette, M. le marquis de Vernon, MM. le chevalier de Rivière, le vicomte de Bongars, le marquis de Fresne et le comte de Peyrelongue. Sont arrivées successivement les députations de la cour de cassation, du conseil royal de l'instruction publique, de la cour des comptes, de la cour royale, du corps municipal de Paris, auquel s'est adjointe celle du corps municipal de Saint-Denis; du tribunal civil de la Seine, auquel s'est adjoint le juge de paix de l'arrondissement de Saint-Denis; et du tribunal de commerce de Paris, qui ont été conduits à leurs places avec le cérémonial accoutumé. A onze heures, sont venus prendre séance, le corps diplomatique, MM. les pairs de France, MM. les députés des départemens venant individuellement, MM. les chevaliers des ordres, MM. les grands croix de l'ordre royal et militaire de Saint-Louis et de la Légion-d'Honneur, MM. les officiers généraux de terre et de mer: MM. les officiers supérieurs et officiers non supérieurs étaient déjà venus, ainsi que les différens états majors, occuper les places qui, par ordre du Roi, leur étaient réservées: M. le comte de Villèle, président du conseil; M. le comte de Peyronnet, garde-des-sceaux, ministre secrétaire-d'état de la justice; M. le comte Corbière, ministre secrétaire-d'état de l'intérieur; M. le baron de Damas, ministre secrétaire-d'état des affaires étrangères, M. le marquis de Clermont-Tonnerre, ministre secrétaire-d'état de la guerre; M. le comte Chabrol de Crousol, ministre secrétaire-d'état de la marine, sont venus occuper les bas stalles; en face des princes, MM. les maréchaux de France. A onze heures et demie, les princes du grand deuil qui étaient descendus à l'abbaye, ont fait leur entrée dans l'église par la grande porte. Le cortège marchait dans l'ordre suivant : cent pauvres, placés sur deux lignes, sont arrivés sous le porche construit en avant du portique de l'église, et se sont ensuite rangés à droite et à gauche, cinquante de chaque côté; après eux, venait la livrée des princes, qui s'est arrêtée à l'entrée de la nef; les hérauts d'armes; M. Duverdier, roi d'armes, adjoint et survivancier en l'absence de M. Delahaye, qui s'est trouvé inopinément malade; M. le comte Delaroche-Bousseau, aide des cérémonies honoraire; M. le chancelier, président de la chambre des pairs; M. Ravez, membre de la chambre des députés, président de chambre à la session de 1824; M. le comte Desèze, premier président de la cour de cassation; M. le maréchal duc de Conégliano, le plus ancien de MM. les maréchaux de France; tous quatre nommés par S. M. pour porter les coins du poêle funèbre ; le sous-lieutenant des gardes-du-corps du Roi, de service près M. le Dauphin; deux aides-de-camp de ce prince ; un écuyer cavalcadour et un écuyer ordinaire.; M. le duc de Guiche, l'un des premiers menins de M. le Dauphin; Monseigneur le Dauphin ; M. le duc de Blacas, premier gentilhomme de la chambre du Roi, de service près de M. le Dauphin; derrière le prince, le lieutenant des gardes-du-corps du Roi, de service près de sa personne; M. le duc de Damas, l'un des premiers menins de M. le Dauphin; M. le comte Melchior de Polignac, un des menins de ce prince ; M. le duc de Blacas, M. le duc de Damas, et M. le comte Melchior de Polignac portant tous trois la queue de son manteau, depuis l'entrée de l'église jusqu'au chœur; à droite et à gauche, un peu en avant de M. le Dauphin, M. le marquis de Dreux-Brézé, M. le marquis de Rochemore, M. le baron de Saint-Félix et M. le vicomte de Geslin, grand maître, maître et aides des cérémonies; deux aides-de-camp de M. le duc d'Orléans et son premier écuyer ; S. A. R. Monseigneur le duc d'Orléans, la queue de son manteau portée par deux de ses officiers jusqu'à l'entrée du chœur de l'église. (*Nota.* Une indisposition subite a empêché S. A. R. Monseigneur le duc de Bourbon de se trouver à la cérémonie.) MM. les ducs de la Trémoille, de Chevreuse et de Brissac, pairs de France, nommés par le Roi pour porter la couronne, le sceptre et la main de justice. Monseigneur le Dauphin et monseigneur le duc d'Orléans, arrivés dans le chœur, ont salué l'autel et le corps du feu Roi, et ont allés prendre leurs places. Les quatre personnes désignées pour porter les coins du poêle funèbre se sont rangés aux quatre angles du catafalque, savoir : 1° à droite, M. le chancelier ; 2° à gauche, M. Ravez ; 3° à droite, M. le comte Desèze ; 4° à gauche, M. le maréchal duc de Conégliano. Madame la Dauphine, S. A. R. Madame la duchesse d'Orléans, les princes et princesses ses enfans, et S. A. R. Mademoiselle d'Orléans, arrivés un peu avant les princes du grand deuil, avaient été conduits dans la tribune de madame la Dauphine, construite du côté l'Epître.

La séance était ainsi disposée :   *Côté de l'Epître.*

Les premiers stalles hauts étaient occupés par les trois princes du grand deuil, le quatrième et le cinquième stalles sont restés vides ; le quatrième à cause de l'absence de S. A. R. Monseigneur le duc de Bourbon. Sur le plan des hauts stalles et à droite de M. le Dauphin, s'est placé l'aumônier du Roi, de service près sa personne ; aux sixième, septième et huitième stalles étaient M. le duc de la Trémoille, M. le duc de Chevreuse et M. le duc de Brissac; au-delà du pilier qui se trouve ensuite des huit premiers stalles, dans les stalles hauts et bas ont été successivement placés la cour de cassation, le conseil royal d'instruction publique, le préfet de la Seine, le lieutenant général commandant la première division militaire, le préfet de police, le maréchal-de-camp commandant de la place de Paris, le corps municipal de Paris, le sous-préfet et le corps municipal de Saint-Denis, le tribunal de commerce du département de la Seine.

Dans les bas stalles, au-dessous des stalles réservés aux princes du grand deuil et aux trois pairs de France portant les insignes de la royauté, étaient placés dans l'ordre suivant, de l'autel au catafalque, MM. les ducs de Mouchy, de Grammont et d'Havré, capitaines des gardes du corps du Roi, des trois premières compagnies; et le premier maître de l'hôtel, comme ayant tous les quatre des fonctions à remplir; le premier gentil-homme de la chambre de S. M.; de service auprès de M. le Dauphin, et M. le duc de Damas; premier menin; entre eux, le lieutenant des gardes du corps du Roi, de service auprès du prince, M. le vicomte de Chabot, premier écuyer de M. le duc d'Orléans; sur la première banquette, en avant de ces bas stalles, se sont rangés, comme ayant des fonctions à remplir, un lieutenant des gardes du corps de chacune des troisième, deuxième et première compagnies (*Nota*. Les porte-étendards de cette compagnie étaient placés près de la crédence, autour de laquelle étaient attachés leurs étendards); deux de MM. les chambellans de l'hôtel, comme ayant fonctions; M. le duc de Guiche, un des premiers menins de M. le Dauphin; un menin, l'écuyer cavalcadour du Roi et l'écuyer ordinaire du Roi, deux aides-de-camp de M. le Dauphin; sur une banquette de gauche, et ensuite de celle-ci séparée seulement par le passage nécessaire pour monter aux hauts stalles, les maîtres de l'hôtel, comme ayant des fonctions à remplir; sur la deuxième banquette, le sous-lieutenant des gardes-du-corps de service auprès du prince; les aides-de-camp de S. A. R. Monseigneur le duc d'Orléans; sur la troisième banquette et sur une partie de la seconde, le plus près du catafalque, les grands et premiers officiers de la maison du Roi, n'ayant point de fonctions à remplir.

Côté de l'Évangile.

Les stalles hauts entre le premier et le second pilier en face des princes, sont restés vidés; dans les bas stalles se trouvaient placés MM. les ministres secrétaires-d'état, suivant leur rang : M. le président du conseil des ministres, le plus près du catafalque; en venant de l'autel au catafalque, le major-général de la garde royale, le capitaine colonel des gardes du corps à pied ordinaires du Roi, le capitaine des gardes du corps de la 4e compagnie; sur la première banquette en avant de ces stalles, comme ayant fonctions, un officier supérieur de la garde royale, un lieutenant des gardes à pied ordinaires du corps du Roi, et un lieutenant de la 4e compagnie des gardes-du-corps (*Nota*. Le porte-drapeau de la garde royale, celui des gardes à pied ordinaires, et le porte-étendard de la 4e compagnie des gardes-du-corps, étaient placés auprès de la crédence, autour de laquelle étaient attachés leurs drapeau et étendard); aux hauts et bas stalles; ensuite du second pilier, en face de la cour de cassation, la cour des comptes; ensuite d'elle, la cour royale de Paris, le tribunal de première instance de la Seine, et le juge de paix de Saint-Denis. Le reste de cette première banquette et la totalité de la seconde ont été occupés par les personnes de la maison de M. le Dauphin, de madame la Dauphine, de madame la duchesse de Berry et de M. le duc de Bordeaux, qui ne se trouvaient point de service auprès de LL. AA. RR. MM. les maréchaux de France ont pris leur séance ordinaire sur une banquette plus près du catafalque, en face des grands officiers de la maison du Roi.

Croix de l'église.

A côté de l'Evangile, au plus près des marches du sanctuaire, M. le nonce de S. S. et MM. les membres du corps diplomatique; à la droite du corps diplomatique, du côté de la chaire, étaient MM. les pairs de France, venus individuellement pour assister au service; en arrière de MM. les pairs, à leur gauche, et en arrière du corps diplomatique, d'abord MM. les chevaliers des ordres du Roi, n'étant ni pairs de France ni députés; ensuite MM. les grands-croix des ordres de Saint-Louis et de la Légion-d'Honneur, commandeurs de Saint-Louis, grands-officiers de la Légion, MM. les officiers généraux de terre et de mer, ou administrateurs ayant des grades correspondans; du côté de l'Epitre, en face de MM. les pairs et du corps diplomatique, MM. les députés des départemens, venus individuellement à la cérémonie; au-delà et près du caveau destiné aux sépultures royales, deux banquettes étaient réservées à six de MM. les conseillers d'état et à six de MM. les maîtres des requêtes; près du caveau, sur une banquette en avant du sanctuaire, les aumôniers du Roi.

Sanctuaire.

Sur les marches du sanctuaire, à droite et à gauche, étaient rangés douze des pages du Roi, et leur gouverneur à la droite; dans le sanctuaire, du côté de l'Epitre, le clergé officiant; derrière le clergé officiant, ceux des membres du clergé venus pour assister à la cérémonie, autres que les archevêques et évêques; dans le sanctuaire, du côté de l'Evangile, le plus près de l'autel, MM. les archevêques et évêques; à droite de ces derniers, sur deux lignes, MM. les chanoines du chapitre royal de Saint-Denis. La musique de la chapelle du Roi était placée derrière l'autel.

Nef.

Les premiers gradins de la nef ont été occupés par MM. les officiers des différens états-majors, MM. les officiers supérieurs et autres officiers de tout grade, tant de la garde nationale que de la garde royale et de la troupe de ligne, et par une députation de l'école royale polytechnique. A l'entrée de la nef, au bout, étaient des dames et forts de la halle, des charbonniers, et un certain nombre d'autres corporations qui, par l'affliction qu'ils avaient témoignée lors du décès du feu Roi, avaient mérité la faveur d'être admis à cette douloureuse cérémonie.

Service d'inhumation.

Une salve d'artillerie à laquelle a répondu une décharge de mousquetterie de toute la garnison, a annoncé le commencement de la cérémonie funéraire. Aussitôt après l'arrivée des princes, M. le grand aumônier de France a commencé la messe solennelle. Après l'Evangile, on a vu paraître dans la chaire de vérité M. l'évêque d'Hermopolis, chargé par S. M. de faire l'oraison funèbre du Roi défunt. Le discours, prononcé par ce digne prélat, a été entendu de tous les points de cette vaste basilique ; il est presque superflu de dire qu'il a produit la plus vive impression ; aux passages les plus pathétiques, chacun portait involontairement les yeux sur ce catafalque où reposaient, pour quelques instans encore, les dépouilles mortelles du Roi, et offrait au ciel le tribut de ses pieuses douleurs. A la fin de l'oraison funèbre, une nouvelle salve d'artillerie et une nouvelle décharge de mousquetterie se sont fait entendre. La messe a continué. Au moment de l'offrande, un nouveau cérémonial a frappé l'attention et excité l'édification des assistans.

Le roi d'armes adjoint a quitté sa place, s'est porté vers les marches du sanctuaire, a salué l'autel, le corps du Roi, le clergé, les princes, le corps diplomatique, les pairs chargés de porter les insignes de la royauté, la cour de cassation, la cour des comptes, le conseil royal de l'instruction publique, la cour royale, le corps municipal, le tribunal civil et le tribunal de commerce, est monté au sanctuaire, et est allé, près de l'autel, prendre des mains de MM. les chanoines du chapitre de Saint-Denis, un cierge à poignée de velours noir, chargé de treize pièces d'or. Il s'est placé ensuite au bas de la dernière marche de l'autel, du côté de l'Epitre ; le grand maître des cérémonies de France a quitté sa place, a fait tous les saluts indiqués, auxquels il a été répondu par un salut de chacun des princes, et par celui des ambassadeurs et de chacune des députations ; ensuite, se rapprochant de la personne de M. le Dauphin, il est venu l'avertir par une profonde inclination que c'était le temps d'aller à l'offrande. M. le Dauphin, sortant de sa place, a fait les mêmes saluts que le grand maître des cérémonies qui se tenait près de lui à sa gauche, est allé à l'offrande, s'est mis à genoux sur un carreau de velours noir devant l'officiant, a baisé son anneau, et lui a remis le cierge de l'offrande, que le grand maître des cérémonies lui avait présenté après l'avoir reçu du roi d'armes. M. le Dauphin se relevant a fait une inclination à l'officiant ; puis, descendu au bas du sanctuaire, a salué l'autel et le corps du Roi, et est retourné à sa place ; un héraut d'armes a recommencé les mêmes saluts.

M. le marquis de Rochemore les a répétés ; ensuite M. le duc d'Orléans a quitté sa place et est allé à l'offrande avec le même cérémonial que M. le Dauphin. La messe a continué : au *Sanctus*, douze pages du Roi, conduits par leur gouverneur, sont revenus de la sacristie où ils étaient allés chercher des flambeaux ; ils ont salué l'autel et le corps du Roi, se sont mis à genoux sur les premières marches du sanctuaire et ne se sont retirés qu'après la communion. La messe finie, le célébrant et les quatre prélats désignés par le Roi à cet effet, se sont approchés du catafalque. Ces prélats étaient MM. de Latil, archevêque de Reims ; de Chabons, évêque d'Amiens ; de Forbin-Janson, évêque de Nancy ; de la Châtre, évêque d'Inéria. La musique a chanté le *de profundis* et le *libera*, pendant lesquels les cinq prélats ont fait, l'un après l'autre, les absoutes et aspersions. Après les absoutes, M. le grand aumônier s'est rendu au caveau de la sépulture ; les quatre autres prélats et le clergé se sont placés au bas des marches du sanctuaire. M. le marquis de Brézé a été lever là couronne qui était posée sur le catafalque, et l'a portée, sur un carreau de velours, couvert de crêpe, à M. le duc de la Trémoille. M. le marquis de Rochemore a pris le sceptre, et l'a porté, sur un pareil carreau, à M. le duc de Chevreuse. M. le baron de Saint-Félix a pris la main de justice, et l'a portée, aussi sur un carreau de velours, à M. le duc de Brissac. Ensuite, le grand maître et le maître des cérémonies de France ont levé le poêle de la couronne ; M. le chancelier, M. Ravez, M. le premier président de la cour de cassation, et M. le maréchal duc de Conégliano, ont pris les coins du poêle, depuis le catafalque jusqu'au caveau. Douze gardes du corps ont porté le cercueil, qui a été descendu par eux dans la tombe royale. Le prélat officiant a fait les cérémonies et prières d'usage, à la fin desquelles il a jeté sur le corps une pelletée de terre et de l'eau bénite, disant : *Requiescat in pace*. Un aide de cérémonie est allé avertir M. le duc d'Uzès, faisant les fonctions de grand maître de France, pour qu'il se rendît au caveau, où il s'est assis sur un siége, à l'opposé du prélat officiant. Le roi d'armes est allé seul au caveau, a jeté dans la tombe son caducée, s'est dépouillé de sa toque et de sa cotte d'armes qu'il y a jetées également, a reculé d'un pas, et crié à haute voix : *Hérauts d'armes de France, venez faire vos charges*. Les hérauts d'armes, marchant les uns après les autres, ont jeté leur caducée, leur toque et leur cotte d'armes dans la tombe, et se sont retirés à leurs places à la réserve de deux, dont l'un est descendu dans le caveau pour y placer les honneurs sur le corps, et l'autre s'est mis sur les premiers degrés pour recevoir les honneurs et les passer à celui qui se tenait sur les marches. Le roi d'armes a commencé à appeler les honneurs et a dit : *M. le maréchal duc de Raguse, major-général de la garde* royale, apportez le drapeau de la garde royale. Alors M. le maréchal s'est levé de sa place, a pris le drapeau des mains de l'officier porte-drapeau, s'est avancé, a salué successivement l'autel et les deux princes. Arrivé près du caveau, il l'a salué profondément, a remis son drapeau au roi d'armes placé sur les degrés du caveau; celui-ci l'a remis à l'autre hérant; M. le maréchal s'est ensuite retiré en saluant l'autel et les princes, et est allé reprendre sa place. Le roi d'armes a ensuite dit : *M. le duc de Mortemart, capitaine-colonel des gardes à pied ordinaires du corps du Roi, apportez l'enseigne de la compagnie dont vous avez la charge*. M. le duc de Mortemart s'est levé et a porté le drapeau à la tombe, comme l'avait fait M. le major-général de la garde royale. Le roi d'armes a continué et a dit : *M. le duc de Luxembourg, capitaine d'une des compagnies des gardes-du-corps du Roi, apportez l'enseigne de la compagnie dont vous avez la charge*. L'étendard a été porté et descendu au caveau avec les mêmes cérémonies que les précédens. Le roi d'armes a appelé de même M. le duc de Mouchy, M. le duc de Grammont, M. le duc d'Havré, qui ont porté leur étendard à la tombe royale, où il a été reçu de la même manière. Le roi d'armes a appelé les autres honneurs dans l'ordre suivant : M. le comte de Peyrelongue, écuyer ordinaire de S. M., apportez les éperons du Roi. M. le marquis de Fresne, écuyer ordinaire de S. M., apportez les gantelets du Roi. M. le chevalier de Rivière, écuyer cavalcadour de S. M., apportez l'écu du Roi. M. le vicomte de Bongars, écuyer cavalcadour de S. M., apportez la cotte d'armes du Roi. M. le marquis de Vernon, faisant les fonctions de premier écuyer, apportez le heaume du Roi. M. le vicomte de Saint-Priest, faisant les fonctions de premier écuyer tranchant, apportez le pennon du Roi. M. le duc de Polignac, faisant les fonctions de grand-écuyer de France, apportez l'épée royale. M. le prince de Talleyrand, grand chambellan de France, apportez la bannière. Ces honneurs ont été apportés et descendus dans le caveau avec les cérémonies indiquées ci-dessus, à l'exception de l'épée et de la bannière de France; l'épée royale a été présentée au caveau, seulement par la pointe, et la bannière par son extrémité. Le roi d'armes, reprenant la parole, a dit : « M. le duc d'Uzès, faisant les fonctions de grand maître de France, venez faire votre office. » Alors, les maîtres de l'hôtel, les chambellans de l'hôtel et le premier maître de l'hôtel, se sont approchés du caveau, ont rompu leurs bâtons, les y ont jetés et sont retournés à leurs places. Le roi d'armes a appelé les personnes portant les insignes de la royauté, en disant : « M. le duc de Brissac, apportez la main de justice; M. le duc de Chevreuse, apportez le sceptre; M. le duc de la Tremoille, apportez la couronne. » Ces trois insignes ont été descendus dans le caveau par les hérauts d'armes, ainsi que l'avaient été les drapeaux et enseignes.

M. le duc d'Uzès a mis le bout du bâton de grand maître de France dans le caveau, en disant à haute voix : *Le roi est mort ! Le roi d'armes a reculé trois pas en arrière, et a répété à haute voix : Le roi est mort ! le roi est mort ! le roi est mort !* Puis, se retournant vers l'assemblée, il a dit : *Prions tous Dieu pour le repos de son âme*. A ce moment, tout le clergé et tous les assistans se sont précipités à genoux, ont fait une prière et se sont relevés. M. le duc d'Uzès a retiré son bâton du caveau, l'a relevé, et a crié : *Vive le Roi !* Le roi d'armes a répété : « Vive le Roi ! vive le Roi ! Vive le Roi Charles, dixième du nom, par la grâce de Dieu, Roi de France et de Navarre, très-chrétien, très-auguste, très-puissant, notre très-honoré seigneur et bon maître, à qui Dieu donne très-longue et très-heureuse vie ! Criez tous : Vive le Roi ! » Ces paroles ont à peine été entendues, tant a été grand l'empressement unanime des assistans à joindre leurs cris au premier cri de *vive le Roi !* Le plus ancien des hérauts d'armes, qui était sur une estrade devant la tribune de l'orgue, a crié à toutes les personnes étant dans la nef : *Vive le Roi !* Aussitôt les trompettes, les tambours, les fifres et les instrumens se sont fait entendre, leur son éclatant a été couvert par les acclamations prolongées de l'assemblée entière. Les cris de *vive le Roi ! vive Charles X !* ont retenti long-temps dans la basilique où reposent les restes de saint Louis et de ses augustes descendans.

A cet élan des espérances publiques, a succédé le retour de pieux et lugubres devoirs; la tombe s'est refermée sur les dépouilles mortelles du monarque qu'à son retour de la terre d'exil, ses sujets rendus au bonheur ont salué du nom de Louis-le-Désiré, et qui a réconcilié deux fois son peuple avec l'Europe.

Ce cérémonial imposant étant terminé, les princes ont été reconduits à leurs appartemens dans l'abbaye par le grand maître, le maître et les aides des cérémonies, précédés du roi d'armes et des hérauts d'armes qui avaient repris leur toque, leur cotte d'armes et leur caducée. La foule s'est ensuite lentement écoulée. Nous n'essaierons pas d'exprimer les sentimens que devait faire naître cette imposante et lugubre solennité : aux regrets, à la douleur causés par la perte d'un prince si justement pleuré, se mêlait l'espérance qu'inspire un roi déjà maître de tous les cœurs. Cette funèbre cérémonie, où immédiatement après l'inhumation d'un monarque que Dieu appelle à lui, se sont fait entendre les cris de *vive Charles X !* ce nouveau roi salué sur la tombe de son auguste prédécesseur, cette sorte d'inauguration au milieu des pompes de la mort, ont dû laisser des impressions qu'on ne saurait rendre, et au-delà de tout ce que l'imagination pourrait se représenter.

FIN.

TABLE DES MATIÈRES.

A.

ARMES de cailloux et d'os, 25, 26, 30, 71, 74, 78, 81, 179, 229.
ANGLETERRE, 219.
AMÉRIQUE, 231, 232.

B.

BATAVES, 218.
BORNE (haute), 200.
BOURGUIGNONS, 35.
BRETONS, 218.

C.

CIMBRES, 49.
CORPS, voyez *Funérailles des Rois* (détails des cérémonies aux), *Inhumation*, *Ustion*.
— bouillis et dépecés, 124, 125.
— enchaînés, 298, 331.
— enveloppés d'un suaire, 309.
— habillés, 59, 60, 309, 318.
— salés, 150, 152.
— (disposition des), 114, 115, 236, 238.
— placés sur un lit de cailloux, 236.
CYRUS, 17.

E.

EGYPTIENS, 20, 21, 115, 116, 135-137, 147, 153, 170, 222; voyez *Momies*, *Naulus*.
EMBAUMEMENT. (Voyez *Momies*, *Egyptiens*), 67, 107-116, 122, voyez pag. 385 et suivantes.
— dans le moyen âge, (voyez *Mumie* et *Momie*), 123, 124, 159-163.

E.

EMBAUMEMENS (composition pour les), 121, 151-158, 163.
— (des) procédés, 147-149, 154-165.
— des Romains, 108-111, 123.
— en France, 150-155, 165, 166. Voy. Saint-Denis.
— (Écrits sur les), 145, 146.
— Méthode de Ruysch, 117, 149.
EPITAPHES, inscriptions, 88-91, 201, 259, 315.
ESPAGNE, 238.
ETENDART sacré des Rois de France, 366.
EXCOMMUNIÉS, 64-67.

F.

FOUILLES à faire, 298, 314-353.
FRANCS, 24, 32, 35, 55, 62, 63, 97, 258, 329.
FRANCE, Gaules, 32, 35, 45, 108; 133-136, 166.

F.

FRANCE, appauvrie comment, 53-55.
— Costume, 355.
— Louvre (fronton de la colonade du), 221.
— Mines, arts, avant les Romains, 55, 79-81; 108, 188-196, 221. Voy. Embaumement.
— Sacrifices d'hommes abolis, 56, 85, 93-95.
— Sépulture des ânes, 64.
— Tertres tumulaires, voy. Francs.
— Tombeaux (où placés), 61, 323-329.
— sous la garde des bâtards, 63.
FUNÉRAILLES,
— des Gaulois, 253.
— des Rois, 407-432.
— des Reines, 429.
— de Henri IV, 432.
— de Louis XIII, 453.
— de Louis XIV, 457.
— de Louis XV, 466.
— de Leczinska, sa femme, 457.

F.

— de Louis XVI, et Marie-Antoinette, 471.
— du duc de Berri, 476.
— de Louis XVIII, 483.
— (Détails des cérémonies observées aux)
Le nouveau Roi, 407-412, 419.
Assistans, 413, 415, 418-423. Voyez *Ordre du convoi.*
Cercueil, 413, 416, 420, 427, 429.
Chariot d'armes, 420, 423, 424.
Congé donné aux cours, officiers, etc. 428.
Convoi, 412, 419-422.
— (Ordre du) 423-427.
Corps, 408, 412, 413, 417-426.
— transporté à Notre-Dame, à Saint-Denis, au caveau, 408, 412, 413, 416-426.
Deuil, 418, 419.
Difficultés survenues, 408, 420-422.

F.

Eau bénite, 415, 418.
Effigies (Voy. *Statues*), 412-417, 420, 421, 425, 426.
Evêque et clergé de Paris, 422, 426.
Messes, offices, prières, 413-418, 426, 427.
Objets distribués, 416, 418, 430.
Repas à Saint-Denis, 428.
Table servie, et effigie du Roi mort, 415-416.

G,

GAULOIS, 24-27, 30-32, 55, 70, 73, 109, 169, 193, 212, 227, 228, 252, 321, 329.
— Culte, 204, 205, 229.
— Druides, 27-31, 70, 123-193, 197-199.
— Embaumement, 123, 339. Voyez Momie d'Auvergne.
— Sacrifices humains, 209-211, 252, 257, 346, 350, 351, voy.

G.

Tombeaux, Sarcophage, Tertres tumulaires.

GERMAINS, 24, 25, 32, 45, 219, (Colonne d'Hercule, 180.)

GOTHS, 87, 222.

GRECS, 24, 43, 180, 233, 349, 350.

I.

INDIENS, 16.

INHUMATION, 85, 344, voy. *Corps.*

— le clergé en habits sacerdotaux, 58, 59.

— les laïques tout habillés, 59, 60, 309, 318.

— les femmes parées, 60, 61.

J.

JUIFS, 18-21, 67, (voy. Momie).

L.

LISTE NÉCROLOGIQUE des Rois, Reines, Princes, Princesses, 385.

M.

MAUSOLÉES, 88, 89, 262,

M.

285, voy. *Tombeaux, Sarcophages.*

— du 16º. siècle, 276-285.

— Ages, 272, 276, 283.

— Anges, 270-272, 295.

— Colonnes, 294.

— Décorations gothiques 273, 280.

— Figures accessoires, 269-294.

— Montmorency (de), 288-292.

— Saxe (du maréchal de), 280.

— Statues, voy.

— en albâtre, 274.

— en marbre, 125, 158, 274.

— noir et blanc, 272.

— en vitraux, 275.

MÉDECINE, 151, 152.

MOMIES (voy. Égyptiens, Mumie).

— blanches, 140, 141.

— d'Égypte, 127, 134-165.

— faunes, 138.

— gauloises, 332.

Momie d'Auvergne, 113-120, 149, 157, 165.
Morts (argent prêté, lettres écrites, comptes rendus aux), 30, 31.
Mumie (confection) 130-137.
— blanche, 141.
— employée en médecine, 127, 130, 142, 143.
— supprimée, comment, 143, 144.
— vertus, 142.
Musée des Monumens français, 290, 353.
— projet, 353-359.

N.

Naulus, voy. *Objets enfouis, etc.*
Normands, 51, 52, 53, 54. Voy. Scandinaves.
Nouveaux peuples d'Europe et d'Asie, 23, 36.
— Betirs, 15, 24.
— Eluths, 47.
— Lapons, 23.
— Ostyaks, 24.
— Samoyèdes, 24.
— Tátars, 47, 48, 49.
— Tchouvaches, 23.

Q.

Objets *enfouis ou offerts dans les funérailles,* 12, 13.
— Parures, ustensiles, richesses, 12-27, 39, 47, 50, 54, 57, 58, 67, 68, 78, 81, 93, 108, 305, 311, 320, 331, 337. (voy. *Naulus, Charlemagne, Saint-Denis.*
— Amis, 12, 22, 56.
— Armes, 12, 15, 17-34, 47, 48, 57, 67, 68, 72, 93.
— caprices (de) 36, 47, 48, 50, 57, 73, 81, 93.
— Charbons, 342, 344.
— Chevaux, animaux, 12-16, 21-27, 54, 47, 48, 56, 93.
— Cliens, esclaves, prisonniers, 12, 16, 21, 22, 27, 47, 56, 93, 331.
— Encens, 342, 344.
— Femmes, 12, 14, 16, 22, 47, 56, 93.
— Hostie, remplaçant le

34

Naulus, 41.

— *Naulus*, pour la barque de Caron, 39-44.

— *Naulus*, usité près d'Auxerre, en 1738, 42-44.

— Nourriture, 161, 345-348.

— Officiers et serviteurs, 12, 14, 22, 34, 56.

— Parfums, 342.

— Reliques, remplaçant les hosties, 42.

— Ustensiles, 13, 23, 27, 48, 50, 57, 73, 93.

— Vases, plats, coupes, bouteilles, 341-351.

ODIN (Institutions d'), 10-12, 22, 23, 29, 30, 52, 53, 54, 56, 70.

P.

PERSES, 17, 18, 21.
PIERRE-LEVÉE, 209.
PETITS AUGUSTINS, voy. *Musée des Monumens français*.
PEUPLE, 96, 97, 330.

R.

ROCHE aux fées, 216.
ROMAINS, Italie, 24, 30, 43, 45, 83, 108, 180, 222, 235, voy. *Embaumemens*.

— (dogme des), 349, 350.

— Emplacement de leurs tombeaux, 201, 324.

RUSSES, 222.

S.

SAINTS, 66, 118, 160.
SAINT-DENIS, 302, 303, 323, 337, 402, 412, 426.

— Notices, 361-384.

— Abbés, 363, 364, 391, 430.

— Architecture, etc., 363-365, 375.

— Autels expiatoires, 375.

— Caveau des Bourbons, 377, 399.

— communs des trois races réinhumées en masse, 406.

— Cénotaphes érigés par saint Louis, 364, 391.

— Corps inhumés à St.-Denis, 362, 364, 377.
— Cryptes, 363.
— Fondations, reconstructions, etc., 301, 361-363, 374-376.
— Fondation des Bourbons, 403, 406.
—— des Valois, 403, 406.
— Franciade (St.-Denis nommé), 368.
— Pillages des soldats de Sigebert, 361.
— Pillages des Normands, 52, 259, 262, 263.
— Autres pillages, 302, 305, 381.
— Profanation de 1793, 366-376, 403.
— Rançon d'un abbé, 52.
— Réinhumation des trois races, 406.
— Réconciliation (Saint-Denis rébéni), 377.
— Reliques du saint et de ses compagnons, 368-371, 373.
— Statues de bronze, 292.
— Tombeau du saint, 362, 373.
— (ancien ordre des) 377.
— Tradition, 564.
— Trésors, 369, 373, 381.

SAINT-GERMAIN-DES-PRÉS, 260, 261, 301, 302, 305, 315.
— Cercueils de particuliers, 303, 304.
— Princes y enterrés, 362.
— Rois francs, 300, 304, 305, 306, 323.
— Spoliations, 306-318.

SARCOPHAGES, cercueils, bières, tombes, 77, 89, 358.
— Structure, 90, 91, 114.
— en bois, 96, 97, 105.
— en briques, 91, 93.
— en pierre, 89, 96-99, 105, 107, 320, 321, 329, 358.
— en terre cuite, 77, 108.
— (magasins de), 99, 100.
— à Quarrée-les-Tom-

bes, 100, 102, 321.
SARCOPHAGES en marbre et matières précieuses, 88, 103, 104, 259.
— (différentes sculptures des), 104, 105.
SCANDINAVES (voy. Odin), 32, 70, 71, 229.
SCYTHES, 13, 15, 44, 45, 52, 228.
— du Borysthène, 14, 21.
SÉPULTURES des nations antiques d'Europe et d'Asie, 9-13, 21, 22, 179, 180, 231, 232; voy. *Scythes, Germains,* etc., *Objets enfouis.*
— but de leurs brigandages, 45-47, 50, 51.
— nationales, 69-71, 89, 351.
— 1.° Age primitif du feu et des tombeaux bruts, 71-78, 86, 92, 179, 194, 230, 257, 321, 331, voy. Tombeaux nationaux, Ménires, Lecavènes, etc.
— 2.° Age des collines à corps brûlés, 76, 78, 85, 86, 200, 230, 231, 257, 321, voy. *Tertres tumulaires.*
— 3.° Age des collines à corps sans ustion, 76-90, 108, 122, 200, 230, 231, 242, 257, 321, 331, voy. *Tertres tumulaires.*
— 4.° Age du renouvellement des bûchers, 81-86, 122, 258, 321.
— 5.° Age des sarcophages sans bûchers, 84-86, 123, 258, 321, 330.
— 6.° Age des mausolées, 88, 355.
— nationales divisées en romaines, gauloises, barbares, 319, 320.
— gauloises, 329.
— des campagnes, 329.
— de familles, 153, 177.
— (emplacement des)
— (modes des), 253.
— Cimetières, 254.
— d'armée, 256.

— de Civaux, 37, 321.
STATUES FUNÉRAIRES, 159-162, 261-264, 274-276, 295, 296. (voy. Tombeaux.)
— en albâtre, 274.
— en bronze, 292.
— agenouillées, 275, 281, 286, 288, 295.
— couchées, 264-283.
— couchées, mortes et vêtues, 289, 295.
— couchées, mortes et nues, 281-288, 295.
— doubles, 282, 283.
— squelettes, 284.
SUPERSTITIONS, 30, 31, 202, 212, 243.

T.

TERTRES TUMULAIRES, 14, 16, 22, 25, 27, 70, 71, 82, 83, voy. Tombeaux.
— en France, 71, 74, 75, 85, 106, 227, 335.
— en Tatarie, 47, 49.
— emplacement, 237.
— structure, 253.
— en terre, 231-254.
— en sable, en pierre, en moellons, 239-241.
— ouverts fortuitement, 241.
— indiqués, 247.
— en Amérique et dans le vieux monde, 231-238.
— monotaphes, polytaphes, isolés, groupés, 253, 254, 298.

TOMBEAUX,
— en Sibérie, 49.
— en Tatarie, 47-49, 231, 255.
— des Rois de France à Saint-Germain-des-Prés, 57, 58.
— Alaric, 86, 87.
— Civaux, 37-39.
— Chilpéric, 33-35, 328, 327.
— Cocherel (tertre), 25-27, 70-76, 92, 179, 194.
— Crécy (tertre), 76-79.
— cryptes ou catacombes, 93, 94.
— Ognon (tertre), 79.
— marbre d'Artier, 113, V. Momie d'Auvergne.

— Nogent (tertre), 241-254.
— Notre-Dame-des-Champs, 40.
— Noyelle (tertre de), 26, 27, 74-78.
— Soing (tertre de), 40.
— Thédoric, 220, 222.
— Thibaud le grand (tombeau de), 42.
— caveaux, 74, 85, 92-96, 105, 320, 321, 329. Voy. Cryptes.
— Auxerre (près d'), 36.
— Carmélites à Paris, 40, 328.
— Lomer de Blois, 36.

NATIONAUX, 167-178, 225-229, 331, (voy. Statues funéraires).
— Colonnades, 218-228.
— Dolmines, 207, 218.
— Dolmines et galeries, 215-217.
— Lécavenes, 203-207, 218.
— Ménirs, 179-185, 194, 195, 20-205, 218.
— de Carnac, 186, 195-199.
— de Fontaine, 200-203, 331.
— Plantés par la pointe, 186, 218.
— Roches mobiles, 187-189, 218.
— Gaulois, 178, 179, 331.
— Romains, 167-170, 201, 358.
— chapelle, 94, 258.
— colonnes, 172-178.
— pyramides, 170-172, 184.

TOMBES, 259, 260.
TOMBES, tombels, motte, aiguilles, donjes, donjons, montjoie, 246.
TOMBEAUX en marbre, 263.
TOMBEAUX violés, 34, 36, 241, 243, 296, 297, voy. Saint-Denis, Saint-Germain-des-Prés.
— en Tatarie, 48, 49.
— en France, 61, 119, 241, 192, 254.
— loi Romaine, 62.
— des Francs, 62, 63, 258.

—des Wisigoths, 62.
— précaution, 86.
— (Bâtards gardiens des), 62.

U.

USTION, 21-33.
— en Gaule, 70-84, 109, 122, 228, 252, 322, 341, 344.

— (inhumation dans), 21-33, 70-85, 109, 228, 242, 320, 344.

V.

VICTIMES VOLONTAIRES, 16, 22, 30.
WISIGOTHS, 24, 35, 36, 55.
— loi protectrice des tombeaux, 62.

Rois de France mentionnés dans cet ouvrage.

ROIS, partant pour la croisade, 366.
— (obsèques des), 407, 432.
— (autels expiatoires pour les), 375.
Rois francs, 85, 89, 299, 323.
— leurs tombeaux, 35, 302, 303, 315, 325, 364.
Rois Carlovingiens, 67, 391.
— Valois, 282, 286, 287, 290-292.
Caribert, 315-318.
Carloman, 103, 104.
Charlemagne, 67, 81, 95, 150, 323, 324, 362-365, 430.

Charles-Martel, 274, 366.
Charles-le-Chauve, 261, 391.
Charles V, 410, 422, 365.
Charles VI, 410.
Charles VII, 275.
Charles VIII, 292, 420, 421.
Charles IX, 412.
Childebert Ier, 300, 301, 313, 362, 408.
Chilpéric, père de Clovis, 33-35, 93, 323.
Chilpéric Ier, 313, 362.
Chilpéric II, 306-313.

Clotaire 1er, 323, 408.
Clotaire II, 313.
Clovis, 323.
Clovis II, 274, 323.
Dagobert, 362.
Dagobert 1er, 262, 301, 302, 362, 364.
François 1er 142, 276, 277, 282, 286, 287-292, 420.
François II, 294.
Gontran, 323.
Henri II, 285-287, 295, 410, 420, 421.
Henri IV, 432.
Jean, 337, 409.
Louis-le-Débonnaire, 323.
Louis-d'Outremer, 323.
Louis VI, 408.
Louis VIII, 126, 260, 261.
Louis IX, 124, 127, 260, 263, 381, 408, 410.
— restaure St.-Denis, 263, 274, 302, 363, 365, 391.
Louis-le-Jeune, 365.
Louis XI, 410, 419.

Louis XII, 277-290, 295, 420.
Louis XIII, 453.
Louis XIV, 457.
Louis XV, 466.
Leczinska, 457.
Louis XVI, 376, 377, 405, 428, 471.
Louis XVII, 478.
Louis XVIII, 412, 457 et suivantes.
Pepin-le-Bref, 362, 366.
Philippe 1er, 262, 408.
Philippe-Auguste, 408.
Philippe-le-Bel, 126.
Philippe-le-Hardi, 124, 126, 263, 270, 273, 364, 365.
Philippe-le-Long, 273.
Robert, 261.
Sigebert, 361.
Liste nécrologique des Rois, Princes et Princesses, 400.
Berry (le duc de), 478.
Napoléon, 365, 375, 376, 405.
Turenne, 384.

FIN DE LA TABLE.

www.ingramcontent.com/pod-product-compliance
Lightning Source LLC
Chambersburg PA
CBHW071608230426
43669CB00012B/1868